Teodora

Emperatriz de Bizancio

Teodora

Emperatriz de Bizancio

Gillian Bradshaw

EL PAIS
NOVELA HISTÓRICA

Título original: *The Bearkeeper's Daughter*

Miguel Yuste, 40
28037 Madrid

Traducción : Mª José Gassó
Diseño de la colección: Estudio Manuel Estrada

ISBN: 84-9815-236-4
Depósito legal: M-33110-2005
Impreso en España por Mateu Cromo, S. A. Pinto (Madrid)

Índice

A JUDY,
en agradecimiento por sus consejos
sobre equitación y otras cosas más.

Aunque morir es la condición de nacer, es insoportable pasar del poder imperial a la ilegalidad. Dios no permita nunca que se me prive de la púrpura; no sobreviva yo al día que se me deje de aclamar como emperatriz. Si lo que quieres, emperador, es seguridad, eso es fácil de conseguir. Disponemos de dinero en abundancia; está el mar; están nuestros barcos. Pero ¡cuidado!, no vayas a descubrir, una vez a salvo, que habría sido preferible la muerte. Prefiero la vieja máxima: «La púrpura es un bello sudario».

(palabras de la emperatriz Teodora)
Procopio, B. P. I, XXIV 35-38

I

La emperatriz Teodora

Constantinopla era más grande de lo que él se había imaginado.

El barco se acercaba lentamente, meciéndose sobre el suave oleaje bajo el caluroso sol de septiembre, impulsado por la suave brisa que empujaba las remendadas velas. El pequeño grupo de pasajeros, agarrado a la barandilla en medio del buque, gritaba con entusiasmo y señalaba unos jardines, un pórtico de tiendas, el puerto; la cruz dorada que brillaba desde la alta cúpula de una iglesia; la estatua del emperador encaramada a una columna. «Es como un espejismo en el desierto –susurró Juan, agarrándose con fuerza a la barandilla como los demás–. Es resplandeciente y demasiado extensa y hermosa para ser real».

–Forma parte del Gran Palacio –dijo el capitán, acercándose a Juan al tiempo que señalaba un edificio junto a la orilla. Juan sintió que se le encogía el estómago al contemplarlo.

Dos hileras de columnas de mármol rodeaban un edificio central cubierto por tejas de piedra pulida que brillaba en medio de los jardines como una piedra preciosa envuelta en papel de seda. Las altas murallas de la ciudad lo rodeaban, separándolo del resto de casas comunes a la vez que creaban, con aire protector, una ciudad propia. Juan movió la cabeza y miró hacia abajo. Se fijó en sus manos agarradas a la barandilla del barco. Manos delgadas, amarillentas por la enfermedad, las uñas negras de suciedad. Intentó imaginarlas acariciando los tesoros del palacio enjoyado, pero no pudo.

–En realidad, casi toda esta parte de la ciudad pertenece al complejo del palacio –agregó el capitán, sonriente–.

La emperatriz donó ese sector a algunos de sus monjes. Tiene un par de casas más para ella sola, cada una del tamaño de una catedral, y el emperador cuatro o cinco más. Aparte están las capillas y los cuarteles para los guardias: es enorme el Gran Palacio. ¿Con quién dijiste que querías hablar?

—Con un funcionario del palacio de la emperatriz —murmuró Juan. No había dicho otra cosa en todo el viaje cada vez que le preguntaban. Ahora deseaba que fuera verdad.

—Bueno, tendrás que preguntar a los guardias de la Puerta de Bronce. Es la única entrada al palacio. Atracaremos en el puerto Neorio en el Cuerno de Oro. Para llegar a palacio, camina hacia el mercado de Constantino, luego tuerce a la izquierda por la calle Media hasta el mercado Augusteo; la Puerta de Bronce del palacio está al otro extremo del mercado. Sólo tienes que informar a los guardias para qué vas y te dejarán entrar. ¿Dispones de algún lugar donde alojarte mientras estés en la ciudad?

Juan bajó la cabeza murmurando un «sí».

«Supongo que para esta noche ya tendré algún sitio donde quedarme —pensó mientras el capitán iba a supervisar el barco—. ¡Oh, Señor, cómo desearía que fuera ya de noche! Dios inmortal, ¿qué hacer con mis cosas? ¡No puedo ir al Gran Palacio, a la corte de la emperatriz, con un saco lleno de ropa vieja!»

Después de que el barco virara hacia el Cuerno de Oro y atracara, preguntó al capitán si podía dejar sus pertenencias a bordo por esa noche.

—¿Por qué no las llevas a tu alojamiento? —preguntó el capitán con sensatez.

—Yo... preferiría ir a palacio primero —repuso Juan.

El capitán se encogió de hombros.

—En ese caso..., ¿pero tú crees que te admitirán, presentándote así, directamente? A los funcionarios les encanta hacer esperar a la gente.

—No lo sé —respondió Juan—. Bien puede ser. De todos modos, por ahora ¿puedo dejar las cosas aquí?

—Por supuesto; no hay ningún problema. Pero se hará bastante tarde antes de que llegues a palacio. Primero tendrás que obtener del funcionario de aduanas un permiso para entrar en la ciudad.

—¿Por qué? No vengo a vender nada.

El capitán se echó a reír socarronamente.

—En esta ciudad, todos han de conseguir un permiso. Hasta para mendigar se necesita y no es nada fácil conseguirlo. No se conceden a los que no vivan en la ciudad, si no pagan una buena cantidad por él. Todo el que llega a Constantinopla debe demostrar que tiene negocios en la ciudad o algún otro medio de subsistencia. Si no, lo envían al instante a su casa (a no ser que necesiten obreros para alguna obra pública, en cuyo caso te ofrecerán trabajo y te inscribirán allí mismo en los registros). Aunque seas un caballero y no tengas que preocuparte por eso, también tendrás que obtener un permiso.

—Ya veo —dijo Juan, mirándose nuevamente las manos. Eran manos suaves, sin los callos propios del trabajo manual. Sólo una pequeña protuberancia en el dedo medio de la mano derecha delataba sus horas de trabajo de oficina. «Soy una especie de caballero —se dijo con amargura—. El bastardo de un caballero. Bueno, espero parecer lo suficientemente caballero como para que el funcionario de aduanas sea amable conmigo; sólo tengo dinero para una semana y no quiero que acaben reclutándome en una panadería o para reparar cisternas».

—Por supuesto, si tanta prisa tienes, yo podría hacer que el funcionario te viera a ti antes que la carga o que a los demás... —agregó el capitán, mirando a Juan con una sonrisa expectante.

Juan contuvo un suspiro, buscó lentamente en su bolsa y entregó al hombre una gran moneda de bronce; después añadió otra más. El capitán volvió a sonreír y se las guardó en la propia bolsa.

—Veré lo que puedo hacer —dijo.

«Ahora ya no tengo ni siquiera lo suficiente para vivir una semana —pensó Juan con amargura—. ¡Qué estupidez acabo de hacer! Podría haber esperado hasta mañana. También fui estúpido al pedir un camarote privado en el barco, ¡claro que parecía ridículo viajar a la corte de Sus Majestades en una tienda de lona con otros seis pasajeros, un tropel de niños, cuatro cabras y no sé cuántos camellos! Si lo hubiera soportado y hubiera mantenido la boca cerrada, ahora tendría lo suficiente para sobrevivir un mes, tiempo suficiente para encontrar trabajo si no me reciben en palacio».

«Pero si no me reciben, tampoco querré trabajo».

El funcionario de aduanas apareció al poco rato: era un hombre pequeño, de piel oscura, canoso, con túnica corta y manto rojo hasta la rodilla. El capitán parecía conocerlo: se estrecharon las manos y se dieron palmadas en la espalda, intercambiando noticias mientras Juan los observaba desde la barandilla, sin exteriorizar su impaciencia. El capitán hizo una mueca e indicó al funcionario:

—Éste es uno de mis pasajeros; tiene prisa por despachar unos asuntos en palacio; puedes hablar con él primero —dijo. Retrocedió para observarlos con sonrisa de dueño de la situación, como el anfitrión que presenta a sus dos invitados más interesantes en una cena.

El funcionario dirigió a Juan una mirada escrutadora, de pocos amigos. «Entre veinte y veinticinco años —lo clasificó mentalmente, como si fuera a redactar un certificado—. Bajo y delgado; cabello negro, bien afeitado, ojos oscuros; una débil cicatriz en el rabillo del ojo izquierdo. Tez pálida, algo amarillenta, por cierto. ¿Habrá estado enfermo recientemente? La túnica y el manto se supone que son negros, aunque me parece que su color es terroso, más que otra cosa: lleva luto. Ya sé, procede de una de las zonas azotadas por la peste. Su ropa es de buena calidad, sin embargo, y el borde de la túnica es de seda de verdad: no es pobre. El turbante que porta con el cordón trenzado alrededor es de estilo sarraceno y el barco viene de Beirut. Así que lo que tenemos aquí... supongo que es algún tipo de árabe, venido para solucionar algún asunto sobre alguna herencia». Sonrió secamente a Juan, sacando el estilete y las tablillas de cera.

—¿Tu nombre? —preguntó con amabilidad.

—Juan, hijo de Diodoro —contestó nerviosamente—. De la ciudad de Bostra, en la provincia de Arabia.

El funcionario volvió a sonreír, satisfecho.

—¿Qué te trae a Constantinopla?

—Vengo a ver a un funcionario de la corte de la emperatriz, para... para unos asuntos personales.

—¿De la corte de la emperatriz? —preguntó el funcionario, bajando el estilete y enarcando las cejas.

—Sí —replicó Juan tragando saliva—. Esta... esta persona llegó a conocer a mi padre; en su lecho de muerte, mi padre me pidió que le hiciera llegar un mensaje, un mensaje personal —volvió a sentir que se le encogía el estómago ante tal mentira y recordó la habitación oscura y calurosa, el hedor a enfermedad y a descomposición y la voz cascada de su padre diciendo: «Jamás se te ocurra ir allá. Prométeme que no irás». Sintió un escalofrío.

El funcionario bajó las cejas.

—Ya veo. Se trata de un asunto personal de tu padre con un viejo amigo.

«No iba muy desencaminado», pensó el funcionario, satisfecho.

—¿Y cuándo murió tu padre?

—En junio —dijo Juan secamente—. La peste se lo llevó.

Hubo una breve pausa bajo el cálido sol del otoño, y una paralización producida por la sola palabra: *peste*. Aquella sonrisa de dueño de la situación del capitán se desvaneció y la mirada agria del funcionario se ensombreció. «Nadie la menciona jamás. Yo tampoco debería haberlo hecho. Demasiada gente ha muerto a causa de ella; los turba hasta oír su nombre», pensó Juan.

—Nosotros también la tuvimos aquí en junio —replicó el funcionario con suavidad. Miró hacia el norte, hacia el puerto—. No había espacio para enterrar a tanto muerto. Los apilaban en las atalayas de las murallas. Cuando el viento venía del norte se podía oler la hediondez de la podredumbre. Era como si el mundo entero se desintegrara. Llegué a pensar que todos los seres de la tierra estaban muriéndose aquí. Yo perdí un hermano, y casi pierdo un hijo.

—Yo estuve a punto de morir —agregó Juan. Y no se atrevió a decir: «Fue mi padre quien me atendió durante la enfermedad hasta el final. Me cuidó, y después fue él quien se murió de la peste».

—¡Entonces has sobrevivido a ella! —el funcionario observó por un momento a Juan con atención. «Y lo has hecho bien», pensó con amargura, evocando a su hijo de diez años, a quien la peste había dejado medio lisiado y con dificultades para hablar. «Pero el niño se está reponiendo —se dijo convencido—. Seguirá mejorando; ¡está mejor ahora que hace un mes! Tal vez el mes que viene ya lo vea como a éste, algo amarillento, pero normal».

Suspiró y miró a Juan con una sonrisa cansada. No había motivos para rechazarlo. Colocó un pedazo de pergamino sobre las tablillas, deslizó el estilete dentro del estuche que le colgaba del cuello, tomó una pluma, la mojó en el tintero que llevaba junto al estuche y extendió un certificado.

—No hay razón para molestarte más, entonces —le dijo, entregándoselo a Juan—. Esto te sirve de salvoconducto para permanecer en la ciudad hasta que soluciones tus asuntos personales en la corte. Llévalo constantemente; si lo pierdes, informa a la oficina del cuestor en el Augusteion. Eso es todo. Que disfrutes de tu estancia en la ciudad.

Era mediodía cuando Juan abandonó la nave; sus pasos sonaban huecos y vacilantes en la plancha de madera. Recorrió los muelles de piedra, enseñó su permiso a los funcionarios que había a la entrada del puerto y prosiguió su camino a la ciudad. Las calles eran estrechas, lo que impedía el paso de la luz, las casas elevadas, y los balcones casi se tocaban. Unas mujeres sentadas en los balcones hilaban y miraban la gente pasar entre la ropa tendida que se agitaba al compás de la brisa. Por lo demás, todo estaba quieto, adormecido en la quietud del mediodía. Lentamente fue subiendo la colina desde el puerto; a medida que avanzaba hacia la cima las casas se volvían más altas y lucían imponentes fachadas.

Cuando llegó al mercado, tras haber pasado por las callejuelas en sombra, la luz del sol le resultó casi cegadora. Se detuvo en la esquina para recuperar el aliento. El mercado estaba casi desierto; en el centro, el caño de la fuente se percibía claramente a través del silencio. Sobre una columna de pórfido, una estatua de oro del emperador Constantino contemplaba las columnas de mármol, las sirenas e hipogrifos de bronce dorado y las tiendas con postigos que vendían objetos de plata, perfumes y joyas.

A la izquierda, había dicho el capitán. Juan miró hacia la izquierda a través del mercado. Las columnas de mármol blanco se abrían hacia una calle ancha, como un campo de desfiles, donde los pórticos aparecían coronados de estatuas: emperadores y emperatrices, héroes, senadores y diosas paganas, acomodados en medio de la magnificencia. A lo lejos, una iglesia se erguía como un monte, con su fachada de mármol rosado y una altísima cúpula dorada. Pese al fuerte sol, tuvo frío. Respiró hondo y empezó a caminar.

Las tiendas acababan de abrir cuando llegó al mercado Augusteo. La cúpula impresionante de la iglesia se asomaba a su izquierda; a su derecha se elevaba la fachada de columnas encumbradas del hipódromo y, cerca de éste, al otro lado del mercado, un edificio imponente enclavado entre impresionantes murallas, con techumbre de bronce bañado en oro y puertas también de bronce: la Puerta de Bronce del Gran Palacio. Juan se detuvo al otro lado de la plaza para contemplarla. El escalofrío que sintió le entumeció las manos; le dio miedo seguir adelante.

«Debo de estar loco –pensó–. Tenía que haber pedido a mis hermanastros que me ayudaran a encontrar trabajo: no se habrían negado; no lo he hecho por orgullo y tozudez, por no quedar en deuda con ellos. Sin duda habría conseguido un puesto de escriba en el concejo de la ciudad; el salario no era tan malo; habría podido vivir de eso y quizá, al cabo de dos años, me habrían ascendido. Mi padre tenía razón: no debí haber venido. Aunque sea verdad, probablemente me matarán y ¿cómo saber si es verdad? Ya deliraba cuando me lo dijo. La carta podría ser falsa, o quizá sea una broma. Oh, Dios mío, debería volver, ahora mismo; volver a casa...»

Pero se quedó donde estaba.

«Si no sigo, nunca lo sabré –se dijo–. Pasaré el resto de mi vida preguntándome quién soy en realidad, demasiado cobarde para averiguarlo. Y no tengo ninguna casa propia adonde volver, ahora que mi padre ha muerto».

Cruzó lentamente la amplia plaza pública.

Las enormes puertas de bronce estaban entornadas y un pelotón de guardias, apoyados en sus lanzas, miraban el mercado con expresión de indecible aburrimiento. Por encima de sus cabezas, un friso pintado representaba al emperador Constantino, con la corona imperial y la cruz cristiana, aplastando a un dragón. Los severos ojos del emperador parecían fijarse en Juan de un modo acusador a medida que éste se iba acercando, pero casi se dio de narices contra la gran puerta antes de que los guardias repararan en él. Uno de ellos le cortó el paso con su lanza, escupió y dijo pausadamente:

—¿Algún asunto de palacio?

—Sí —susurró Juan.

—¿Tienes cita?

—No..., o sea...

—Bueno, ve al pórtico y di a los guardias adónde quieres ir.

La lanza volvió a alzarse y el guardia retrocedió un paso. Juan parpadeó, lo miró indeciso y finalmente pasó junto a él por la puerta exterior. Tras ésta había un pasadizo empinado en cuyo fondo, muy a lo lejos, había otra puerta de bronce, esta vez cerrada. A mitad de camino, a la derecha, se encontraba otra puerta igualmente cerrada, toda ella de bronce pulido. Se detuvo y miró atrás por la puerta entreabierta al mercado. Nadie le prestaba atención. Siguió adelante; giró el pomo de la puerta y los goznes chirriaron al abrirse lentamente.

Se encontró ante una sala rectangular abovedada, magníficamente revestida de mosaicos. Unos bárbaros cautivos aparecían arrodillados en medio de una tremenda confusión perteneciente a ciudades exóticas: «Cartago», leyó Juan en una pared y «Rávena», en otra. En el centro de ambas un rey con manto de púrpura ofrecía su corona al emperador, triunfante, en la cúpula central. Cerca de éste se erguía la figura de una mujer con manto de púrpura y diadema, rodeada por el aura sagrada de una emperatriz: su rostro, máscara de dignidad y poder, era el rostro de una mujer real. Era hermoso, esbelto, pálido, de larga nariz, mejillas y barbilla ligeramente redondeadas y labios firmes. Sus ojos de párpados caídos, oscuros y penetrantes, hacían caso omiso de los reyes de los mosaicos y parecían escrutar el interior de Juan. Se echó hacia atrás, como hechizado.

—¿Qué asunto te trae aquí? —preguntó una voz.

Juan desvió la mirada del mosaico y vio cómo algunos guardias más haraganeaban en el otro extremo de la sala y cómo una multitud de hombres y mujeres esperaba en un banco situado bajo los cautivos bárbaros. La voz provenía de uno de los guardias: llevaba un collar de oro y parecía ser el capitán. Ahora miraba a Juan, esperando su respuesta.

—Yo... yo quiero una audiencia con la emperatriz —respondió Juan—. Una audiencia privada —y súbitamente se sintió mal. ¡Lo había dicho!

—¿Con la *emperatriz*? —preguntó el soldado, incrédulo.

Los otros soldados y los que esperaban en la sala se volvieron para mirarlo. Ellos esperaban al secretario del prefecto pretorio para preguntar por los impuestos que les correspondían; al escriba del jefe de las oficinas por un trabajo para un amigo; al chambelán del emperador con un aviso de desalojo en una de las propiedades imperiales; para entrevistarse con alguno de los muchos funcionarios y subordinados imperiales. No quitaban ojo al joven con túnica de color terroso que pedía audiencia con la emperatriz.

—¿Quién eres? —preguntó el capitán de la guardia—. ¿Te ha concedido una cita?

—Tengo un mensaje para ella —respondió Juan, pasando por alto la primera pregunta y esforzándose por mantener firme la voz— de parte de un amigo suyo, un viejo amigo que ha muerto —sin poder mantener quietas sus manos entumecidas, se retorcía el borde de seda de la túnica, consciente, eso sí, de cuánto se había desteñido. Había sido su mejor túnica, en otro tiempo verde con bordes rojos y blancos, e incluso después de haberla teñido de negro por primera vez le había quedado muy elegante. Pero ahora...

Quitó sus manos de ella.

«De todas maneras, la túnica no hubiera impresionado a nadie aquí —se dijo—. Si yo fuera un patricio vestido de blanco y púrpura, majestuosamente transportado en un carruaje hasta la Puerta de Bronce con un grupo de sirvientes, tal vez esperaría que los guardias se impresionaran, pero esta chusma difícilmente presta atención a nada que sea inferior a eso, y menos aquí, en una ciudad como ésta. Con que tenga un aspecto presentable, eso debería bastar. Y creo que lo tengo». Se irguió de hombros e intentó pasar por alto los ojos que lo observaban.

«Es un monje —cortó tajante el jefe de los guardias—. De negro, con ese aspecto de fanático, de ojos centelleantes y de aire tan voluntarioso, ¿qué, si no? Sí, es uno de esos malditos monjes monofisitas de alguna provincia oriental, algún preferido de la emperatriz que trae noticias de uno de sus «padres espirituales» de Egipto o Siria. Y si le ponemos obstáculos, tendremos problemas: ella protege a esos herejes más que el emperador a sus guardias. Bueno, tendré que hacerlo entrar. Y si no es uno de sus monjes, los sirvientes se encargarán de él».

Se obligó a sonreír, aunque detestaba a los herejes.

—Muy bien, mi buen señor. ¡Dionisio! —llamó a un guardia—. Haz pasar a este... caballero... a la corte de la serenísima Augusta, en el palacio Dafne.

Sorprendido por tan fácil victoria, Juan siguió al guardia hasta el primer patio silencioso del Gran Palacio.

Después no pudo recordar por dónde había pasado: cuarteles y jardines, capillas y pórticos, cúpulas, columnas y fuentes, todo despedía una sola sensación de majestuosidad ante la cual se sentía impotente, como un ratón atravesando una iglesia. Por fin se encontró ante una sala revestida con cortinajes de púrpura e iluminada con lámparas de oro puro. Un muchacho (no, un hombre, pero delicadamente lampiño: un eunuco), sentado ante un escritorio, tomaba notas en un libro. El guardia golpeó el extremo de su lanza en el suelo de mosaicos y el eunuco levantó la vista.

—¿Sí? —preguntó. El timbre agudo de su voz pausada semejaba al de una mujer.

—Este caballero desea una audiencia con la piadosísima y sagrada soberana, nuestra Augusta Teodora —dijo el guardia, guardando las formas—. No se le ha concedido audiencia.

El eunuco apoyó la pluma en los labios y examinó a Juan.

—¿Y quién eres tú?

—Mi nombre es Juan —respondió con voz enronquecida; intentó aclararse la garganta—. Yo... traigo una noticia para la emperatriz. Una muerte..., un viejo amigo de ella ha muerto.

—¿Qué «viejo amigo»? —preguntó amablemente el eunuco.

—Diodoro de Bostra, mi padre. Ella... lo conoció hace mucho tiempo. Pensé...

—¿Pensaste que a ella le interesaría? ¿Acaso ella lo conocía bien?

Juan tragó saliva. Buscó dentro de su bolsa y sacó la carta doblada que llevaba consigo desde la muerte de su padre. Con mano temblorosa se la entregó al eunuco, que la leyó para sí. Juan no necesitaba oír las palabras en voz alta; se las sabía de memoria. «A Diodoro de Bostra, de parte de Teodora, emperatriz, Augusta, consorte de su sagrada Majestad el emperador Justiniano. Sí, querido, soy yo. Pero si alguna vez te atreves a venir a Constantinopla, o siquiera a pretender que me conoces allí en tu agujero de Bostra, juro por Dios, que todo lo oye, que será el último día o el último alarde que hagas». Eso era todo.

El eunuco frunció el ceño ante la carta y verificó el sello. La leyó nuevamente.

—No parece considerarlo un amigo —dijo por fin, delicadamente—. Yo creo, señor, que sería mejor que no la molestaras. Si lo deseas, yo le informaré a ella de su muerte en el momento apropiado.

—Tengo que verla.

Juan cerraba y abría las entumecidas manos. El eunuco lo observaba, rígido e impasible. Juan tragó saliva de nuevo, debilitado y mareado por el miedo, y dijo con voz clara:

—Mi padre me aseguró que ella es mi madre.

La cara delicada del eunuco cambió. Echó un vistazo rápido a la carta y una vez más examinó a Juan. Detrás de él podía oír el murmullo de los guardias, intentando ver nuevamente aquel rostro para compararlo con el otro, el que lo había contemplado a él desde el mosaico.

—Espera aquí —dijo el eunuco. Con la carta entre las manos, desapareció tras las cortinas de púrpura.

Juan se quedó en la antesala por un tiempo que le pareció eterno. Se preguntó si debería sentarse; sentía que las piernas se le volvían flojas y poco firmes. Pero el único asiento era el del eunuco frente al escritorio y no se atrevía a sentarse allí. Miró otra vez a su alrededor. El guardia de la Puerta de Bronce estaba junto a la entrada, sin apartar la mirada de Juan, como fascinado. Juan respondió con una sonrisa forzada y automáticamente el guardia miró para otro lado.

Antes de que transcurrieran quince minutos, el eunuco reapareció. Su rostro aparecía ligeramente sonrojado y daba la sensación de faltarle el aliento; dirigió a Juan una sonrisa radiante y le anunció:

—Ella te recibirá enseguida —Juan se preguntó si se desmayaría.

El guardia golpeó el suelo con la punta de su lanza dispuesto a marcharse, pero el eunuco lo retuvo con un gesto rápido.

—Tú quédate aquí esperando órdenes.

El guardia pareció alarmarse, pero Juan no tuvo tiempo de preguntarse por qué. El eunuco lo cogió del brazo y lo condujo a paso ligero por el pasillo que se extendía tras las cortinas.

—¿Te han concedido audiencia alguna vez? —preguntó a Juan.

—¡No, claro que no! Ella... ¿va a recibirme? ¿Ahora? —«Es demasiado pronto —pensó—. No tengo tiempo...»

—Cuando se te haga pasar, da tres pasos y arrodíllate —el eunuco le daba las instrucciones, apremiándolo. Pasaron por una antecámara con divanes de cedro; varios hombres ricamente vestidos, uno de ellos de blanco y púrpura, miraron con odio a Juan mientras era materialmente arrastrado por la sala—. Échate al suelo, como el sacerdote que se postra ante el altar durante los misterios sagrados —continuó el eunuco, sin prestarles atención—. Mantén los brazos alrededor de la cabeza. La señora extenderá su pie hacia ti, momento que aprovecharás para besar la suela de su sandalia; después, puedes quedarte de pie o arrodillarte, pero no te sientes. No le hables hasta que ella no te dé permiso. Y otra cosa más, no la llames «emperatriz», llámala «señora», como un esclavo. Es la costumbre.

—Sí, pero...

Estaban al final de otro pasillo y a las puertas de otra habitación. Todo parecía brillar: las pinturas en las paredes, las baldosas doradas en el suelo de mosaico, los tapices rutilantes y, al fondo, la seda púrpura de las cortinas. No tardó en rodearles un grupo de eunucos, haciendo gestos con la cabeza y cuchicheando con aquellas extrañas voces agudas. Advirtió que algunos llevaban espadas; uno vestía el blanco y púrpura de los patricios. Olía a incienso. El acompañante de Juan le soltó el brazo, le hizo un gesto con la cabeza y corrió la cortina que estaba al otro extremo del salón. La luz entró súbitamente en la habitación; era la luz del sol, difusa pero brillante, de alguna ventana escondida, acompañada del aroma a mirra. Ante la vacilación de Juan, el eunuco patricio le dio un suave empujón. Al borde de las cortinas titubeó y miró a los ojos de la emperatriz Teodora.

«Tres pasos adelante —pensó, sin ponerse nervioso—. Ya estoy casi».

Dio los tres pasos y bajó la cabeza hasta el mármol pulido del suelo. Se quedó un instante con la mejilla apoyada en la fría piedra, sintiendo cómo se le aceleraba el ritmo cardiaco; luego una sandalia púrpura, tachonada de oro y joyas, apareció ante él. Rozó la suela con los labios (el cuero era nuevo, suave como la lana) y se incorporó de rodillas, mirando nuevamente a los oscuros ojos.

El retrato del mosaico era mejor de lo que había apreciado: arrodillado frente a ella, vio primero a la emperatriz, luego a la mujer. La diadema imperial, una banda de seda púrpura bordada con oro y joyas, cubría por completo su cabellera y dejaba caer perlas que le llegaban hasta los hombros. El manto púrpura, sujeto con un broche de esmeraldas, llevaba un grueso ribete de oro y joyas. Incluso la mitad de la larga túnica que lucía bajo el manto parecía estar hecha de oro. Estaba medio sentada medio reclinada en un elevado diván de púrpura y ébano, con cierta gracia indolente. Se había inclinado hacia delante para observarlo, aferrada con tal fuerza al diván, que las uñas se le habían vuelto blancas. También los labios de la emperatriz palidecieron al ver que el joven lo había advertido; sus fulgurantes ojos miraban alternativamente a Juan y a los eunucos, que permanecían inmóviles detrás de éste. La carta entregada al eunuco se hallaba sobre un diván junto a la augusta señora.

—¿Quién eres? —preguntó la emperatriz. Su voz era suave y serena, con el cortante acento de Constantinopla.

—Mi nombre es Juan, señora —respondió.

Ya no se estremecía de pánico y sintió que su mente se aclaraba a medida que transcurría el tiempo. Ahora que había llegado el momento, real e irreversible, de poder hablar, hasta recordaba las instrucciones del eunuco. Sólo una catástrofe podía detenerlo, no todas aquellas fantasías.

—Soy el hijo de Diodoro de Bostra. Me dijo mi padre que lo recordarías.

La emperatriz suspiró.

—¿Por qué has venido hasta aquí?

Permaneció un momento arrodillado con la mirada puesta en la soberana. La suave luz de la ventana oculta lo invadió; desde algún lugar detrás de ella llegaba el murmullo de una fuente.

—También me dijo que tú eras mi madre —exclamó por fin.

—¿De verdad te dijo eso? —la voz era áspera—. ¿Acaso contó esta historia a mucha gente? Y tú, ¿a quién se la has contado?

—Señora, él sólo me la contó a mí y únicamente cuando estaba agonizando. Si deliraba, no lo hagas responsable a él, atribúyeselo a la peste. Por mi parte, yo no se lo he contado a nadie. Temía creerlo. Los únicos que lo han oído, aparte de ti, son tus propios sirvientes.

Se sentó nuevamente en su diván y lo observó con detenimiento. Tomó la carta doblada y la arrojó a los pies de sus sirvientes.

—Destruye esto —ordenó. Luego se dirigió a Juan—: Y tú, ¿qué has dicho a los guardias de la puerta?

—Que quería una audiencia contigo, señora, por un asunto personal.

—¿Alguno de ellos te acompañó hasta aquí? —Juan asintió y ella volvió a mirar a los eunucos.

—Yo le indiqué que aguardara en la antesala esperando órdenes —dijo un sirviente al instante.

—Bien —la emperatriz sonrió.

El eunuco patricio tosió, incómodo, y agregó:

—Desgraciadamente, había mucha gente esperando a tu sublime presencia en la segunda antesala. Han visto que hemos hecho pasar enseguida al joven y casi con certeza deben de estar averiguando por qué.

Teodora se encogió de hombros.

—Preguntarán sin duda al guardia quién es el joven. Dile tú al guardia que el joven mentía y que yo he ordenado que lo expulsen y castiguen severamente por su insolencia. Di que te he ordenado azotarlo, expulsarlo de la ciudad por el puerto privado y embarcarlo rumbo a una mazmorra en Cherson. Di que estoy muy descontenta con el guardia y con su capitán por haber dejado pasar a un joven aduciendo que es un insulto inadmisible y que ambos serán trasladados a otro lugar.

Juan sintió que la sangre se le iba del rostro y de las manos.

«Pero la carta era real —pensó—, es evidente que era real. Y parece ser verdad que ha conocido a mi padre. Debe de ser cierto...»

Los eunucos lo miraban, indecisos. Juan oyó un ruido metálico cuando uno de ellos aflojó la espada dentro de la vaina. No tenía escapatoria. Pero eso lo sabía desde que traspasó la Puerta de Bronce.

Se clavó los dedos en las rodillas. «Mi padre me advirtió que esta mujer me mataría, que carecía de instinto maternal; después de todo, me abandonó cuando yo tenía apenas unos meses. Y por otra parte, no puede presentar a un bastardo de otro hombre ante los ojos del emperador».

«Pero —pensó, con dolor— podría al menos admitir que es verdad. Aunque después me mande matar. Simplemente me hará azotar por insolente y luego... ¡Oh, Dios mío!»

—¿Y bien? —prosiguió Teodora—. ¿A qué esperas? Ve y habla con el guardia.

Uno de los eunucos se inclinó.

—¿Llevamos al joven fuera y lo castigamos como has ordenado, señora?

Se le quedó mirando un instante y acto seguido echó la cabeza atrás prorrumpiendo en una sonora carcajada.

—¡Santo Dios, Santo Fuerte, Sagrado Inmortal! ¿Qué creéis que soy, una malvada? De ninguna manera. Dejadlo aquí; dejadme a solas con él, y no digáis una palabra sobre él. No lo digáis a nadie, ni siquiera a vuestros amigos en la corte del emperador. ¿Comprendéis lo que os digo? Ni una palabra. Un joven se comportó con insolencia. Desapareció y nadie lo volverá a ver jamás. Y otro joven podrá desenvolverse muy bien por el mundo con mi ayuda, pero nadie ha de decir que es hijo mío. Podéis iros.

Atónito, sin poder dar crédito a sus ojos, Juan vio que los eunucos sonreían, no con sonrisas forzadas, sino con miradas de verdadera satisfacción y afecto. Se prosternaron ante la emperatriz y se fueron.

—¡Y decidles a esos pobres diablos que esperan en la segunda antesala que se vayan a sus casas! —gritó la emperatriz mientras salían; se inclinaron de nuevo, aún sonrientes, y se alejaron en silencio. Alguien corrió la cortina púrpura.

La emperatriz, recogiendo las piernas, se incorporó y se quitó la diadema. Su cabello era espeso y muy negro. Era más joven de lo que él había pensado (cuarenta y cinco como mucho).

—Bien, levántate —colocó la diadema en su regazo, sosteniéndola con sus delicadas manos, mientras lo contemplaba—. ¿Cuándo murió tu padre?

—En junio —dijo tragando saliva, sin saber cómo dirigirse a ella ahora.

—Junio. Mi marido también tuvo la peste en junio, pero sobrevivió a ella, gracias al cielo. Es extraño que los dos hombres que yo más he amado hayan estado enfermos al mismo tiempo —lo miró una vez más, ladeó ligeramente la cabeza y ordenó—: Ven aquí.

Se acercó, pero se sentía inseguro. Le parecía impropio estar de pie al lado de la emperatriz, pero no se atrevía a sentarse en el trono imperial. Sin saber qué hacer, se dejó caer de rodillas. Observó cómo la mano de Teodora soltaba la diadema y rápidamente le acariciaba el rostro, bajaba hasta el hombro y volvía a caer sobre el oro que brillaba en su regazo.

—Juan —dijo ella, sacudiendo la cabeza.

—¿Quiere esto decir que es cierto? —preguntó, deseando desesperadamente oír una respuesta afirmativa.

—Sí, por supuesto. Si no lo fuera, ¿estarías aún aquí? Yo no tolero ni la insolencia ni los insultos. Tú eres hijo mío. ¡Mi hijo! —la mano veloz de Teodora acarició el rostro y volvió a alejarse bruscamente—. Tu padre, antes de decirte la verdad, ¿qué te dijo acerca de tu madre?

—Me dijo que era hijo de una prostituta, una actriz cómica de un circo, la hija de un cuidador de osos que conoció cuando estudiaba leyes en Beirut.

Ella sonrió, complacida.

—Eso es absolutamente cierto. ¡Oh, Dios de todas las cosas, eso era típico de él! ¡Cómo podía mentir, aun diciendo la verdad! Pero para eso están los jurisconsultos —soltó una risita y añadió—: Pero es evidente que no pudo haber sabido que yo había llegado a ser quien soy, hasta que le envié la carta —lo miró fijamente, casi ansiosa—. Y supongo que te dijo que cuando me quiso llevar a Bostra con él lo dejé a él y a ti te abandoné, ¿no es cierto?

—Sí —balbuceó Juan.

Las comisuras de los labios imperiales se fruncieron y su mirada ansiosa se endureció.

—¿Qué más te contó?

Juan pensó en todo lo que sabía de esa mujer por lo que le había oído a su padre o a los amigos y conocidos de su padre: conversaciones presenciadas por él y otras oídas al pasar, las bromas despiadadas sobre «la perra de Diodoro, la madre de su bastardo». «Ella se levantaba la túnica en fiestas de mucho alcohol y caminaba sobre las manos bajo la mesa, meneando sus nalgas desnudas. Una puta desvergonzada, pero Dios mío, ¡cómo envidiaba a Diodoro!». «No me habría importado, lo que se dice nada, dar yo mismo alguna vez en el blanco; después de todo, ya dieron en él algunos hombres». «Rabelo, estando de visita en Beirut, quiso seducirla; como a ella no le gustó, se fue directa a él y a punto estuvo de arrancarle las pelotas. Después hacía bromas al respecto delante de su amante. Diodoro se limitó a reírse, pero le dijo a Rabelo que como intentara repetir la hazaña, lo mataría». «Oí que cuando ella lo dejó, se llevó cinco piezas de oro y tres vestidos de seda auténtica que él le había regalado, todas las alhajas y la mayor parte de los muebles, pero dejó con él al niño». «Una vez me dijo —éste era el relato de su padre, solo y amargado, en respuesta a alguna pregunta lamentablemente audaz de Juan— que en una ocasión representó una parodia sobre Leda y el cisne ante miles de espectadores en un teatro público de Constantinopla. Se esparció granos por todo el cuerpo y también bajo la faja de cuero que cubría sus partes íntimas, lo único que llevaba puesto. Trajeron un ganso, y éste comenzó a picotear todos los granos, mientras ella se retorcía en el suelo gritando que la violaban. Luego dio a luz un huevo. Teodora aseguraba que encantó a la multitud. "¡Rugían!", decía con deleite. ¿Realmente te gustaría tenerla aquí? ¿Para que todo el pueblo de Bostra ruja ante ella? Yo estuve lo suficientemente loco como para querer traerla aquí. Alégrate de que nunca haya venido».

Pero ante la mujer sentada en medio de su púrpura imperial, que lo miraba con ojos feroces, estas descripciones, que lo habían atormentado durante años, le parecían fabulaciones locas y sin sentido.

—Me contó que habías querido renunciar a una loca carrera cuando os conocisteis, que le fuiste fiel, que te había prometido que no se casaría con nadie mientras estuviera contigo y que lo dejaste al descubrir que había cometido perjurio y que se iba a desposar con la hija de Elthemo —comunicó a la emperatriz con cautela.

Ella enarcó las cejas.

—Debía de estar en un momento inusualmente honesto para admitirlo.

Juan bajó la mirada. La confesión se había producido tras la historia del ganso, cuando Juan se había alejado con ganas de vomitar y zumbándole los oídos. Sentía el coro que le susurraba, el coro que siempre le había perseguido: «Hijo de una puta, bastardo». Su padre corrió tras él diciéndole: «¡No..., espera!».

—Él intentaba ser justo —dijo— pero te odiaba por haberlo abandonado.

Ella suspiró, entre sonriente y disgustada.

—¡Apostaría mi vida a que me odiaba por eso! Creía que estábamos enamorados el uno del otro y que por eso yo debía estar dispuesta a ir a vivir a cualquier casucha sofocante de algún callejón de Bostra, para criar a su hijo y esperar a que me concediera los escasos momentos que no pasara con su mujer. Mi esposo —dijo alzando la cabeza— vale mucho más que él, aun dejando de lado el rango. Y no le avergonzó casarse conmigo.

—Me dijo que te amaba —susurró Juan, confuso y consciente de que intentaba defender a su padre, el funcionario de Bostra, honrado y respetable—. Me dijo que tú eras la única mujer que había amado de verdad, que sólo se había casado con su mujer por dinero y por la influencia de su familia.

Ella sonrió, pero esta vez le duró poco.

—También a mí me dijo eso. Y yo le creí. Pero por qué supuso que el hecho de que prefiriera el dinero y el poder al amor me convencería de ir a Bostra con él, no lo sé —se restregó los ojos—. Bueno, así que está muerto ahora. ¡Pobre Diodoro! —dejó caer la mano, acariciando las joyas de la diadema—. Lo amé de verdad —agregó al cabo de un rato—. Tanto como hubiera amado a cualquiera. Pero al final no me dio pena dejarlo y no fue difícil hacerlo —sacudió la cabeza y volvió a mirar a Juan. Acarició su rostro una vez más—. ¡Pero sí fue difícil dejarte a ti! Dios, ¡cómo lloré por ti!; creo que lloré durante todo el trayecto entre Beirut y Constantinopla. ¡Mi pobre hijo, abandonado! Pero ahora, aquí está, veintitrés años han pasado, y aquí estás tú —lo miró absorta—. Mi propio hijo —entrecerró los ojos rápidamente y preguntó—: ¿Por qué has venido aquí?

—Para... para verte.

—Sí, por supuesto, pero ¿qué buscas? ¿Dinero? ¿Posición? ¿Vengarte de alguien?

—¡Quería verte!

Ella le lanzó una mirada cínica.

—¿Y jamás se te cruzó por la mente que yo podría hacer algo por ti? Sé sincero conmigo si quieres que te ayude.

—Se me ocurrió —admitió Juan—. Pero no podía pensar en eso. No lo podía creer. No sabía si era verdad, si... si te ibas a ofender por mi llegada.

—¿Pensaste que yo podía haber mandado que te mataran? —preguntó, divertida.

—Tú habías amenazado a mi padre.

Lo miró pensativa.

—Tal vez lo hubiera hecho si yo me hubiera sentido amenazada... pero ni siquiera lo has intentado. Entonces, si creías que te podía matar y no pensabas sacar provecho de mí, ¿por qué has venido?

Juan se mordió los labios.

—Quería verte —repitió, después de un largo silencio—. Con mi padre muerto... —tragó saliva, y volvió a encontrarse con la fría mirada de Teodora. Con pavor se dio cuenta de que tendría que continuar y decir cosas que sería doloroso sólo pensarlas y que no había dicho a nadie por vergüenza.

Se detuvo, intentando reunir valor para hablar. La emperatriz, con la diadema en el regazo, esperaba, recostada sobre el brazo del diván, con la barbilla apoyada en una mano aguardando su respuesta. «Me está dando una soga para ahorcarme», pensó Juan.

—Un bastardo vive por la tolerancia de los demás —dijo por fin—. Yo sabía que podrían haberme dejado morir al nacer, o abandonado o vendido cuando me dejaste. Muchos decían que era lo que debían haber hecho. En cambio, mi padre me consiguió una niñera, me crió en su propia casa, me educó casi tan bien como a sus hijos legítimos. Pero yo era... no, no era odiado; ni la esposa de mi padre me odia realmente. No me aceptaban. El hijo de una prostituta no debía ser tratado como los hijos legítimos de una mujer respetable. Ni como persona a su cargo, porque yo no tenía ningún derecho en la casa. Nadie puede tener derechos si está vivo gracias a la caridad ajena. Yo trabajaba para mi padre de secretario; siempre me decía que me conseguiría un buen trabajo en otro lado con un sueldo y con posibilidades, pero nunca hubo nada. Nunca tuvo el dinero preparado para comprarme un puesto decente, o si lo tuvo, no pudo prescindir de mí justo en ese momento. Yo pensaba... bueno, pensaba que no se le podía molestar y que él creía que yo fracasaría si me conseguía un trabajo bueno. Podía ser generoso y amable conmigo, pero en general era impaciente e irritable.

»Sin embargo, cuando la peste llegó a Bostra y me contagié, mi padre lo abandonó todo y me cuidó. Nadie más quería hacerlo: mi vieja niñera también estaba enferma; nadie en la casa pensó que valía la pena correr el riesgo de contagiarse por mi culpa, ni siquiera los esclavos. Pero mi padre se quedó conmigo durante toda mi convalecencia. "Tú eres mi hijo favorito", me decía. "Al diablo los otros hijos; ¡vive tú!" Y eso hice. Apenas me estaba reponiendo cuando él cayó enfermo. Lo cuidé lo mejor que pude, a mi vez..., pero tú has visto la enfermedad, sabes cuántos... cuántos han muerto por ella.

»Cuando se estaba muriendo, me habló de ti y me enseñó tu carta. ¡Dios inmortal, la emperatriz, la sagrada Augusta! Siempre me habían... despreciado, por culpa tuya. Pero si tú eras... ¿Sabes?, eso también cambiaba lo que yo era, me convertía en algo totalmente diferente de lo que había sido.

»Cuando mi padre murió, desapareció también la tolerancia con que él me había tratado. Mis hermanastros habrían respetado los deseos de mi padre, al menos para buscarme algún trabajo, pero su madre no me quería en la casa. Sentí que yo mismo había muerto por la peste. Era como un fantasma en aquella casa. Ya no sabía quién era o qué debía hacer. Entonces decidí dejar Bostra y venir aquí, a esta ciudad, a conocerte.

La emperatriz lo observó por un momento; suspiró y levantó la cabeza.

—¡Pobre hijo mío! Así que tú también sabes lo que es ser despreciado. No importa —sus ojos se iluminaron—. Ahora podremos repararlo —Juan advirtió un brillo en su sonrisa—. Dentro de unos años podrás volver a visitar a tus hermanastros y a la puta de su madre llevando la banda púrpura en tu manto, con mil sirvientes a tu alrededor. Entonces harás que se arrastren hasta ti. ¡Sólo espera un poco! —se apartó el cabello de los ojos, posó la mano en el hombro de Juan y añadió—: Yo me encargaré de que así suceda. Confía en mí.

Juan no sabía qué decir. ¿Acaso ella haría que sus hermanastros y su madrastra se arrastraran hasta él? Intentó imaginárselo, y su mente retrocedió con horror al pensar en la esposa de su padre, con el rostro amargado, rígido, de eterna desaprobación contrayéndose de terror mientras le manoseaban las rodillas. No había vuelta atrás y no tenía sentido humillar a los demás y ponerse a sí mismo en tal situación. Pero se encontró con la mirada brillante de la emperatriz y asintió.

—Confiaba en que Diodoro cuidaría de ti —dijo después de un instante—. Conociéndolo, te debe de haber educado en algo útil. Háblame de ti. ¿Qué sabes hacer, qué te gustaría hacer?

Juan se sonrojó y bajó la mirada.

—Él no me..., o sea, no estudié derecho, como él. Ni retórica, ni filosofía. Fueron mis hermanastros los que aprendieron ese tipo de cosas...

—Al diablo con esas cosas, entonces. Si hay mucho de mí en ti, tampoco te gustarían de todos modos. Has dicho que eras secretario de tu padre: debes de saber escribir, entonces, y quizá un poco de contabilidad, ¿no es cierto?

—Contabilidad y taquigrafía.

—¡Taquigrafía! ¡Madre de Dios, puedo conseguirte un trabajo mañana mismo! ¿Para qué diablos sirve el derecho, comparado con la taquigrafía? —se echó a reír, saltando del diván; Juan se quedó boquiabierto—. ¿Sabes cuántas oficinas estatales hay en esta ciudad? Y la mitad de los altos funcionarios han perdido sus secretarios privados por la peste y no pueden encontrar a alguien lo suficientemente «de confianza» para reemplazarlos. Ahora, donde puede ser...

—No sé si quiero ser secretario —dijo Juan poniéndose en pie, alarmado.

—No seas ridículo. Esto no será como escribir para tu padre cartas sobre impuestos por una acequia en las provincias o cosas por el estilo. No, te conseguiremos un puesto con alguien importante y si tú destacas... Déjame ver —descorrió a un lado la cortina, abrió la puerta que daba a la galería y batió las palmas. Al instante entró un eunuco haciendo una reverencia. Era el patricio: debía de ser el chambelán principal, el jefe de los sirvientes—. Eusebio —dijo con una sonrisa—, haz preparar una de las habitaciones secretas para este joven y búscale ropa adecuada. He decidido que será secretario de un alto funcionario. Prepárame una lista de los cortesanos más importantes que necesiten uno, qué quiere cada uno que haga y en el caso de que esperen algo a cambio por el puesto, qué es lo que quieren. Tráemela mañana por la mañana.

—Pero... —dijo Juan indeciso—. No sé si...

—Confía en mí —añadió dirigiéndole una sonrisa radiante. Tomó la diadema y se la volvió a colocar en la cabeza, atusándose el cabello bajo su brillante escudo—. Tengo que cenar con mi esposo esta noche. Ahora no hay más tiempo para hablar. Mañana desayunarás conmigo y decidiremos adónde irás.

Juan permanecía allí quieto, mirándola, nuevamente atemorizado. Se había puesto en sus manos y tenía que confiar en ella, pero sentía como si estuviera conduciendo un carro a toda velocidad y se le hubieran soltado las riendas. Ella se quedó de pie: una imagen de púrpura y oro, con la sonrisa bailándole en los labios. Era hermosa; parecía contenta con la llegada de su hijo. Ella, la serenísima Augusta, cogobernante del mundo. Debía seguir complaciéndola. Se inclinó haciendo una reverencia.

—Sí, señora. Pero no... no sé cuál es mi posición aquí. Te lo ruego, explícamelo. No quiero hacer nada que no sea lo apropiado.

Teodora lo miró con desconfianza, pero tranquilizada al ver la confusión de Juan, se echó a reír.

—¡Ah, pobre niño mío! Por ahora no gozas de ninguna posición aquí. Y si llegara a saberse que eres hijo mío, jamás la tendrías. Nadie podría matarte; al menos, yo no creo que nadie quisiera hacerlo. Pero yo tuve una hija, una hermanastra tuya. La mantuve como bastarda reconocida. Claro, es mucho más fácil con una niña, porque se espera que una niña respetable se quede en su casa. Pero no sólo tuve que mantenerla fuera de la vista de todos para evitar ofender los delicados sentimientos de los senadores, que creen que las putas deben estar en los burdeles, sino que la tuve que casar joven con un muchacho de un rango inferior de lo que yo hubiera deseado. Para que no nos pusiera en aprietos, ¿comprendes? Pero era realmente demasiado joven y murió al dar a luz. Si yo te reconociera públicamente... —dio un paso hacia él. Juan advirtió entonces que era una mujer menuda—. Te enviarían a alguna finca en el campo y estarías escondido allí en medio de un lujo oscuro, y sería lo último que se sabría de ti. Y eso porque no está bien que un emperador tenga los bastardos de su esposa en palacio, sobre todo teniendo en cuenta que no tiene hijos propios. No nos busques problemas, te lo advierto —la voz volvió a endurecerse.

Juan tragó saliva y se inclinó. La emperatriz añadió:

—Si mantenemos en secreto quién eres en realidad, podrás tener pronto una buena posición. Disimularé mi interés hacia ti diciendo que eres el primo de un amigo y procuraré que tengas de todo para que estés bien aquí. Puedes confiar en mis sirvientes: saben guardar un secreto. Y hasta que te consigamos un trabajo, tú eres un secreto. Olvida todo lo que pasó antes de atravesar la Puerta de Bronce. Eres un hombre nuevo ahora.

—Yo... dejé mis cosas en el barco —replicó, inseguro.

—No vuelvas por ellas. Recuerda a Orfeo y nunca mires atrás. *Heu, noctis propter terminos Orpheus Eurydicem suam vidit, perdidit, occidit... quidquid praecipuum trahit perdit, dum videt inferes.* ¡Eusebio! —el eunuco hizo una reverencia—. Ocúpate de este joven.

El eunuco volvió a hacer una reverencia mientras la emperatriz salía de la sala con paso majestuoso.

Cuando el eunuco le enseñó la «habitación secreta», Juan se animó y finalmente le preguntó:

—¿Qué es lo que dijo en latín? Era latín, ¿verdad?

—Así es —respondió sonriente el eunuco—. Lo aprendió para complacer al Augusto. Decía: «En el límite de la noche Orfeo vio, perdió, mató a su Eurídice. Cualquiera que sea el honor que se obtenga, él lo pierde al bajar la mirada». Ésta es la habitación de Su Señoría. Lamento que no esté preparada para ti. En un momento vendrán los esclavos.

Juan se sentó a esperar en la cama aún sin hacer. «Una "habitación secreta"», pensó. Iluminada con la luz indirecta de una claraboya, era lo bastante amplia como para poder dividirla en dos mediante unas cortinas. Una pared estaba cubierta de imágenes de Cristo y de la Virgen. Una de las habitaciones secretas, había dicho la emperatriz. ¿Cuántas había y quiénes más las utilizaban?

Se cogió la cabeza entre las manos, se sentía débil a causa del agotamiento y atónito por el desconcierto, además de estar (tuvo que admitirlo) muy asustado. Sin embargo, lo que él no se había atrevido a creer era cierto y la emperatriz estaba complacida, quería ayudarlo, hasta lo incitaba a que «destacara»; todo estaba saliendo mucho mejor de lo que él se había imaginado. Entonces, ¿por qué deseaba estar en Bostra?

«No debo fracasar —se dijo, intentando no pensar en Orfeo—. Teodora es la hija de un hombre que criaba osos para el circo, una actriz, una prostituta que ahora ha llegado a emperatriz. Y yo soy su hijo. Debo ser capaz de lograr alguna clase de gloria. Eso le gustaría y yo debo complacerla». Se aferró al recuerdo de su sonrisa y se incorporó. Los esclavos entraron a preparar la habitación.

II

El secretario del chambelán

Juan no durmió bien aquella noche y se despertó antes de que la luz grisácea de la mañana entrara por la claraboya. Sin poder conciliar el sueño encendió una luz del portalámparas dorado y deambuló por el aposento, sin atreverse a salir. La noche anterior había visto un estante de libros bajo los iconos y ahora revisó el contenido: una colección de evangelios, otra de epístolas, un libro de los salmos; los escritos de Basilio de Capadocia, los de Severo de Antioquía y los de Juan Filoponos; solamente obras de teología. Se quedó perplejo por un momento, pero luego, al comprender el propósito de la habitación secreta, se sonrió. En Bostra se sabía perfectamente que la emperatriz simpatizaba con la teología monofisita; según se decía en las provincias orientales, como Arabia, era «amante de la piedad y la ortodoxia». El emperador, sin embargo, y la mayoría de la población de Constantinopla eran diofisitas y reconocían la verdadera doctrina del concilio de Calcedonia («la herejía atea, como la llamaba el obispo de Bostra, por sostener dos naturalezas en Cristo y negar a la madre de nuestro Señor su honor de Madre de Dios»). «La piedad y la ortodoxia están proscritas en Constantinopla», gritaban los monjes en las calles de Bostra. «Monjes piadosos y santos, obispos devotos, son encerrados y ejecutados por orden del emperador ateo... a menos que la venerada emperatriz los proteja». Y así era como la sagrada Majestad de la emperatriz los protegía: con habitaciones secretas, puertos privados y barcos para llevarlos a otro lugar y un grupo de servidores de confianza que sabía ser discreto. Y además (en ese momento se dio cuenta), guardias que sabían lo que ocurría pero que hacían la vista gorda. «Por eso –pensó–, me dejaron entrar ayer tan pronto».

Sumamente contento por haberse percatado de la situación, se sentó y se puso a leer el libro de salmos hasta que los esclavos entraron a anunciarle que el baño estaba listo.

Cuando lo llamaron a desayunar con la emperatriz, el sol estaba ya alto. Los esclavos lo habían bañado y cortado el cabello y le habían dado ropa limpia. Eran ropas suntuosas: la corta túnica roja llevaba medallones de seda trabajados con figuras de oro y los hombros del manto largo eran duros por el brocado, y ambas telas estaban cosidas con seda. Además, llevaba pantalones. Nadie los usaba en Arabia y se sentía torpe e incómodo con ellos. Por otro lado, sentía la nuca como desnuda sin el turbante al que estaba acostumbrado. Pero por fin llegó el anuncio y fue llevado a lo largo de otro pasillo a una sala privada para los desayunos. La emperatriz estaba encantada.

—¡Déjame verte! —dijo, saltando de su diván. Tenía el cabello suelto, húmedo después de su baño, y la capa de púrpura colgaba de su diván, abandonada. En su túnica bordada parecía delgada, joven y hasta más pequeña que el día anterior. Le miraba, risueña. El salón de desayunos daba a un jardín donde el agua de una fuente corría bajo una higuera y los pájaros trinaban bajo el radiante sol—. ¡Dios Todopoderoso! —dijo Teodora después de caminar en torno a él con admiración—. ¡No me salieron tan mal los hijos! ¡Eres mucho más refinado que el hijo de Passara, esa mujerzuela! ¡Cómo me gustaría presentarte a ella! Su hijo es una bestia horrible, con un cráneo tan tosco como una vasija, que, según cree ella, será el próximo emperador. ¡Ya veremos! Pero siéntate aquí, cerca de mí, y desayuna.

Juan se sentó torpemente en el diván. Ella se sentó en el otro extremo recogiendo las piernas bajo su cuerpo. Sobre la mesa dorada había pan blanco, tortas de sésamo, leche de cabra e higos frescos. Teodora se sirvió un higo y se puso a masticarlo a pequeños mordiscos y con evidente placer.

—¿Quién es Passara? —preguntó Juan, nervioso.

A Teodora se le escapó una risita.

—La esposa de Germano, el primo de mi marido. ¿Has oído hablar de él? Es un perfecto pelmazo y su esposa es la más presumida de Constantinopla. ¡Anicia Passara, descendiente de emperadores! También se imaginaba a sí misma esposa de un emperador, cuando el viejo Justiniano fue investido con la púrpura imperial. Pero mi esposo es el emperador, mientras que Germano hace lo que le dicen. Passara no me soporta y yo tampoco a ella. Pero cambiemos de tema. ¡Adelante, sírvete!

Juan se sirvió un higo y buscó una taza. Una de las jóvenes esclavas se precipitó a ofrecerle una taza a él; se la llenó con leche de cabra y se la entregó haciendo una reverencia. Juan la miraba, desorientado. Estaba más acostumbrado a llenarse él mismo las tazas a que los demás se las sirvieran.

—He pensado qué decirle a la gente acerca de ti —dijo Teodora, terminando su higo y enjuagando sus dedos en una palangana de agua de rosas. Un esclavo le extendió una toalla para secarse—. Diré que mi padre, Akakios, tenía un hermanastro, persona respetable, que vivía en Beirut, y que tú eres su nieto —tomó una torta de sésamo y la mordió.

—¿Cuál era el nombre de tu primo? —preguntó Juan cautelosamente.

Teodora se encogió de hombros.

—¿Qué te parece Diodoro? Él no existió, amor mío. Yo no tengo ninguna relación respetable, excepto las que he adquirido a partir de mi matrimonio. Pero nadie, salvo mi hermana, sabrá que eso es mentira, y Komito corroborará esta historia si le explico la razón —contuvo una risita burlona—. Komito te podrá contar toda la historia de nuestro respetable tío Diodoro cuando la conozcas —empujó el resto de la torta de sésamo dentro de su boca y se sacudió las migas de los dedos.

Juan tomó un pedazo de pan blanco. «Mi tía Komito —pensó—, mi abuelo, Akakios. Él debió de ser el cuidador de osos. ¡Qué raro es tener de repente tantos parientes nuevos!»

—Me gustaría conocerla —le dijo a Teodora.

La emperatriz sonrió, haciéndole un gesto con el dedo en alto para que esperara a que terminara de masticar.

—A su debido tiempo —dijo después de tragar ruidosamente—. Primero tenemos que conseguirte un puesto. Pero le enviaré a Komito una nota sobre ti hoy por la mañana —chasqueó los dedos y los esclavos se precipitaron para atenderla—. Ve corriendo a buscar a Eusebio —ordenó a uno—. Pídele que traiga la lista que le encargué ayer.

En unos minutos el eunuco volvió con un rollo de pergamino. Se prosternó ante Teodora y le besó el pie. Juan se sonrojó al darse cuenta de que se había olvidado de hacer eso. ¡Pero ella se le había acercado con tanta rapidez...! Bueno, al menos no parecía estar molesta por el descuido.

Teodora tomó el rollo y lo desplegó, estudiando la lista de nombres.

—Teodatos, no, cielo santo, con él sólo aprenderías a estafar. Addaio, no, es curioso e instigador y responde demasiado a mi marido. ¡Psst! —se interrumpió mientras miraba a Juan y alzaba la cabeza hacia un lado—. ¿Para qué clase de funcionario te gustaría trabajar?

Juan se humedeció los labios.

—Me... me gustaría entrar en el ejército, en la caballería. Sé montar y también aprendí a tirar al arco, cuando estaba en Bostra...

Teodora se rió.

—Una educación muy persa: montar, tirar con arco y decir la verdad. ¿Acaso todos los jóvenes desean ser vistosos oficiales de caballería? Todos los hombres de menos de treinta años con los que he hablado últimamente parecen tener una desmedida ambición por montar a caballo y esgrimir la espada. Bueno, supongo que impresiona. Y si eres bueno, es un camino de ascenso regio. Eusebio —dijo, volviéndose al eunuco—. El secretario de Belisario tuvo la peste, ¿verdad? ¿Ha muerto?

Juan se incorporó, con el rostro encendido. ¡Belisario! ¡El general más grande que haya podido existir, el conquistador de los vándalos y de los godos, el terror de los persas!

Pero el eunuco movió la cabeza.

—No, señora. Creo que el del muchacho fue un caso particularmente leve y se repuso.

—¡Qué pena! Ese adulador falso y amargado estaría mejor muerto. No entiendo cómo Belisario lo soporta. Supongo que no sabe lo que ese hombre dice de él a sus espaldas. Se deja engañar fácilmente; al menos eso es lo que piensa su esposa —soltó una risa maliciosa—. Sin embargo, me imagino que es para bien. Belisario dice que puede conquistar Italia sólo con sus colaboradores más cercanos y su propio dinero, pero yo eso lo creeré cuando lo vea hecho; además, asociarse a una guerra perdida de antemano jamás ayudó a nadie. Encontraremos algún otro —examinó el papiro nuevamente.

Juan se hundió en el asiento, profundamente desilusionado. Recordó con punzante dolor el caballo que su padre le había regalado: una hermosa yegua árabe, un regalo de la tribu de Ghassan en Jabiya. Se la regalaron siendo una potranca y la entrenó y montó siempre que pudo. Todavía era joven cuando la llevó a Beirut y la vendió para comprar su pasaje a Constantinopla. Recordó los ejércitos del duque de Arabia pasando por Bostra hacia el norte, con la armadura brillante, con sus lanzas iluminadas como una constelación de estrellas y con sus caballos desfilando por las calles entre la multitud que los miraba. Marchar para combatir a los persas y sus aliados, para defender el imperio. El resto del mundo compraba y vendía y esperaba su triunfo. Ellos batallaban, ponían a prueba su coraje y tranquilizaban a sus compatriotas con una victoria, o con la muerte. Eso era la gloria y no quedarse sentado en un despacho de Constantinopla tomando notas taquigráficas.

—¡Aquí está! —dijo bruscamente Teodora. Empujó el rollo hacia él, señalando un nombre.

—*Prae. s. cub.* Narsés —leyó Juan—. Sólo pide eficiencia —no tenía idea de lo que significaba la abreviatura. El nombre, Narsés, era extranjero. Persa, o quizá armenio. No le sonaba familiar.

—Yo pensaba que Narsés ya había encontrado a alguien —dijo ella, mirando a Eusebio.

Eusebio tosió.

—Encontró a un hombre que demostró no valer para el cargo y se le dio otro destino.

—Sí, supongo que es un trabajo muy exigente. ¿Qué hace tu secretario, Eusebio?

—Oh, no hay punto de comparación entre mi trabajo y el de Narsés. Yo sirvo a Tu Serenidad. Él sirve a todo el imperio.

—Sería ideal —dijo Teodora. Tomó nuevamente el rollo de las manos de Juan y lo miró atentamente, entornando los ojos—. Lo intentaremos —añadió al cabo de un rato—. Si cree que tú no puedes hacer el trabajo y no te acepta, probaremos con otro —devolvió el rollo a Eusebio.

—¿Quién es Narsés? —preguntó Juan en vano.

La emperatriz y su asistente lo miraron azorados.

—No entendí la abreviatura —agregó, poniéndose a la defensiva.

—*Praepositus sacri cubiculi* —indicó Eusebio rápidamente—. Chambelán mayor. El mismo cargo que ocupo yo en realidad, pero en la corte del emperador y con responsabilidades adicionales.

—Suponía que habrías oído hablar de él —comentó Teodora—, pero me imagino que en un lugar como Bostra nadie sabe quién está a cargo del imperio. Me encantaría que pudieras tener un trabajo con Narsés. Estarías bajo la atenta mirada de Pedro también, y eso es importante. Te enviaré allí tan pronto como tu estancia aquí sea oficial.

—Eh... —Juan se mordió la lengua para no hablar. «¿Por qué me consulta —se preguntaba—, si ya ha decidido que debo redactar cartas para el jefe de eunucos del emperador? No es trabajo para un hombre. Supongo que dentro de un año ya habré aprendido a sonreír forzadamente a todo el mundo y a recibir sobornos. Sienta el culo y hazte rico, buen trabajo para un eunuco»—. ¿Quién es Pedro? —preguntó, ya sin saber qué hacer.

—Mi marido —el chambelán entregó a la emperatriz un libro de citas, que ella hojeó.

—¿Tu marido? Pero, yo pensé...

Ella levantó la cabeza, sonriente.

—¿Pensabas que su nombre es Justiniano Augusto? Augusto es un título; él se llamó a sí mismo Justiniano cuando su tío, el emperador Justino, lo adoptó como heredero suyo. Su nombre es Pedro Sabatio. Pero tú no intentes llamarlo así. Nadie, excepto yo, lo llama de ese modo.

Se quedó mirando a Teodora. Su negro cabello caía sobre otro papel que Eusebio le enseñaba. Pendientes de perlas brillaban sobre el cuello. La emperatriz sonrió al chambelán y le preguntó algo, para asentir al final. El eunuco le devolvió la sonrisa, sacó un plumero y le pidió a un esclavo que trajera pergamino: se iba a responder a una petición o se había tomado una decisión sobre algún asunto. Juan se sintió abrumado de repente, avergonzado por el resentimiento. Aquí estaba él, el hijo bastardo de Diodoro de Bostra, desayunando con la emperatriz, mirando cómo resolvía asuntos de Estado. Él era bastante ignorante e inexperto: podía llegar a ser una molestia para ella. Debía estar agradecido de que quisiera ayudarlo. Debía esforzarse para que le fuera bien en cualquier trabajo que ella le consiguiera y debía demostrar que era merecedor de tal ayuda.

Terminó el desayuno, haciendo esfuerzos por oír lo que la emperatriz decía y saborear su nuevo trabajo. Pero volvió a verse a sí mismo como un auriga que pierde las riendas, asiéndose desesperadamente a su frágil carro mientras los caballos lo llevaban a su antojo.

Una semana después lo llevaron ante el chambelán mayor del emperador para una entrevista. Había dedicado todo ese tiempo a urdir una trama de mentiras donde basar la razón de su presencia allí. Juan se vio totalmente transformado: había cambiado de nacionalidad, origen, educación e historia. La emperatriz llegó a pensar en cambiarle el nombre, pero finalmente decidió que el nombre de Juan era lo suficientemente común como para no preocuparse. Pero le pidieron que se dejara la barba, para descartar la posibilidad de que alguien lo reconociera.

—Además —replicó Teodora—, está de moda ahora. Ya ningún joven se afeita en Constantinopla; todos intentan parecerse a Belisario —ahora debía ser hijo legítimo de un escriba municipal en Beirut; había perdido a sus padres por la peste y había acudido a su prima segunda, a quien la familia había desairado; Teodora lo había recibido en su palacio de verano, en Herión; había «llegado desde Herión» seis días después de su verdadera llegada y se le había dado diligentemente un cuarto de huéspedes, con menos esclavos confidenciales para atenderlo, en otra parte del palacio. A la mañana siguiente, Eusebio pasó a buscarle temprano y lo acompañó a otro edificio dentro del Gran Palacio.

—Le hemos explicado tu nueva situación a Narsés —le dijo el eunuco mientras bajaban por una escalinata de mármol veteado a través de un jardín de rosas marchitas y con suave aroma a tomillo–, y la sagrada Augusta le ha escrito una carta expresando su complacencia si te considerara apto para el trabajo. Pero me temo que eso no nos asegura nada. Narsés controla personalmente su propia oficina, de ahí que insista en un alto nivel de eficiencia. Desde la muerte de su secretario tomó dos jóvenes a prueba, uno de ellos por recomendación de la emperatriz, pero ninguno demostró ser adecuado para la tarea, de ahí que se les asignara un trabajo en otro lugar. Es una pena que no sepas latín, porque eso te ayudaría.

Juan asintió en silencio. Toda aquella trama lo había dejado desorientado y deprimido y, después de una semana de observar a Teodora y a sus colaboradores, se sentía perdido. Aunque mantenía una apariencia de lujo, Teodora no era solamente una dama elegante: era también una gobernante real y eficiente, subordinada solamente al emperador. De todo el imperio le escribían gobernadores para pedirle su apoyo o para someter complejos problemas administrativos a su sagrada y augusta decisión. Sus respuestas eran inmediatas, sagaces y decisivas. Recibía embajadores, concedía audiencias e impartía órdenes a las oficinas de Estado. Controlaba grandes propiedades en Asia y Capadocia y empleaba la renta que obtenía en mantener un ejército de espías y agentes. Sobre sus propios sirvientes su autoridad era suprema; ni el emperador podía entrar en su palacio sin su permiso. «Habría sido mejor –pensó Juan– que me hubiera reconocido como su hijo y me hubiera enviado al "oscuro lujo" de alguna finca de provincia. Dios lo sabe, nunca pensé en ser rico ni poderoso antes de venir aquí. Vine porque quería saber quién era yo realmente; y en vez de averiguarlo, me estoy convirtiendo en una completa ficción. Por cierto, que en este trabajo no tengo la mínima oportunidad. ¿Qué sé yo que me faculte para ser secretario privado de un ministro de Estado? Un hombre tan poderoso como parece ser este Narsés puede tener varios secretarios expertos y elocuentes. No me querrá y ella, la Augusta, se desilusionará. Con todo, dudan de que yo pueda conseguir el trabajo, así que no se desilusionarán *tanto*».

Mantuvo la cabeza erguida y trató de aparentar seguridad mientras Eusebio lo conducía al ala del Gran Palacio denominada el Magnaura.

La oficina del chambelán mayor estaba en el centro del palacio: del lado que daba a la Puerta de Bronce estaban las laberínticas oficinas de la administración imperial; del otro lado, hacia el interior, los salones de audiencias y las viviendas privadas del emperador y su corte. Todos los asuntos del mundo exterior para el emperador tenían que pasar por allí. Los palacios de Teodora, sin embargo, quedaban hacia el interior, por lo que Eusebio enseñó a Juan la mitad de la casa del emperador antes de llegar a la oficina del chambelán. Tras la magnificencia suntuosa de los departamentos privados (las lámparas como árboles dorados con pájaros adornados con piedras preciosas; las cortinas de seda púrpura; las alfombras diseminadas por el suelo; la inestimable colección de estatuas y pinturas), el despacho del chambelán parecía desnudo. Sus paredes presentaban escenas pintadas de la *Ilíada* y el suelo aparecía recubierto por un mosaico veteado en rojo y verde. En un rincón se veía una imagen de la Madre de Dios. Debajo, un hombre, vestido con un manto blanco y púrpura a rayas, escribía sentado ante un escritorio. Dos escribas sentados a una mesa cerca de la puerta, copiaban algo en un libro.

Eusebio dejó caer la cortina púrpura que ocultaba las habitaciones privadas del emperador; ante el frufrú de la seda, todos alzaron la mirada.

—¡Mi querido Eusebio! —exclamó el hombre vestido con el manto patricio. Se levantó de un salto, rodeó su escritorio y tomó cálidamente la mano de Eusebio. Era un eunuco pequeño, de aspecto frágil, de voz aguda y dulce, como la de un niño. Tenía el cabello fino, con mechones blancos, y los ojos oscuros. Podía tener entre treinta y sesenta años; era imposible mirar su rostro suave y precisar su edad. Su voz y su aspecto tan poco naturales incomodaron a Juan: nunca le había gustado la gente rara—. Y tú debes de ser Juan de Beirut —prosiguió Narsés, sonriéndole—. Gracias por venir tan temprano. Me temo que el resto de la mañana ya está ocupada con diversos asuntos. Si hay alguien que necesite otro ayudante, ése soy yo.

Uno de los escribas asintió. Juan notó aliviado que ni éste ni su compañero eran eunucos, sólo jóvenes de su misma edad, bien vestidos. Le recordaban un poco a sus hermanastros.

—La serenísima Augusta me informó que tú eras su primo segundo —le dijo Narsés—. Me aseguró que tenías cierta experiencia como secretario y que podías tomar notas taquigráficas, lo cual es ciertamente algo muy útil y muy poco común en quienes se presentan a este puesto. ¿Qué idiomas sabes?

—No sé latín —dijo Juan incómodo.

Narsés sonrió cortésmente.

—Quizá sería de más ayuda que nos dijeras lo que sí sabes hacer. Si eres de Beirut, quizá sepas algo de sirio.

—Un poco —contestó Juan. Había tenido que valerse de esa lengua en los viajes de negocios de su padre a Beirut—. Y un poco de arameo y de persa. Y además árabe.

Narsés levantó las cejas.

—¿Has dicho persa?

—Sí, mi padre solía tener negocios al otro lado de la frontera, antes de la guerra, ¡por supuesto! Yo atendía la correspondencia y por eso aprendí también el arameo —comenzó a sentirse nervioso. Bostra era una ciudad de comercio, y su padre, como la mayoría de sus convecinos, había invertido en las caravanas. Hasta se había permitido hacer contrabando con seda y especias, pero eso sólo después de iniciada la guerra con Persia. En aquella época las provisiones autorizadas se habían acabado y con ellas las caravanas de las que siempre había vivido Bostra, de ahí que el comercio ilegal fuera casi esencial para la supervivencia de la ciudad. Pero era peligroso admitir que conocía algo de ese comercio, además de que no se esperaba que él, el hijo de un escriba, hubiera de tener alguna experiencia en esos lances.

Narsés permaneció en silencio y finalmente le preguntó en persa:

—¿Se trataba acaso de comercio de seda, joven?

—Sí, excelencia —contestó Juan en el mismo idioma, tras un instante de perplejidad . Sólo durante la guerra, por supuesto. Nosotros enviamos seda desde Beirut; las caravanas proceden de Bostra y Damasco, por eso mi padre quería incrementar sus ganancias con una pequeña inversión en el comercio –las frases en persa eran las que había empleado muchas veces en la correspondencia con los socios de su padre, por lo que le salían con mucha facilidad.

–Me sorprende, sin embargo, tu conocimiento del árabe –Narsés continuaba hablando en persa. Su acento era diferente del de los persas que Juan había conocido en Bostra–. ¿También responde eso a razones comerciales?

Juan se ruborizó.

–Sí, a veces teníamos que... tratar con el rey de Jabiya, ¿comprendes? –el árabe era su lengua vernácula, la que había aprendido de su niñera y la que se hablaba en su casa, más que el griego.

–¿Con el rey... ? –preguntó Narsés, un poco perplejo.

–Al-Harith ibn-Jabalah de Ghassan –aclaró Juan–. El rey de los sarracenos en Jabiya.

–¡El filarca Aretas! –dijo Narsés, volviendo al griego con un tono divertido–. Yo no lo llamaría rey aquí.

Juan se inclinó en señal de disculpa.

–Allí hay que llamarlo rey.

–Estoy seguro de eso. Bueno, un secretario que sabe persa y árabe nos podría ser útil sin duda. Siempre se puede aprender latín aquí; hay muchos hombres que pueden enseñártelo, pero es más difícil encontrar a alguien que hable persa. ¿Y puedes escribirlo?

–No en taquigrafía –dijo Juan apresuradamente–. Puedo tomar notas taquigráficas sólo en griego.

Narsés sonrió.

–Creo que no hay un sistema de taquigrafía para el persa. Yo no puedo escribir nada en ese idioma, aunque aprendí a hablarlo antes que el griego. Es una molestia enviar al jefe de las oficinas a buscar un traductor cada vez que tengo que mandar una carta. Bien, bien. ¿Qué más sabes hacer? ¿Quizá aprendiste algo de retórica en la escuela en Beirut?

Juan volvió a sonrojarse.

–No, Ilustrísima. Mi padre no tenía tantas ambiciones para mí. Comencé a trabajar cuando terminé la escuela elemental a los quince años. Me dieron algunas clases particulares sobre cartas, pero aparte de eso... –hizo un ademán de rechazo y pensó: «Aparte de eso, he sido apenas mejor educado que un esclavo doméstico. Quizá debería fingir que me han enseñado lo mismo que a mis hermanos: dos o tres años de retórica y luego derecho. Pero no sé ni una cosa ni la otra y jamás podría sostener esa mentira».

—¿Aparte de eso...? —preguntó Narsés, sonriendo.

—Aparte de eso, sólo aprendí lo que sabe un secretario: taquigrafía, trabajo de archivo, algunos idiomas, contabilidad...

Narsés enarcó las cejas y dio un largo suspiro. Se volvió hacia Eusebio, que estaba junto a la cortina púrpura, sonriendo satisfecho.

—Llévale mis mayores saludos a la sagrada Augusta y exprésale mi gratitud por su interés en este asunto. Yo estaré encantado de tomar a su pariente, empezando por un periodo de prueba de una semana; tengo la firme confianza de que trabajaremos bien juntos. Y gracias por venir tan temprano por la mañana.

Eusebio se inclinó.

—Siempre es un placer verte. La señora, anticipándose a tu decisión, te invita a ti y a su pariente a cenar con ella esta noche. ¿Te veremos por allí entonces?

—La invitación me honra y me complace aceptarla.

Los dos eunucos se estrecharon nuevamente las manos y Eusebio se retiró detrás de la cortina púrpura, para volver a la corte de la emperatriz.

«Un periodo de prueba de una semana —pensó Juan—. ¿Qué significa eso? ¿Qué objeto tiene un periodo de prueba si la emperatriz le ha pedido que me acepte?, ¡pero qué contento parecía Eusebio! ¿Estaría impresionado sólo por el persa? ¿Y qué pretende Narsés? Yo no podría decir si está satisfecho o irritado conmigo».

Narsés le sonrió inspirándole confianza y le dijo:

—Ahora te voy a enseñar dónde vas a trabajar.

Del lado de la gran oficina que daba a la calle había otra, más pequeña, con una decoración similar, donde Juan y Narsés encontraron un escriba saturado de trabajo luchando con un abultado libro de peticionarios de audiencias. De más edad que los de la oficina interior, Anastasio era un funcionario canoso con mucha experiencia en palacio. En la antesala contigua esperaba una ingente multitud. Narsés tomó el libro, verificó algo y llamó a dos personas. Dos distinguidos caballeros se acercaron a toda prisa, cada uno seguido por dos o tres asistentes.

—Cuando mi puerta se abra, haz pasar a los dos siguientes del libro —dijo Narsés a Juan—. Anastasio te explicará tus otras obligaciones.

El escriba saturado de trabajo miró a Juan con desgana. «Otro joven tonto —pensó, observando el brocado del manto de Juan—. ¿Cuándo llegará el día en que mi ilustrísimo señor consiga un secretario de verdad? Hemos estado haciendo todo el trabajo dos hombres solos sin saber nada de esto, pero ya conozco yo el percal. El primero se pasaba todo el tiempo componiendo dísticos elegiacos; era bastante malo, pero al menos no trataba de interferirse en el trabajo. El último, ¡allá se pudra cuanto antes!, estropeó un año de archivos en una sola tarde con su "racionalización". Me pregunto qué intentará éste».

—Supongo —preguntó a Juan, con un deje de esperanza, porque pese a todo no la había perdido completamente— que no sabes manejar un archivo.

—Por supuesto que sí —Juan hojeó el abultado libro—. Pero no entiendo ninguna de estas abreviaturas; me las tendrás que explicar.

Hacia el mediodía Juan estaba exhausto, lo que dio pie a que el escriba Anastasio le sonriera.

En el libro de entrevistas figuraban los nombres en dos columnas: los que querían una audiencia con el emperador y los que sólo solicitaban entrevistarse con el chambelán. A algunas personas, según su categoría se las recibía directamente sin esta entrevista; a otras se les permitía saltar la lista más o menos turnos. Anastasio no se recató de decirle: «Y, si es necesario, puedes dejar que te sobornen y los pones en primer lugar». Al lado de cada nombre había una abreviatura que remitía al lector al archivo que contenía la ocupación de esa persona. El sistema de archivos era engorroso y complejo y se extendía por todas las sagradas oficinas que regían el imperio. «Nunca podré entenderlo», pensó Juan asustado. Por su parte, Anastasio pensaba de forma diferente: «Dentro de una semana ya lo sabrá manejar. Conoce los principios del sistema, sabe para qué sirve; en realidad, está realmente preparado para el trabajo. ¡Gracias a Dios! Sólo ruego que no tenga demasiados pájaros en la cabeza; aunque parece bastante cauto por ahora. Hasta con miedo, como si no estuviera acostumbrado a estar cerca del emperador, me da la sensación. ¡Gracias a Dios! Ahora podré resolver el daño ocasionado por su predecesor».

Juan volvió a mirar el libro de solicitudes de audiencias y se estremeció al ver los nombres: patricios, obispos, senadores, cónsules, enviados de grandes ciudades, gobernadores de provincias, ministros de Estado se agolpaban en la antesala del chambelán.

—¿Es así todos los días? —preguntó a Anastasio.

—Oh, la mayoría de los días es aun peor —contestó el escriba—. Pero el señor no ha recibido últimamente a tanta gente como solía hacer, porque aún está reponiéndose de su enfermedad. Cuando haya que hacer las listas para nuevas entrevistas, recuerda esto e intenta interceptarles el camino.

El señor no era Narsés, sino el emperador.

—¿Interceptarles el camino? —preguntó Juan indeciso—. ¿Cómo? Si un senador desea ver al Augusto, ¿de qué manera el secretario del chambelán va a detenerlo?

—Bueno, hay varias maneras —respondió el escriba—. Ya aprenderás.

Fue casi un alivio cuando Narsés pidió a Juan que le tomara unas cartas en taquigrafía; una de esas cartas se refería a una enorme suma de dinero prometida a un rey bárbaro (el tesoro no había logrado entregarlo) y la otra a una apelación contra una sentencia criminal de un gobernador. Tomar cartas taquigráficamente y transcribirlas a escritura normal le era tarea familiar; después los dos escribas de la oficina interior hacían todas las copias.

Alrededor del mediodía se dieron por terminadas las audiencias. Finalmente Narsés se asomó a la puerta de su oficina y vio que no había nadie esperando. Dirigió una de sus enigmáticas sonrisas.

—Puedes ir a comer ya —dijo a Juan y se hizo a un lado cuando los dos escribas pasaron delante de él entre empellones.

—¡Qué mañanita! —exclamó uno alegremente—. ¡Me duelen los pulgares!

El otro sonrió a Juan.

—Vamos a una taberna del mercado —le dijo—. Preparan unas salchichas maravillosas y el vino tampoco es malo. ¿Quieres venir con nosotros?

—¡Ummm...! —respondió Juan, mirando indeciso a Narsés y a Anastasio. Ninguno parecía pensar que el ofrecimiento fuera insólito y ninguno le ofreció ir con ellos a ningún otro sitio. Sin saber qué hacer, aceptó—. Sí, gracias —puso en el estuche la pluma que había utilizado, dejándolo a guisa de pisapapeles sobre una carta a medio transcribir, y se fue con los otros dos jóvenes a la taberna.

Narsés regresó de nuevo a su oficina. Anastasio estaba sentado en su escritorio con un pedazo de pan y una jarra de vino aguado. Posó su mirada en la carta; la cogió y la miró. Bien hecha, ordenada, letra clara, bien dispuesta y con ortografía correcta. Las tablillas de cera estaban cubiertas con los garabatos ininteligibles de la escritura taquigráfica. Le pareció bien: un hermoso y complejo sistema de abreviaturas, sumamente erudito y útil. Movió de un tirón las tablillas y vio que al dorso el nuevo secretario había hecho anotaciones sobre el sistema de archivo. Con las tablillas en la mano, se levantó y se fue.

El chambelán del emperador estaba de rodillas ante el icono de la Madre de Dios. Anastasio se esperaba esto y tosió suavemente para llamar la atención de su superior. La delicada figura vestida de blanco y púrpura se puso de pie, se frotó la frente y dirigió una mirada inquisitiva aunque apacible al empleado. Anastasio levantó las tablillas de cera.

—Ya entiende mi sistema de archivo. Lo vas a conservar, ¿verdad?

Narsés sonrió.

—Me parece que sí. ¿Te parece bien? —cuando Anastasio asintió, añadió—: Sabe persa.

—¿De veras? ¿Cómo lo has encontrado?

—Parece ser un pariente de la sagrada Augusta, que ha decidido ayudarlo en su carrera.

—¡Un pariente de la emperatriz! ¡Bien! ¡Jamás lo hubiera imaginado!

—Un pariente lejano —Narsés sonrió con su sonrisa indescifrable—. En mi opinión, hay un sorprendente parecido entre ambos. Y pienso también que tiene algo de la inteligencia de la emperatriz, aunque él no se ha dado cuenta todavía —la sonrisa se distendió y se tornó más humana—. Yo en tu lugar estaría atento. El jovencito podría tener algunas ideas sobre cómo deben hacerse las cosas.

—Espero que no —dijo Anastasio apasionadamente, pero le devolvió la sonrisa. Se inclinó y cerró rápidamente la puerta al salir para almorzar.

La taberna elegida por los compañeros de Juan era un establecimiento pulcro y servicial, parecido a los que había conocido en compañía de su padre cuando éste le pedía que tomara nota de sus encuentros de negocios. Nunca había tenido mucho dinero, de ahí que sintiera la pesada bolsa que Teodora le había entregado como si se tratara de un objeto extraño. Sin embargo, los dos escribas parecían cómodos en su opulencia y pidieron al tabernero «lo de siempre» con alegre familiaridad. Enseguida, Juan se encontró sentado a una mesa de mármol junto a una ventana con una copa de vino en la mano. Sobre la mesa estaban dispuestas una vasija con agua y una jarra de vino para mezclar; una niña trajo una fuente con salchichas, otra con pan y un cuenco con verduras en abundante salsa.

—Cómo te gusta el vino, ¿muy fuerte? —le preguntó uno de los escribas, levantando la jarra. Era un joven alto, con aspecto atlético, de cabellos castaños y ojos azules; muy pagado de su belleza.

—No muy fuerte —respondió Juan rápidamente—. No puedo trabajar bien si lo tomo con más de la mitad.

El joven se encogió de hombros, pero vertió diligentemente sólo la mitad del vino en la vasija. Su compañero sirvió la mezcla en los tres vasos con un pequeño cazo y, sonriendo tímidamente, llenó su propia copa con vino.

—No me gusta flojo —explicó. Era de estatura media, rollizo y moreno—. A propósito, el nombre de mi amigo es Diomedes y yo soy Sergio, aunque todo el mundo me llama Baco. Como los mártires benditos, ¿sabes? —se rió alegremente.

Juan lo miró sin comprender.

—¡Sergio y Baco!, ¿entiendes? La iglesia que está cerca del hipódromo.

—Lo... lo siento —dijo Juan, incómodo—. Me temo que aún no conozco bien Constantinopla. Llegué ayer.

Los otros dos suspiraron.

—Bueno, ¿qué te parece? —preguntó Diomedes parsimonioso—. ¡Llegar a Constantinopla un día y conseguir un trabajo como el tuyo al día siguiente! ¡Lo que es tener recomendaciones!

—Dicen que eres el primo segundo de la emperatriz —acotó Sergio, también llamado Baco—. ¿Sabes cuánto pagó tu ilustrísima prima por el trabajo? —se sirvió un poco de pan y salchichas.

—No —respondió Juan, horrorizado al pensar cuánto habría podido pagar—. No lo sé.

—Apostaría a que por lo menos quinientos —dijo Sergio en tono autoritario—. Mi padre pagó doscientos cincuenta por mi trabajo, por lo que el tuyo debe de valer por lo menos el doble.

—Por lo menos —coincidió Diomedes, asintiendo.

«Quinientos, doscientos cincuenta *¿qué? ¿Solidi* de oro? ¡Dios Todopoderoso, eso es lo que ganan todos los funcionarios de Bostra juntos! No pueden ser *solidi.*

—¿Qué hace tu padre? —preguntó cauteloso, sirviéndose un poco de pan.

—Es banquero —Sergio se sirvió con una cuchara un trozo de salchicha sobre el pan y siguió hablando con la boca llena—. Demetriano (a quien de broma apodan Pulgar de Oro) se gana honradamente su dinero. Me dijo en cierto modo algo muy sensato sobre mi trabajo: que doscientas cincuenta monedas de oro no es tanto si lo ves como una inversión que se recupera con creces.

—El problema es que no paga mucho —dijo Diomedes—. A Su Ilustrísima no le importa ganar bajo mano vendiendo puestos como los nuestros, pero le disgusta que *nosotros* recibamos sobornos.

—Se molesta mucho si intentamos vender el acceso al señor o alterar un documento al copiarlo —explicó Sergio—, aunque se trate de una alteración trivial, como algunos cientos de *solidi* más para un amigo. Se vuelve distante y formal y nos echa un sermón. Y si a alguien se le ocurre hacerlo demasiadas veces, lo despide. Pero todos los eunucos son tacaños.

—Y debemos advertirte de algo: siempre se da cuenta de todo. Tiene ojos hasta en la nuca.

—Lo que ocurre es que trabaja como un condenado —corrigió Sergio—. Llega a la oficina antes de que se haga de día y se queda hasta la noche, sin interrupción apenas.

—¿Eso es lo que está haciendo ahora? ¿Trabajar? —preguntó Juan.

—No, a la hora de la comida primero reza un poco y luego trabaja —respondió Diomedes.

—De que es devoto, no hay duda —Sergio pronunció estas palabras con evidente desagrado.

—Y no totalmente ortodoxo, aunque supongo que no debería decir esto delante de ti, que vienes del este. Nadie es muy ortodoxo al sur de Antioquía. A mí no me importa en absoluto. ¿Quién se preocupa por la naturaleza de Dios?

«Casi todos», pensó Juan sorprendido, pero sólo preguntó:

—¿Y Anastasio?

—Oh, él sólo permanece en su oficina rumiando pan seco y admirando sus archivos —replicó Sergio con desprecio—. Es un don nadie. Durante años fue un empleado subalterno en las oficinas del otro extremo del pasillo. Es el bastardo de no sé quién; una vez le compraron un puesto subalterno y lo abandonó. Nunca pudo comprarse el ascenso por su cuenta. Fue Su Ilustrísima quien lo trajo a la corte imperial. Él mismo pagó el precio, sólo para tener a alguien que pudiera manejar archivos. Está satisfecho contigo porque no sabes retórica; él prefiere la taquigrafía —la voz había adquirido un deje de malicia; Sergio se detuvo súbitamente y tomó algo para comer. Pensó: «No debería haber hablado de eso. Tengo que llevarme bien con el muchacho. Si quiero sacar algún provecho de él, no puedo permitir que se dé cuenta de que lo considero un campesino ignorante».

Juan miró el plato con las verduras, y aunque se percató de la malicia, adivinó la razón y no se sorprendió. Se preguntaba si se trataba de col o de verduras silvestres. Mojó un poco de pan en ella y la probó, pero todavía no estaba seguro de lo que era.

—Su Ilustrísima es un loco del trabajo —dijo Diomedes riéndose.

Sergio disimuló su risa.

—Bueno, ¿qué otra cosa puede hacer de su vida? Y cambiando de conversación, ¿qué es lo que hablasteis en persa? ¡Espero que no tengamos que copiar cartas en ese galimatías!

—Sólo me preguntó por el comercio de sedas. ¿De dónde es él? ¿De Armenia? —preguntó Juan.

—De la Armenia persa —respondió enseguida Sergio—. Pero hace mucho que está en la corte imperial. Fue comprado como esclavo cuando era niño, por eso sólo Dios sabe la edad que tiene. Es mayor de lo que aparenta. El señor confía su vida en él y dicen que también la emperatriz lo aprecia.

—¿Cómo es ella? —preguntó Diomedes—. Lo bueno de estar trabajando para Su Ilustrísima es que se conoce a todos los hombres importantes, pero yo jamás he visto a la Augusta. Dicen que es la mejor protectora del mundo, pero eso sí, ¡que Dios ampare a sus enemigos!

Juan no podía responderle de inmediato, porque todo lo que se relacionaba con la emperatriz lo sumía en un mar de emociones confusas y conflictivas. Probó un bocado de salchicha, aunque tenía la boca seca, y lo masticó para disimular su indecisión.

—Ha sido muy buena conmigo —terminó por decir.

—¡Ya lo creo! —dijo Sergio—. Te ha conseguido un trabajo excelente. «Y te ha convertido en un caballero —pensó para sus adentros—. Apostaría a que tú no usabas un manto como ése cuando eras el hijo de un empleado en Beirut».

—No sabía que la emperatriz tuviera parientes en Beirut —intervino Diomedes.

—Dicen que su familia es de Paflagonia, pero que ella nació aquí, en la ciudad.

Sergio se echó a reír disimuladamente.

—En..., eh..., digamos que en circunstancias que es mejor no recordar. Como toda su vida anterior a su matrimonio. Ayer oí una historia... —se interrumpió, dirigiendo a Juan una mirada escrutadora.

Juan sintió calor en el rostro.

—Ha sido muy buena conmigo —repitió, irritado—. Mi familia estaba contenta de no conocerla antes de su matrimonio, pero tan pronto como se convirtió en Augusta, buscaron sus favores. Ella los rechazó sin más. Yo estaba convencido de que haría lo mismo conmigo, pero me ha tratado mucho mejor de lo que me había imaginado.

«Y yo, contando mentiras para defenderla», pensó con tristeza. Se estremeció al darse cuenta de que lo miraban con recelo y como poniéndolo a prueba. En el futuro, pondrían más cuidado al opinar delante de él sobre la emperatriz, por temor a que fuera a contárselo.

—Quizá deberíamos volver al trabajo —dijo con aire avergonzado—. Vamos, permitidme pagar la comida.

Juan no recordó que había sido invitado a cenar con la emperatriz esa misma noche, hasta su regreso al palacio de Teodora una hora antes del crepúsculo. Las cenas con la Augusta, eso ya lo sabía, eran algo diferentes de los desayunos. Generalmente la emperatriz cenaba con su esposo y al menos seis comensales más; Juan no había sido invitado aún a ninguna, porque la emperatriz había querido protegerlo de las miradas de los demás, hasta que hubiera pasado la novedad. Ahora parecía que el momento ya había llegado y entró en la habitación que tenía asignada. Allí encontró preparado sobre la cama otro conjunto de ropas magníficas y a un esclavo que le esperaba para prepararlo para el banquete. Juan emitió un quejido, refrenando un irrefrenable deseo de salir corriendo.

«Oh, Dios. ¿No ha sido suficiente por un día? Debería bastar el solo hecho de haber encontrado trabajo, intentar entender qué hacer y qué pensar de Narsés, Sergio y Diomedes... ¿Cómo se supone que debo ver a toda esa gente ahora? ¿Cuántos más estarán allí? ¿Acaso el emperador? ¡Oh, Dios mío, espero que no! Teodora estará allí, por supuesto. Pero ¿esperando qué?», pensó resignadamente.

—¿Se acostumbra a llevar algo a la emperatriz Augusta cuando se está invitado a cenar con ella? —preguntó de sopetón al esclavo.

Era éste un hombre de mediana edad, ya acostumbrado a las extravagancias de los invitados, que se detuvo un instante, mientras afilaba su navaja.

—No es habitual —dijo con gazmoñería—. Aunque un regalo de flores puede ser recibido como un gesto de simpatía —dijo, mientras suavizaba la hoja en un trozo de cuero.

—¿Puedes conseguirme flores, entonces? —Juan tanteó en su bolsa y extrajo un puñado de monedas—. Rosas, si es posible.

El esclavo sonrió y juntó las monedas. Notó que era una suma considerable.

—Si Su Excelencia es tan amable, ¿podría sentarse sólo por un momento mientras le arreglo el pelo? Así está bien...

Quince minutos después, Juan, cambiado, arreglado y con una corona de rosas en la mano, fue acompañado a la sala del banquete.

—¿Sabes quién más estará allí? —preguntó al esclavo.

—Lo siento, señor, pero los demás invitados de Su Serenidad no son asunto mío —respondió amablemente el esclavo—. Creo que el señor estará presente, pero aparte de eso, nada puedo decir.

Juan lanzó un gemido. Miró la corona de flores cuyos frágiles pétalos de tenue color rosa estaban bordeados por estrías azules. «Flores del palacio de la emperatriz y compradas con mi dinero», pensó desalentado.

—¿Qué debo hacer? —preguntó al esclavo—. ¿Me arrodillo y luego le doy las flores o le doy las flores primero? ¿Tengo que inclinarme ante el señor en primer lugar y luego ante la emperatriz o al revés? ¡Dios mío, debiste haberme dado un ramo, no una corona! No podrá ponérsela.

—¿Por qué no? —contestó el esclavo con aire impasible.

—Porque tendrá puesta la diadema.

El esclavo sonrió con desdén.

—No en una cena privada. Yo te llevaré hasta la puerta del comedor, donde el señor y la señora estarán de pie recibiendo a los invitados. Cuando yo me detenga, tú te pones de rodillas ante el señor y la señora al mismo tiempo. No beses sus pies, pues se trata de una ocasión informal. Levántate inmediatamente y entrégale a la señora las flores, diciéndole algunas palabras adecuadas, si quieres. Los esclavos del comedor, entonces, te indicarán tu lugar. ¿Está bien?

—Gracias —dijo Juan dándole una propina.

El personal de palacio lo había dispuesto todo para que la pareja imperial no tuviera que estar de pie mucho tiempo saludando a los invitados en la entrada. Juan llegó al patio interior, donde encontró a otro par de invitados en el momento en que se incorporaban y a Narsés que esperaba cortésmente, unos pasos más atrás para hacer otro tanto. El eunuco le prodigó una de sus ya familiares sonrisas enigmáticas y lo saludó con la cabeza. Cuando los que habían llegado primero entraron en el comedor, se inclinó ante la majestad imperial. Mientras se levantaba, el emperador tomó su mano y lo ayudó a incorporarse. Justiniano el Augusto era un hombre de estatura media, rechoncho, con un rostro muy iluminado, cansado y de tez amarillenta a causa de su reciente enfermedad. Arrugas de preocupación le rodeaban la boca y surcaban su frente, aunque sonreía cálidamente a Narsés. Juan intentó no quedarse ensimismado. «El esposo de mi madre», se dijo, y el pensamiento lo atravesó como un golpe de hielo. Se imaginó a su padre de pie al lado de la puerta del comedor en la casa de Bostra, recibiendo a los invitados con su esposa al lado (la amargada, la sumamente respetable Ágata). Cada vez que él iba a alguna de esas fiestas, ella lo miraba como si acabara de comer uvas agraces. «¿Por qué tenemos que traer al bastardo a nuestras cenas? —le preguntaría después a su marido—. Procura que esté bien cuidado, pero no es adecuado que él esté aquí mezclado con nuestros propios hijos».

Narsés ya había entrado en la sala. Juan se inclinó hacia las baldosas impecables de la entrada, cuidando de no estropear las flores, y se incorporó. El emperador lo miró un poco intrigado y la emperatriz sonrió.

«Di unas palabras adecuadas», pensó, pero volvió a sentirse otra vez mal por el miedo.

—Señora —atinó a decir—, por favor acepta estas flores como una muestra humilde de mi gratitud —y se las ofreció.

Ella sonrió dulcemente, sorprendida por el gesto, y tomó el regalo.

—Éste es el nuevo secretario de Narsés —susurró a su marido—. Un primo lejano mío, Juan de Beirut.

—¿Un primo tuyo? —preguntó el emperador un tanto sorprendido—. No sabía que tuvieras familia en Beirut.

—Oh, se trata de Diodoro, un hermanastro de nuestro padre; estuvo allí antes de que naciéramos nosotras —dijo una voz detrás de Juan.

Juan miró rápidamente hacia atrás, y vio a una dama observándole con alegre curiosidad. Su manto dorado tenía el borde negro característico de las viudas. Era más alta que Teodora y de más edad, pero el parecido era evidente. «Mi tía Komito», pensó Juan.

—Nunca tuvimos mucha relación con esta rama de la familia hasta que éste acudió a Teodora —continuó Komito—. Bueno, al menos tienes buena presencia —y se vio obligada a sonreírle divertida, pero se inclinó y se incorporó haciendo una reverencia más bien superficial, antes de dirigirse a Teodora y besarla en la mejilla.

—¡Ah! ¿Y le has conseguido un trabajo con Narsés? —preguntó el emperador, mirando a su esposa con una sombra de duda.

—Sabe taquigrafía —respondió Teodora. Tomó el brazo de su marido y se volvió hacia el comedor—. ¿No es cierto, Narsés? —Komito miró a Juan de reojo y le volvió a sonreír antes de pasar por delante de él. Juan la siguió.

En medio del resplandor de oro y cristal que los rodeaba, el eunuco asentía.

—El joven tiene cierta experiencia como secretario, lo que resulta muy útil.

El emperador sonrió, y fue a situarse en el triclinio más alto, con su esposa al lado. Juan fue acompañado al triclinio de la izquierda, que compartió con Narsés; Komito y los que llegaron primero estaban a la derecha del emperador. Éstos no eran más que un hombre deprimido y nervioso, de unos cuarenta años, y una mujer, evidentemente su esposa, que parecía un poco mayor.

—Entonces, ¿cuándo acudiste a mi esposa, muchacho? —preguntó el emperador en tono cordial.

Los esclavos se afanaban detrás en servir vino blanco frío en copas de cristal rojo y verde y en rociar el suelo de mosaicos con pétalos de flores y azafrán aromático. Los triclinios y la mesa eran de marfil y oro y los cubiertos llevaban perlas incrustadas.

—Este verano, señor —respondió Juan. No se le quebró la voz como había temido—. Me recibió en Herión el mes pasado y me llamó a Constantinopla cuando encontró este trabajo para mí. Y hoy he comenzado.

Justiniano asintió y bebió un sorbo de vino.

—¿Y te gusta?

—Parece un trabajo muy exigente, señor. Aún no sé si podré desempeñarlo.

Esta franca contestación arrancó una sonrisa al emperador.

—Espero que lo puedas desempeñar a la satisfacción de todos. ¿Qué experiencia de trabajo tienes?

—Era escriba municipal en Beirut, como mi padre —contestó Juan humildemente—. Desde luego, algo mucho más insignificante que servir a un ministro de Estado, lo sé, pero algunos de los métodos son los mismos.

—Creo que no tendrá problemas —comentó Narsés.

—Bien, bien —asintió el emperador. Volviéndose a su esposa, añadió—: ¡Con todo, me sorprende que encuentres parientes tuyos en Beirut!

—Ellos no quisieron saber nada de mí antes de que yo fuera Augusta y yo no quise saber nada de ellos después —respondió Teodora. Deslizó la corona de rosas sobre su cabeza y cruzó las piernas sobre el triclinio.

—Eran gente respetable —apuntó Komito—. Espantosamente respetable —hizo una mueca agria, de desaprobación—. Cuando Teodora estuvo en Beirut, intentó apelar a su ayuda y pedirles un préstamo. Esto fue después de que la abandonaran en Alejandría, sin dinero para comprar el pasaje de vuelta. Le dieron con la puerta en las narices.

—Así que no quise saber nada más de ellos —asintió Teodora— hasta que Juan me escribió este verano, comunicándome que sus padres habían muerto por la peste el año pasado y que estaba intentando pagar todas sus deudas, con su sueldo de empleado municipal. Yo pensé: «Pobre muchacho. Él no tiene la culpa. Él ni siquiera había nacido en esa época».

—Estoy agradecido a la emperatriz Augusta —terció Juan, mirándola intensamente a los ojos—. Profundamente agradecido.

—¿Por qué estaban endeudados tus padres? —preguntó Justiniano con interés. Los esclavos le acercaron un plato lleno de huevas que pusieron sobre la mesa.

—Mi padre había invertido en el comercio de sedas —respondió Juan inmediatamente—. Perdió muchísimo dinero cuando estalló la guerra con Persia.

El emperador suspiró con tristeza, enarcando las cejas.

—Los últimos cinco años han sido muy malos. Nefastos, diría yo. La guerra con Persia, rebeliones en África y esa indecible enfermedad que nos ha sobrevenido para castigar nuestros pecados. Creo que Dios está enojado con nosotros.

El hombre que estaba frente a Juan se animó y dijo:

—Conseguimos conquistar Italia.

Komito lo miró con desprecio.

—No parece estar muy conquistada de momento. De lo contrario, ¿por qué tienes tantas ganas de conquistarla otra vez? Ayer oí que los godos habían recuperado Nápoles.

El hombre se estremeció. Era enjuto y barbudo y en él aún quedaba el recuerdo de lo que otrora fue el aspecto gallardo de un militar.

—Logré conquistar Italia —insistió en tono quejumbroso—. Si hubiéramos podido mantener las tropas allí sólo por unos meses más...

—Las tropas estuvieron demasiado tiempo —cortó bruscamente Justiniano—. Me equivoqué en no hacer las paces antes. Si os hubiera llamado a ti y a tus hombres para que regresarais seis meses antes de lo que lo hice, el gran rey no habría tomado Antioquía. ¿O acaso crees que Rávena es más importante?

El hombre bajó la mirada y guardó silencio. «¿Será Belisario? "Logré conquistar Italia", ha dicho. Debe de ser él. ¡Madre de Dios! ¿Él? ¿Ese hombre tan feo el conde Belisario, conquistador de los vándalos y los godos?», se preguntaba Juan sin salir de su asombro.

—Antioquía era más importante —dijo Teodora, apoyándose en el hombro de su marido.

Belisario empezó a ponerse nervioso y dirigió a Teodora una mirada ansiosa. Ella le sonrió, tomó una cucharada de huevas y las mordisqueó antes de continuar.

—¿Para qué queremos Rávena? El imperio ha funcionado perfectamente sin Italia durante cien años. Pero Asia, todo el Oriente, Egipto, esos lugares nos pertenecen. No debimos ordenar a todas las tropas la reconquista de Occidente. No con el gran rey Cosroes buscando guerra en el este.

—Acepté la paz eterna con Cosroes —dijo Justiniano con pesar—. ¿Cómo podía saber que duraría sólo siete años? Y Occidente también formaba parte de nosotros.

—¡Occidente debería ser una parte de nosotros —gritó Belisario, levantando la cabeza—. Nos llamamos romanos, pero durante cincuenta años dejamos Roma en manos de una tribu de bárbaros, mientras otro grupo de salvajes se repartía el Imperio de Occidente. Nosotros estábamos obligados a devolvérselo al pueblo romano. Y los godos nos provocaban. Ellos fueron quienes asesinaron a su reina, tan respetuosa de las leyes, tu aliada, con total desprecio de tus deseos, Augusto. Y fueron castigados; Dios nos concedió la victoria. Yo los sometí, como sabes, y su rey es tu prisionero en este momento.

—Su antiguo rey —dijo Komito con un bufido—. Ese Totila que tomó Nápoles con su ejército godo no tiene derecho a otro título que el de prisionero de Justiniano.

—No necesitamos Occidente —insistió Teodora—. Sí, es cierto que deberíamos reclamarlo. Yo sería la primera en coincidir en eso. ¡Pero no al precio de arriesgar todo el este! Además, ahora no tenemos ni las tropas ni el dinero para sostener a ambos.

Belisario se puso nervioso nuevamente. «Tiene miedo de Teodora», dedujo Juan con asombro.

En el triclinio contiguo al de su marido, la esposa de Belisario rechazaba el argumento:

—Esta guerra de ahora con Persia está casi resuelta. Cosroes ha querido negociar durante todo el verano.

El conde asintió, reconfortado por el apoyo de su esposa.

—Si me dejas volver a Italia, la tendré sometida a ti dentro de un año —dijo al emperador.

—Cosroes pide negociaciones con una mano y con la otra saquea las ciudades —sentenció Justiniano con amargura—. Creo que la guerra persa terminará cuando yo tenga su sello en un tratado de paz, no antes. No puedo prescindir de ti en Oriente.

—No pienso mucho en Italia, como sabes, pero podrías prescindir de él. Ya lo hiciste una vez. En el frente persa no le fue muy bien, por eso lo reemplazaste por Martino —bufó Komito.

Belisario se estremeció otra vez.

—Eso fue sólo una medida provisional —atajó Teodora, sonriendo magnánima—. Exigida por unos... problemas domésticos de Constantinopla. Estoy segura de que en el futuro el estimadísimo conde podrá desenvolverse mejor en el frente persa.

—El mando ya había sido dividido —agregó Belisario con impaciencia—. Un mando dividido nunca triunfa —dirigió una mirada cargada de veneno a través de la mesa a Narsés.

El eunuco suspiró.

—Estoy de acuerdo, excelentísimo conde. Y estoy seguro de que tus tropas aliadas no eran dignas de confianza...

—¡Los sarracenos sólo piensan en el botín! —insistió Belisario con vehemencia.

—Nadie sale absolutamente victorioso de una guerra, nunca —le dijo el emperador a Komito, reprobando su actitud—. Yo no espero eso. Hasta tu pobre esposo cometió errores. Confío en tu capacidad, conde.

Belisario inclinó la cabeza.

—Déjame entonces volver a Italia —rogó—. No puedo soportar ver cómo deshacen todo lo que yo hice allí. Sé que puedo reconquistarla, Augusto.

—Yo preferiría mucho más que derrotaras a los persas —insistió Justiniano, ya exasperado—. Eso haría que Cosroes negociara en serio. ¿Por qué siempre Italia, Italia? Mi esposa tiene razón: nuestra mayor preocupación debe ser no conquistar más territorios, sino defender los nuestros.

—Italia *es* territorio nuestro. Lo hemos conquistado y somos responsables de él —bufó Belisario—. Los italianos nos apoyaron en nuestra primera conquista ¡y ahora los hemos traicionado, dejándolos en manos de los godos! Los godos tomaron Nápoles y la mayoría de las ciudades del sur e intentarán tomar la misma Roma. Si toleramos eso, no somos romanos. No seremos otra cosa más que, como nos llaman los godos, pérfidos griegos.

Justiniano movió la cabeza.

—Sí, sí, sí, lo sé, *yo* mismo solía decir eso... pero dejamos que los persas tomaran Antioquía. *¡Antioquía!* Una ciudad que era completamente mía cuando reclamé la púrpura y era la tercera del imperio. Y los persas la destruyeron, la incendiaron, la arrasaron. Todos sus habitantes son esclavos en tierra extranjera. ¡Y eso jamás debió ocurrir!

—Eso no habría ocurrido si el conde hubiera obedecido tus órdenes —dijo Komito—. Tú le ordenaste hacer las paces con los godos y volver inmediatamente cuando estalló la guerra con Persia. ¿Y qué fue lo que hizo?

—Venció a los godos y trajo a Constantinopla a su rey con todo su tesoro —dijo la esposa de Belisario, mirando con odio a Komito.

—¡Venció a los godos! —exclamó Komito con estruendo—. ¡No parecen estar muy vencidos, en mi opinión!

—Nadie pudo suponer que se repondrían y que elegirían un nuevo rey con tanta rapidez —dijo Narsés suavemente.

—*Tú* podrías haberlo previsto si el conde se hubiera conformado con mantenerte a su lado y seguir tus consejos —replicó Komito secamente—. Tú fuiste enviado allí para aconsejarle.

Narsés suspiró nuevamente.

—El excelentísimo Belisario estuvo, sin embargo, bastante acertado. Los mandos divididos no son eficaces. Ese en particular terminó en desastre, por eso su sagrada Majestad me volvió a llamar, muy sabiamente —los esclavos se acercaban ofreciéndoles un plato con caracoles en leche; el eunuco se sirvió uno—. Y, afortunadamente, eso es historia pasada.

Juan miró a Narsés, sorprendido. ¿Sería verdad que este frágil eunuco de la corte había sido enviado a Italia para compartir el mando con Belisario? Parecía increíble.

—A diferencia de lo que ocurre con la conquista de Italia —dijo Komito—. ¿Por qué el conde está tan ansioso por volver allí? ¿Cuántas tierras posee allí? ¿O acaso tiene algo que ver con el hecho de que los godos le ofrecieran nombrarlo Augusto del oeste?

El invencible conde Belisario palideció.

—¡Komito! —intervino Teodora, con tono de duro reproche.

Justiniano sacudió la cabeza.

—Piensas menos que un chorlito —dijo secamente la mujer de Belisario—, de lo contrario te darías cuenta de que mi marido es la única persona de la que no se puede sospechar que quiera ese título. Se lo ofrecieron en bandeja y él lo rechazó. «Jamás, mientras viva Justiniano Augusto, tomaré ese título»; eso fue lo que dijo.

—Así es, así es. Yo no dudo de tu lealtad, conde. Pero desearía que estuvieras tan entusiasmado por defender las tierras de Oriente como lo estás por recobrar Italia —dijo el emperador.

—He pasado años enteros de mi vida en Italia —repuso el conde con seriedad—. Hay otros que pueden ser comandantes en el este: Teoktisto, Germano, Marcelo, Isaac el Armenio, todos ellos generales idóneos. Y Martino, por supuesto. Pero yo soy el más conocido en Italia; si yo voy, puedo lograr lo que nadie ha podido conseguir. Déjame ir, Augusto. Como te he dicho, llevaré sólo mis propias tropas; a ti no te costará nada y no será necesario mover tropas desde el este. No podemos dejar que los godos nos arrebaten Roma.

Justiniano se mordía el labio con aire dubitativo; finalmente se encogió de hombros.

Tendremos que considerar esto en otro momento. La cena de mi esposa no es el mejor momento para resolver asuntos de Estado —se volvió hacia Teodora y agregó—: Lamento esta discusión, querida.

—No importa —respondió ella—. Fue mi hermana quien la empezó.

Komito se encogió de hombros.

—Lamento si alguien se ha ofendido. Pero todos me conocéis: siempre digo lo que pienso.

—¡Y con las cosas que piensas... ! —dijo Teodora con malicia. Pero al cabo de un instante sonrió a su hermana y alzó la copa ante ella.

Belisario se dejó caer con aire abatido en el triclinio, pero su esposa se inclinó hacia adelante y empezó a preguntar por una entrevista con cierto gobernador africano.

Juan recordaría aquella cena toda su vida. Después de la discusión no se habló más de temas políticos, pero incluso los chismes lo intimidaban: altos funcionarios, de los que se había descubierto que eran corruptos; alianzas rotas o enmendadas; grandes fortunas que se hacían y deshacían. Y en medio de todo esto, los esclavos seguían trayendo platos de comidas exóticas, la mitad de las cuales no podía ni reconocer, y llenaban su copa con un vino excelente una y otra vez. No dijo nada más. Su cabeza le daba vueltas a causa del vino y de la confusión de aquel largo día y sólo le apetecía irse a dormir. Volver a casa a dormir. Casa. Pero ¿cuál era su casa? ¿Acaso el cuarto de huéspedes del palacio laberíntico, adonde los esclavos se dignaban llevarlo?

«Debe ser ése, porque la habitación en que estás pensando, esa pequeña y simple habitación de Bostra, no es tuya. Y tú no eras lo que creías que eras. Esa mujer en la cabecera de la mesa, a la que el gran Belisario teme, es tu madre. Por consiguiente tú debes ser de aquí».

Pero, por fin, se sirvió la última fuente, los esclavos sirvieron el vino que quedaba y Teodora bostezó. Enseguida la esposa de Belisario, Antonina, se levantó, sonriendo con dulzura.

—Ha sido una velada encantadora —dijo—. Gracias, mi querida Augusta, por habernos invitado.

—Ha sido un placer. Espero que ese pequeño desacuerdo del principio no haya enturbiado la velada —replicó Teodora.

No, no, por supuesto que no. Todo lo contrario, había sido muy útil tener una discusión tan franca sobre tales temas, por lo que Antonina estaba agradecida. Inició la marcha y su marido, después de prosternarse ante el emperador, la siguió. Narsés y Komito fueron detrás y Juan, tras mirar a la emperatriz, se fue con ellos. Uno de los esclavos lo esperaba en la puerta y lo acompañó hasta el cuarto de huéspedes, donde se desplomó, exhausto, en la cama.

En el comedor el emperador se arregló el manto de púrpura y se frotó la cara.

—Desearía que influyeras en tu hermana para que refrenara un poco su lengua. Tengo razones muy, pero que muy válidas para estar enojado con Belisario, pero la deslealtad no está entre ellas —dijo a Teodora.

—Komito está aún recelosa por la reputación de su marido —dijo Teodora en tono conciliador—. Siempre está acechando al conde. Tú la conoces bien y sabes que eso no significa nada.

—El conde está aún muy nervioso por esa acusación. ¡Dios Todopoderoso, cada vez que lo mirabas daba un respingo! Sé por qué hiciste lo de este verano, queridísima mía, y fue algo muy prudente, pero lo asustaste muchísimo. Y no quiero que crea que aún sospecho de él, eso podría hacer que me traicionara de verdad.

Teodora acarició el rostro de su marido con un dedo.

—Es casi seguro que él dijera aquello por lo cual se le acusó este verano. Es decir, que si tú murieras por la peste, él no se sometería a nadie que yo u otro de la corte designara como tu sucesor. Si sus ideas sobre la sucesión llegaron aun más lejos, nunca lo he podido averiguar.

—«Jamás mientras viva Justiniano Augusto» él se proclamaría Augusto —citó Justiniano sonriendo a Teodora—. Claro que no dice nada acerca de lo que haría si Justiniano muriera. ¡Oh, lo que hiciste fue necesario y yo no lo cuestiono! Tuviste que relevarlo de su mando y asignar a sus partidarios a diversas unidades de la guardia real. De otro modo, se hubiera coronado emperador, de haber muerto yo. Pero yo no he muerto y él no intentará matarme ni usurpar la púrpura. Nos ha servido con lealtad en el pasado y no tenemos otro general que se le pueda comparar. Le hemos devuelto sus servidores y le hemos ofrecido su mando. ¿Por qué no lo acepta?

Teodora se echó a reír.

—Por Antonina. Ella no quiere volver a la frontera persa, pero irá a Italia. Él no confía en dejarla sola en Constantinopla. Es simplemente un marido celoso.

—Celoso —dijo el emperador, con aire pensativo—. Y por eso desea arriesgar nuestra confianza y no aceptar el mando de una guerra. El amor, ¡qué terrible es! Pero supongo que yo también podría ser igualmente celoso, aunque tú nunca me has dado ningún motivo para serlo.

—Y jamás te lo daré.

El emperador la besó nuevamente, se incorporó con un profundo suspiro y se levantó.

—¡No irás ahora a trabajar! —protestó Teodora, asiendo el borde de su manto.

—Le prometí al obispo Menas que lo vería esta noche para tratar algunas declaraciones teológicas de Roma —respondió Justiniano.

—¡Oh, amor mío, no tendrías que trasnochar tanto hoy! Aún estás débil por tu enfermedad. Deberías descansar.

Justiniano la miró con un cariño profundo y le tomó las manos, separándolas suavemente de su manto.

—Tú no pensabas precisamente en el descanso.

Ella le miró a la cara, sonriente.

—No.

—Bueno, te prometo que iré a la cama dentro de dos horas si es allí donde quieres estar. Pero debo ver primero al obispo. Hemos de decidir esta cuestión, resolver esta espantosa controversia. Buenas noches, mi vida.

Sola en el comedor, Teodora se incorporó en el triclinio con las rodillas dobladas bajo el manto de púrpura. Tomó la corona de flores de su cabeza y la puso delante. Las rosas se estaban marchitando. «Como yo, como nuestro imperio. Rosas marchitas, las últimas rosas. La planta sabe que el verano ha terminado. Belisario no debería haber ido a Italia, en primer lugar. Nosotros deberíamos haber guardado nuestras fuerzas para el invierno, no haberlas derrochado tratando de recobrar un imperio que está perdido. Pero cuando éramos jóvenes, todo parecía posible.

»Belisario, por cierto, no debería volver allí ahora. Yo no confío en él si va al este, pero mi esposo sí. Prometí a Antonina ayudarlo. Después de todo, le debo un favor».

Acarició las rosas con un dedo, recordando de repente que Juan se las había regalado. No había esperado que le trajera nada. ¡Qué tierno estuvo cuando se las ofreció, como un amante que teme ser rechazado! «Estoy profundamente agradecido».

Diodoro de Bostra era ahora un rostro confuso, una pasión casi olvidada, pero el niño que ella le había dado era real. «Mi hijo, ¡ojalá lo fueras también de mi esposo...!», pensó, con una punzada de dolor.

III

Caballos

Juan notó que era el centro de atención cuando a la mañana siguiente llegó al trabajo con retraso y aturdido por haber permanecido tanto tiempo en el lecho.

—¡Cenaste con la Augusta anoche! —exclamó Sergio cuando Juan entraba—. ¿Cómo fue? Cuéntame.

Narsés, sentado en su escritorio como si nunca se hubiese levantado de allí, hizo un gesto con la mano, entre una orden y una súplica, y dijo:

—Estimado Sergio, habrá tiempo para tales conversaciones más tarde. Ten la amabilidad de dejarnos continuar con nuestro trabajo.

Sergio se calló. Juan, inclinándose torpemente hacia el chambelán, dijo:

—Lamento haber llegado tarde —estaba nervioso. Temía ser despedido por llegar tarde el segundo día de trabajo, por eso había ido corriendo desde el palacio de Teodora.

Narsés le dirigió su amable sonrisa.

—No hay por qué disculparse. Ya lo suponía. Recoge tus tablillas de la oficina exterior, necesitaría que escribieras una carta, por favor.

Juan se inclinó otra vez.

—Sí, ilustre Señor.

La segunda mañana fue tan ajetreada como la primera, pero nuevamente el flujo de entrevistas se redujo alrededor del mediodía, por lo cual los dos escribas salieron de la oficina y volvieron a invitar a Juan a comer con ellos en su taberna favorita.

Juan dudó por un momento. Sergio le disgustaba y Diomedes no le agradaba; le parecía que ambos eran otro elemento de confusión en un mundo que, ya sin ellos, le dejaba bastante perplejo. «Por otra parte, son colegas míos y debería estar a bien con ellos. Y saben de la corte mucho más que yo. Tal vez puedan aclararme algunas cosas», se dijo. Así que volvió a aceptar la invitación con una sonrisa.

—¡De modo que cenaste anoche con la señora y el señor! —insistió Sergio cuando estuvieron sentados a la misma mesa en la taberna—. ¿Puedes hablar con simples mortales? ¿Cómo fue?

Juan apenas sonrió.

—Desorientador —musitó después de un momento—. Y muy fastuoso.

—¿Quién más estaba allí? —preguntó Diomedes.

—El Ilustrísimo, por supuesto. Y la hermana de la Augusta, Komito, que creo que tenía curiosidad por conocerme: ¡el nieto de su respetable tío! Y el conde Belisario y su esposa.

—¿Belisario estaba allí? —preguntó Sergio encantado—. ¿De veras? Ya no está en desgracia, entonces. Vaya, eso sí que es una novedad.

—¿Acaso había caído en desgracia? —preguntó Juan. Notó que la noticia no le sorprendía. Era claro que algo así tenía que haber ocurrido. Pero no había tenido tiempo de pensar, de ordenar lo que había oído.

—¿Acaso no se enteran de nada allá en Beirut? —preguntó Diomedes—. Cuando el señor estuvo enfermo, se sospechaba que Belisario intentaba sucederle. Tu protectora lo descubrió. Lo relevaron del mando y le confiscaron la mitad de las propiedades. Iba por la ciudad como cualquier ciudadano, volviendo la cabeza continuamente, por si... bueno, tú me comprendes. Así que ha recuperado el favor ahora. Eso será gracias a su esposa que es amiga de tu protectora.

—Hizo un favor a tu protectora —agregó Sergio—. Le libró del Capadocio.

Juan lo miró sorprendido, intentando no mostrar la mezcla de desprecio y fascinación que sentía.

—¿El Capadocio? ¿Te refieres al prefecto pretorio?

—Exacto —dijo Sergio alegremente—. Tu tocayo, Juan el Capadocio, el más brillante y el peor hombre de nuestra época —«he aquí una historia que puedo contar a nuestro pequeño empleado de Beirut. Demuestra cuán poderosa es su prima, y eso le gustará. Y quizá deje escapar algunas indiscreciones acerca de lo que dijeron sus sagradas Majestades anoche, si tiene la capacidad de darse cuenta de lo que conviene»—. Tu sagrada prima lo detestaba, según dicen, pero el señor daba cualquier cosa por él porque siempre era capaz de encontrar todo el dinero que hiciera falta. Pero tu prima lo atrapó al final. ¿No habías oído nada de eso?

—En B... Beirut se comentaba que fue depuesto de su cargo hace dos años, por traición —dijo Juan con cautela.

Juan el Capadocio, antiguo prefecto pretorio o magistrado, que había sido odiado por todo el Oriente. Era muchísimo más cruel que sus predecesores, imponía ahorros feroces en los cargos imperiales y dentro de la burocracia y exprimía a los ciudadanos con todos los impuestos habidos y por haber.

—¡Con las manos en la masa! —dijo Sergio con placer—. Tu protectora sospechaba que no era todo lo honesto que debía, pero no podía desenmascararlo porque era tan condenadamente astuto que nadie podía culparlo de nada. Entonces la Augusta acudió a su amiga Antonina, la esposa de nuestro triunfador y glorioso general Belisario. Y Antonina fue a visitar a la hija del Capadocio. Era una joven discreta y modesta, a quien su padre amaba tiernamente —lo decía en tono afectado y sarcástico—. Pero Antonina con lisonjas y adulaciones se convirtió en su querida amiga y consejera. Un día Antonina le dice: «Oh, querida niña, ¡cuán desagradecido es el emperador con mi esposo! ¡Cuán cruelmente nos utiliza! ¡Cómo desearía que pudiéramos hacer algo al respecto!». Y la niña le pregunta preocupada: «Bueno, ¿y por qué no haces algo tú?». «¿Qué podemos hacer? Tenemos el apoyo del ejército, es verdad, pero, ¡ay!, no tenemos dinero, ni contactos en las sagradas oficinas. Sin embargo, si tu padre quisiera ayudarnos, podríamos hacer algo». Conque, por supuesto, la niña fue corriendo y le contó todo esto a su padre. Y su padre picó el anzuelo. De que era ambicioso, no cabe la menor duda.

»Antonina y el Capadocio lo prepararon todo, lo prepararon a través de la joven. Antonina y el Capadocio debían encontrarse en Rufinia para decidir quién iba a ser emperador cuando se deshicieran del señor. El propio Belisario no supo nada de lo que se urdía hasta que terminó. Cuando todo estuvo preparado, Antonina tomó a la señora y al Ilustrísimo y a uno o dos más. La señora arregló que cuando se encontraran Antonina y el Capadocio, el Ilustrísimo estuviera escuchando detrás de una pared junto con Marcelo, el capitán de la guardia personal y una tropa de soldados. El Capadocio desveló sin rodeos el plan que había tramado para hacerse con la púrpura y lo arrestaron.

—Pero el señor aún le tenía aprecio —agregó Diomedes con disgusto—. Dijo que Juan le había servido bien, pese a su traición, y que sería desagradecido si le castigara con la severidad que todos sabían que merecía. Entonces, lo único que ocurrió fue que lo hicieron sacerdote, muy en contra de su voluntad, y lo despacharon a Cízico. Ni siquiera le confiscaron los bienes. Vivía como un tetrarca con su fortuna, hasta el último verano. Entonces, cuando el señor estuvo enfermo, tu prima la emperatriz lo pilló.

—El obispo de Cízico, con el que el Capadocio había discutido, fue asesinado —continuó Sergio—. Enviaron investigadores de Constantinopla, que arrestaron al forzado sacerdote y lo interrogaron. Él, que había sido prefecto pretorio, cónsul, que había competido por la silla curul y a quien se le habían dedicado juegos y que aún vestía el manto blanco con la banda púrpura, fue azotado hasta que pidió clemencia a gritos. Pero no confesó haber participado en el asesinato, por lo que decidieron encarcelarlo. Lo embarcaron como un vulgar ladrón rumbo a Egipto. No le dejaron llevarse el oro robado, de ahí que tuviera que mendigar comida en cada escala, como un criminal cualquiera. «¡Un mendrugo de pan para Juan, el prefecto pretorio, por la caridad de Cristo!» Ahora está en una prisión en Antinoe, aunque supongo que el señor lo liberará dentro de poco —tomó un largo trago de vino—. Algunos decían que el Ilustrísimo iba a suceder al Capadocio, pero se decidió que no era lo bastante cruel.

Juan no abrió los labios. No dudaba de que Juan el Capadocio merecía el castigo, pero la historia entera le asqueaba. Volvió a recordar el modo en que Belisario miraba a Teodora. Pensó en la descripción de Diomedes, de cómo el conde iba como un ciudadano cualquiera «volviendo continuamente la cabeza por si...» Por si la emperatriz decidía mandarlo matar, comprendió Juan.

«Pero, ¿será verdad? Yo creía que mi madre era una prostituta cualquiera, y he descubierto que es una emperatriz. ¿Por qué voy a creer que es una tirana corrupta? Estos dos hombres son falsos y maliciosos y están mucho más lejos de la corte que yo. Han oído cosas, pero no saben nada. Yo sí estoy en posición de saber. ¡Ojalá pudiera comprender lo que veo! Debo aprender, debo entender lo que ocurre a mi alrededor. De otro modo no seré sino... un mueble, un mueble que los demás colocan donde quieren. Sin ningún poder, ni voluntad, ni... mi propio yo», razonó para sus adentros.

Juan volvió a mirar a los dos escribas, que tenían la boca llena. Sergio le dirigió una sonrisa abierta, con el pan entre los dientes. «Quiere que le dé información. Bien, ¿por qué no? Yo quiero lo mismo de él; es un trato justo. Pero...», pensó Juan.

Y en su mente trazó un círculo alrededor de sí, como lo hacía de niño cuando jugaba, en el suelo polvoriento de Bostra. «Aquí estoy yo, Juan el Bastardo, y nadie puede tocarme». Era su autodefensa, y lo sabía, era un intento de transformar su aislamiento odioso en poder mágico. Pero le había dado resultado, al menos en parte. No tenía ningún poder sobre lo que era o lo que hacía, pero dentro de su círculo encantado podía controlar lo que pensaba, evaluar con tranquilidad las exigencias de un mundo hostil y, en última instancia, negociar si aceptaba o no tales exigencias.

Devolvió la sonrisa a sus compañeros y decidió empezar a comprender.

Pasaron meses antes de que empezara a tener un mínimo de confianza en su nueva vida. Los sucesos a los que se enfrentaba eran incontables, como las estrellas del cielo o los archivos de las oficinas sagradas. Tenía que aprenderse los nombres y rostros de los ministros del emperador y de los servidores de la emperatriz; la forma correcta de dirigirse a un notario de la corte, a un silenciario, a un escriba de la prefectura pretoria; las calles de la ciudad de Constantinopla y dónde tenían sus casas los ministros; las iglesias y los problemas de quien era ortodoxo y de quien no; los entresijos de la política imperial y las circunstancias particulares de los gobernadores de África, Italia, Egipto; nombres y príncipes de las variadas tribus bárbaras a lo largo del Danubio y cuál de ellas recibía dinero para ser hostil a cuál otra; a quién dejar entrar a la oficina interior sin cita previa y a quién hacer esperar; qué clase de vino comprar para las cenas de Sergio y dónde conseguirlo; qué clase de conversación agradaría más a la serena Augusta Teodora. Cada pequeña victoria de su entendimiento se veía superada al instante por una serie de elementos desconocidos; lo que aprendía era casi insignificante en el mar de lo que ignoraba.

El periodo de prueba de una semana pasó sin comentario alguno y Juan no se acordó hasta después de que finalizara de que ya había pasado, y para entonces ya no había razones para alegrarse. Se mudó de la habitación de huéspedes en el palacio de Teodora a un grupo de habitaciones en la «Segunda Región» de la ciudad. Descubrió, para su sorpresa, que no tenía que pagar alquiler alguno. Era costumbre pedir a los ciudadanos de Constantinopla que alojaran a la gente de palacio, por lo que muchos de ellos, como el comerciante que tenía la casa donde Juan vivía, mantenían unas habitaciones especialmente preparadas para el caso.

—Lo siento. Preferiría tenerte en palacio —le dijo la emperatriz cuando le comunicó esta decisión—. Pero lo común es que los jóvenes funcionarios vivan en la ciudad; hacer una excepción contigo despertaría sospechas —al ver que no entendía, Teodora se rió—. La gente diría que tenemos un romance. No importa, aún puedo invitarte a palacio.

Le concedió tres esclavos para que se cuidaran de las habitaciones: una pareja de mediana edad y su hijo de catorce años, y se disculpó por no darle más.

—Pero donde estás, no tendrías sitio para ellos, y darte una casa más grande también sería sospechoso por ahora.

Nunca había tenido tanto espacio para él solo y no sabía cómo responder a semejante lujo. No estaba muy seguro de lo que pensaban los esclavos acerca de la mudanza: tanto el hombre como la mujer lo trataban con sumo respeto. Por fin se convenció de que la mujer estaba realmente complacida por tener la independencia de una casa, fuera de palacio, sin ser supervisada por nadie, pero el hombre se sentía ofendido, pues le parecía que había perdido categoría con el cambio al pasar de esclavo de la emperatriz a esclavo de Juan. Sobre el hijo, Jacobo, no había ninguna duda: disfrutaba de la libertad de la casa y de las calles de la gran ciudad y admiraba enormemente a su señor, lo que incomodaba sobremanera a Juan.

También descubrió que por su trabajo ganaba una libra de oro, o setenta y dos *solidi* al año. Sergio, Diomedes y Anastasio ganaban cincuenta *solidi*. Era más dinero de lo que él jamás había soñado ganar y no parecía tener mucho en qué gastarlo. La emperatriz era muy generosa. Además de vestidos y esclavos, le regalaba muebles para su casa, vino para sus bodegas y vajilla para su mesa y, cada vez que se veían, también le daba un puñado de dinero, pidiéndole que se «comprara algo». La emperatriz disfrutaba haciendo y recibiendo regalos. Incluso los más triviales, como flores, un par de palomas blancas, un frasco de perfume, hacían brillar sus ojos y le arrancaban exclamaciones de placer.

Lo invitaba a desayunar por lo menos una vez a la semana y ocasionalmente a otros acontecimientos. Un día festivo salieron a navegar alrededor de la ciudad para «disfrutar del aire del mar». La nave imperial tenía paneles de cedro, barandas de madera de cidro y los remos dorados. En la popa una banda de músicos tocaba la flauta, la cítara y los címbalos. Teodora estaba de pie en la proa, bajo un toldo de seda púrpura, arrojando migas a las gaviotas al tiempo que las veía girar sobre sus alas brillantes. Las velas estaban teñidas de púrpura. En medio de la travesía, Juan soltó una carcajada.

—¿Qué pasa? —le preguntó Teodora, tirándole un trozo de pan a él en lugar de a las gaviotas.

—¡Velas púrpura! —replicó, moviendo la cabeza. Le parecía absurdo hacer teñir algo tan común y de todos los días como las velas con la valiosa púrpura imperial.

Ella comprendió enseguida y le sonrió.

—Míralos. ¿De qué otro modo la gente va a saber quién soy? —hizo un ademán hacia la ciudad, resplandeciente en el monte sobre los destellos del agua—. Así pueden mirar y decir: «¡Ahí va la emperatriz Teodora en su navío!». Da un poco de excitación a su vida. Y a mí me gusta el color púrpura.

En otra ocasión la acompañó en el carruaje dorado a un monasterio de las afueras de la ciudad, donde humildemente hizo ofrendas al santo patrono. Su entorno no era ciertamente humilde: dos escuadrones de guardias de palacio y la mayoría de sus sirvientes, los eunucos sobre mulas o caballos blancos, las damas de honor y las niñas que estaban a su servicio en coches esmaltados. El pueblo de Constantinopla la aclamaba a su paso: «¡Tres veces Augusta!», «¡Dama soberana!», «¡Por siempre reina!». Ella se sentaba erguida con su manto de púrpura y su diadema y los ojos le brillaban de placer.

—Me encanta cuando me aclaman —confesó—. Podría estar escuchando este rumor eternamente.

Un día lo llevó a una celda bajo el salón del trono del palacio Magnaura. Sobre un estrado, en el centro, había un diván de oro y marfil. Teodora se sentó, apoyando sus piernas en el brazo opuesto, de modo que sus sandalias se agitaran en el aire.

—Ven aquí, junto a mí —le susurró a Juan con la sonrisa en los labios y, cuando se le acercó, hizo un gesto a su asistente Eusebio. El eunuco sonrió y tiró de una palanca que estaba en un extremo del salón. Se oyó cómo alguien mandaba guardar silencio, después un estallido de música y finalmente el trono empezó a elevarse en el aire. Juan dio un respingo; la emperatriz le cogió del brazo y le llevó al estrado conteniendo la risa, disfrutando de la situación. El techo se abrió y el diván entró en el salón del trono situado en lo alto. Los pájaros enjoyados de las lámparas doradas cantaban con el sonido claro y artificial de un órgano hidráulico, los leones dorados que rodeaban el estrado agitaban sus colas en los goznes mientras rugían, pero el salón estaba vacío.

Al cabo de un rato se hizo el silencio; el trono, entonces, se sacudió nuevamente y volvió a atravesar el techo hasta su posición anterior en el estrado.

—¿No es maravilloso? —preguntó Teodora, fascinada—. Lo hizo construir el segundo Teodosio. Se conoce como el «trono de Salomón». Por supuesto, para tener el efecto completo has de esperar en el salón del trono; se prenden todas las luces y queman incienso, luego se levantan las cortinas y Pedro y yo surgimos de las profundidades como Afrodita del mar ante el asombro de todos. ¡Tendrías que ver el efecto que produce en los embajadores bárbaros! Me fascina.

En uno de sus momentos de reflexión, Juan llegó a la conclusión de que a ella le encantaba ser emperatriz. El protocolo, las insignias, todo eso la complacía y era muy reacia a omitir un solo detalle del ceremonial que la rodeaba. Era el placer de la actriz cómica, en su papel más jugoso. Y más que eso, era el placer de la niña pobre que se había vuelto inmensamente rica, la alegría de la prostituta insultada y humillada, poderosa y honorable. Se deleitaba en el contraste tanto como en el hecho en sí y siempre fue muy consciente del contraste. Le encantaba que la adularan, pero nunca se engañaba.

Teodora, sin embargo, le contaba muy pocas cosas de sí misma. Una revelación inusual ocurrió cuando le dijo a Juan, como por casualidad, que era tío.

—Bien, una vez te dije que tuve una hija que murió al dar a luz —le dijo con impaciencia ante sus ojos asombrados—. Su hijo no murió y ahora tiene catorce años. Algún día lo conocerás, pero pienso que es mejor que no le digamos quién eres hasta que sea mayor. Se llama Anastasio y se casará con la hija del conde Belisario —ella se sonrió ante lo que juzgaba una estupenda idea—. Eso le convertirá a *él* en rico y poderoso.

—¿Cuál era el nombre de mi hermana? —preguntó Juan tras un silencio.

La sonrisa se desvaneció y su rostro súbitamente se volvió adusto y envejecido.

—Erato —dijo sin más. El nombre significa «encantadora» y Juan intentó imaginarse a la niña, muerta hacía catorce años. Hubo un momento de silencio. Teodora agregó, por fin, con voz dolorosamente amable—: Era cuatro años mayor que tú. Su padre era un auriga llamado Constantino. A la sazón era campeón de carreras de carros; ganó el cinturón dorado durante cinco años. Yo estaba perdidamente enamorada de él, aunque siempre supe que no valía nada. Le gustaba la idea de que yo tuviera un hijo, y así lo hice. Nos abandonó un mes antes de que ella naciera; seguramente, ya no le resultaba tan divertido dormir conmigo. ¡Madre de Dios, pensé que ambas moriríamos, la niña y yo! Las jóvenes solteras no deberían tener hijos. Destruyen su vida por intentar cuidarlos. Yo juré que nunca tendría otro hijo. Cuando supe que te esperaba a ti, fui al mercado de Beirut y busqué uno de mis remedios habituales. Pero no me atreví a tomarlo.

—Mi padre nunca dijo nada acerca de una hija tuya.

—Ni siquiera lo sabía. Yo la había dejado en Constantinopla con Komito. Por un tiempo estuve con un tipo llamado Hekébolo de Tiro, un senador rico que fue nombrado para gobernar la Pentápolis libia y quiso llevarme con él. Me prometió un arreglo conveniente y me dio veinticinco *solidi*. Le di el dinero a Komito para que cuidara de mi hija y partimos. Pensé que sería por un año o algo así, hasta que terminara el periodo de Hekébolo. Pero cuando llegamos a Cirene, conoció a una muchacha que le gustó más. Nos ofreció instalarnos en la misma casa y al negarme yo, me expulsó sin un centavo. Vendí casi toda mi ropa y llegué a duras penas a Alejandría. Después... después de eso, conocí al obispo, quien se apiadó de mí y me dio algo de dinero para pagar mi pasaje de vuelta. «Dinero honrado», me dijo. Y yo quise tener una conducta honrada pero el barco se retrasó en Beirut, donde conocí a un joven estudiante de derecho, tímido y apuesto, y deseché la idea de volver a casa y ganarme la vida honestamente, al menos por un tiempo —acarició el pelo a Juan, con mucha delicadeza. Él contuvo el aliento—. Dije a tu padre que tenía una hija en Constantinopla, pero me parece que no se lo creyó. Estaba demasiado lejos. ¡Pobrecita Erato! ¡Tenía sólo trece años cuando la obligué a casarse!

En otra ocasión, era un día de fiesta, Juan se sentó cerca del palco imperial del hipódromo a ver las carreras. La pareja imperial apoyaba al equipo Azul y todos sus sirvientes gritaban también por él. Teodora se asomó fuera del palco y dio un grito de alegría cuando ganaron los Azules. El emperador aplaudía y asentía.

—Mi padrastro trabajaba para los Azules —le explicó al día siguiente en el desayuno—. Mi padre trabajaba para los Verdes; murió cuando yo tenía cinco años. Mi madre enseguida se casó con el asistente de mi padre, para que tuviéramos alguien que nos mantuviera. Ella creía que él obtendría el empleo de mi padre, pero los que controlaban la facción se lo dieron a otro hombre, en recompensa a un regalo. Mi madre decidió apelar a los simpatizantes de la facción, por encima de los dirigentes, y nos llevó al hipódromo para suplicar a la multitud entre carrera y carrera. Actos como los de enseñar a los pobres niños huérfanos, sin dinero, suelen tener éxito. Nos dijo qué hacer y lo importante que era, y allí salimos, Komito, Anastasia (que ha muerto) y yo, con guirnaldas y levantando los brazos en señal de súplica. Los Verdes se rieron de nosotras. Lo recuerdo perfectamente; yo pensaba que había sido por mi culpa y lloré como loca. Afortunadamente los Azules se apiadaron de nosotras y, como su cuidador de osos había muerto hacía poco, nos aceptaron. Desde entonces los he apoyado. ¿Existe ese tipo de carreras en Bostra?

Juan notó que ella había abandonado el tema rápidamente. Su recuerdo le sería odioso.

—No como ésas —respondió—. No pueden permitirse tantos carros. Y las facciones... tampoco son así —no podía encontrar las palabras para definir con más precisión lo que quería decir «como ésas», pero sospechaba que era mejor no intentarlo. En Bostra la gente aclamaba a los Azules o a los Verdes (en su mayoría a los Verdes), pero las facciones eran rudimentarias. En Constantinopla los Azules se sentaban en las gradas a la derecha del palco imperial y los Verdes a la izquierda. Los simpatizantes de una y otra facción se vestían con túnicas con mangas ajustadas y hombros sueltos, que ondulaban cuando levantaban los brazos para incitar a los caballos de su equipo. Se afeitaban por encima de la nuca y se dejaban crecer la barba; parecían fantásticos miembros de una tribu bárbara perdidos en medio de la ciudad. Gritaban si su equipo perdía, aullaban de alegría si ganaba, atacaban a los miembros de la otra facción con los que se encontraban después en la calle y aclamaban al emperador con heraldos entrenados, entonando elaborados cánticos. Sus obligaciones oficiales incluían el mantenimiento de los parques y fuentes de la ciudad, pero sus funciones en el hipódromo habían superado con creces sus otros deberes. Juan ya sabía que eran peligrosos y que había que evitar a cualquier precio cruzarse con ellos por la noche, en particular con los Azules, que se amparaban en el favor oficial para escapar al castigo—.

Sólo había carreras de carros en los grandes festivales —dijo Juan a la emperatriz—. Las demás carreras eran de caballos. No estaban organizadas por las facciones sino por ciudadanos particulares que pensaban que sus caballos eran más veloces que los del vecino. Yo corrí una vez en una.

Teodora sonrió complacida.

—¿Y ganaste?

—Quedé segundo. Entre nueve, así que no estuvo mal. Y el caballo aún no estaba en sus mejores condiciones; seguro que habría ganado si hubiera tenido un año más —se interrumpió para pensar, apenado, en su caballo. Luego prosiguió—: Tienen una raza diferente de caballos aquí, ¿verdad? Más grandes y más pesados que los caballos árabes, pero no son tan veloces.

—¿No tan veloces? ¡Oh, los caballos de aquí son los mejores del mundo! ¿No viste el equipo de ayer, el de Kaligono? ¡Iba como el viento!

—Supongo que los caballos árabes no servirían para tirar de los carros —admitió Juan—. No para la caballería verdaderamente pesada, pues son animales ligeros. Pero son más rápidos que las razas tracia y asiáticas que se prefieren aquí y más resistentes también.

Teodora lo miró, divertida, y siguió menospreciando a los caballos que no podían tirar de los carros. Sin embargo, una semana después, Juan recibió una invitación para verla esa misma noche después del trabajo. Cuando llegó, Teodora estaba en su salón de audiencias, ceñida la diadema y rodeada de sus servidores de confianza.

—Tengo una sorpresa para ti —le espetó ella, sonriendo con placer. Saltó de su diván y, arrastrando tras de sí a su séquito, vestido de seda y enjoyado, lo llevó por palacio a través de los cuarteles hasta uno de los establos reales. Las sirvientas levantaban sus largas faldas y fruncían la nariz con fastidio ante los montones de estiércol. Enfrente mismo de los establos, llevada por un palafrenero, piafaba una yegua de la más pura raza árabe. Era torda, uno de los más raros y más hermosos colores de los caballos árabes, un gris plata que era casi blanco, pero con belfo, patas y cola negros. Tenía los ollares hinchados por la excitación y miraba a la multitud con profunda desconfianza.

La habían ensillado y enjaezado con un arnés que hubiera hecho pensar en un príncipe sarraceno. Juan miraba atentamente a la emperatriz, intuyendo pero sin atreverse aún a creerlo.

—Es tuya, si la quieres —dijo Teodora.

Juan miró y tocó al animal, lo hizo andar alrededor de los cuarteles y lo arregló todo para que lo cuidaran en un establo; después, en fin, se separó de la yegua con pesar, para volver con la emperatriz a palacio. Teodora le dijo:

—Ahora veo que no te ha gustado ninguna de las otras cosas que te he dado.

Juan se ruborizó.

—Eso no es cierto. Te estoy muy agradecido por todas las cosas que me has regalado.

La emperatriz lo miró con una sonrisa triste y desilusionada.

—No del mismo modo que lo estás por ese caballo.

Juan guardó silencio un instante y finalmente confesó:

—No estoy tan seguro de lo que debo hacer con la riqueza, el rango o el poder, pero sí sé lo que puedo hacer con un caballo. Tengo que aprender a apreciar tus otros regalos.

La sonrisa se le iluminó.

—Ah, me había olvidado de tu educación persa. Espero oír que tu nueva yegua es en realidad más veloz que las yeguas tracias. ¿Cómo la llamarás?

—Con el permiso de Tu Majestad, la llamaré «Reina». *Maleka,* en árabe. Haré honor al regalo dándole un nombre tan inmensamente honrado por ti.

Se detuvo y lo miró atentamente; él le sonrió. Teodora se reía.

—Oh, ¡cómo aprendes! Aprendes deprisa... —replicó ella.

Después de todo esto fue cuando comenzó a sentir que había aprendido realmente algo acerca de cómo vivir en Constantinopla. Era a principios de febrero y el trabajo ya no le era una pesada carga. Confiaba en sí mismo para realizar el trabajo de rutina y sabía adónde acudir en busca de ayuda en caso de emergencia. Había dejado que Sergio le enseñara, pero los chismes del escriba eran cada vez menos efectivos, tanto para informarle como para sorprenderlo. Juan se dio cuenta de que muchas veces intuía la verdad acerca de algún caso del que Sergio había oído sólo un rumor ya distorsionado. Desde que disponía de un caballo empezó, por fin, a disfrutar.

La noche después de haber recibido la yegua Juan fue al hipódromo para probarla en la tierra suave y compacta de las pistas donde habían corrido los carros la semana anterior. La pista oblonga estaba a reventar, aunque era una tarde invernal muy fría y ya estaba oscureciendo. Disponía de pocos lugares donde galopar con un caballo en la populosa ciudad y mucha era la gente que deseaba hacerlo. Bien es verdad que el hipódromo, ancho como para que seis carros corrieran uno al lado de otro, podía incluir a todos. Jóvenes caballeros de la ciudad que practicaban equitación trotaban entre los guardias imperiales que entrenaban a sus monturas. Los veloces cascos de los caballos, las túnicas que ondeaban al viento y las espadas y lanzas de muchos de los jinetes le daban al campo un aspecto brillante, aguerrido y guerrero. El viento frío soplaba entre las gradas vacías y los pocos espectadores que esperaban a sus señores se agazapaban bajo sus mantos. Era muy diferente a la oficina del chambelán, pensaba Juan con placer.

La yegua no se inquietaba ante la multitud, sino que, antes bien, se impacientaba por correr. Cuando divisó la pista, proyectó las orejas hacia delante, relinchó y dio unos pasos laterales, tensando las riendas. Juan se sonrió y la llevó al trote a la pista. Percibió que los jinetes que andaban más lentamente eran los que caminaban o trotaban cerca del interior del circuito. Los que deseaban galopar utilizaban la pista exterior. Recorrió el circuito de la pista, la llevó suavemente hacia la parte exterior y aflojó las riendas.

Después de recorrer varias veces el trayecto alrededor de los puntos de retorno, oyó que gritaban su nombre desde la pista interior. Al cabo de un rato Diomedes galopaba a su lado en un caballo bayo alto de raza asiática.

—¡Juan! —gritó nuevamente el escriba—. No sabía que tuvieras un caballo.

Juan, en cambio, sí sabía que Diomedes tenía uno, pues el escriba había pasado bastante tiempo describiendo sus cualidades. Diomedes se interesaba mucho más por los caballos, las carreras y los espectáculos de osos que por la interminable chismografía política de Sergio. Por primera vez inspiró a Juan un verdadero sentimiento de camaradería. «Después de todo, nunca me disgustó tanto como Sergio». Llevó a *Maleka* hacia la pista interior y la hizo andar al paso braceando. Diomedes fue caminando a su lado.

—Es una yegua. Acabo de conseguirla —confesó Juan a Diomedes—. Es hermosa, ¿verdad?

Diomedes miró extrañado a la yegua y pensó: «Pequeña. Igual que nuestro empleado de Beirut. Un hermoso animal, con todo».

—¿Qué tipo de yegua es? —preguntó.

—Es árabe —replicó Juan alegremente—. Y de raza, una tanuj pura, una verdadera joya —palmeó el cuello lustroso de *Maleka* y la yegua estiró hacia atrás las orejas.

—Pensé que era sarracena —Diomedes estudiaba la yegua nuevamente—. ¿Dónde la has conseguido?

—Es un regalo de la emperatriz —apuntó Juan—. Su Serenidad me invitó amablemente a las carreras la semana pasada y en la conversación que mantuvimos después le dije que pensaba que los caballos árabes eran más veloces que las razas que se usan por estas tierras. Entonces su sagrada Generosidad me regaló éste.

—¿Qué quieres decir con que los caballos árabes son más veloces? —preguntó Diomedes con indignación.

—Que los caballos árabes corren con mayor rapidez que los de cualquier otra raza. De verdad.

—¿Tú crees que esa «belleza exquisita» podría superar a mi *Conquistador*?

—Te desafío —ofreció Juan—. El circuito normal para las carrozas: siete vueltas alrededor de la pista.

—De acuerdo —concedió Diomedes.

Volvieron a la línea de salida, que estaba en el centro del lado este de la pista, directamente debajo del palco imperial, e interrumpieron la corriente constante de jinetes que galopaban para preparar la carrera. Ya estaba cayendo la noche y muchos de los jinetes volvían a sus casas. Unos pocos, atraídos por cualquier carrera y ansiosos por ver ganar un caballo asiático, se quedaron a presenciar la carrera. A lo largo de la parte central de la pista habían colocado antorchas y la brillante luna de invierno se elevaba sobre el horizonte. El oscuro bayo y la pálida yegua torda pisaron la línea al lado de la salida. Uno de los espectadores se ofreció a dar la señal.

Juan sonrió y sujetó las riendas cerca de sí a la espera de la salida. *Maleka* piafó y sacudió la cabeza, moviéndose con nerviosismo. «¡Y se llama *Conquistador*!», pensó Juan.

—¡Ya le enseñaremos a ése, preciosa! —susurró a la yegua en árabe.

El espectador bajó su manto y gritó «¡Ya!». Los caballos salieron a la pista abierta bajo la pálida luz de la luna.

El conde Belisario llegó al hipódromo cuando corrían la cuarta vuelta. Había venido con cincuenta servidores a ejercitar a su propio caballo. Se detuvo sobre su montura cerca de la línea de salida y vio cómo los dos corceles pasaban como un rayo, galopando cabeza con cabeza. El caballo del conde, cuatralbo y con la cabeza blanca, de raza tracia, piafaba impaciente.

—¿A qué se debe esta carrera? —preguntó finalmente el conde.

Uno de sus soldados había estado averiguándolo.

—Dos jóvenes ciudadanos —le informó—. Uno de ellos alardea de que los caballos árabes son más veloces que los asiáticos. Es el que va sobre el caballo tordo.

—Gracias —dijo el conde con sequedad—. Sé distinguir un caballo árabe de uno asiático.

Los dos corceles volvieron a pasar a galope tendido. El tordo ahora llevaba la delantera por un palmo.

—¿El jinete es ciudadano árabe? —preguntó Belisario confundido—. Monta como un sarraceno, con los estribos cortos.

Nadie respondió. Al final de la pista se podía ver el brillante contorno de la yegua árabe que se alejaba del caballo bayo, más oscuro. Estaba medio cuerpo adelantado en el punto de retorno, un cuerpo por delante al volver por la pista, dos cuerpos al cruzar la línea y a la séptima vuelta todo había terminado. Juan frenó la yegua a un paso tranquilo, palmeándole el cuello y susurrándole en árabe:

—¡Mi belleza, mi tesoro! —se sentía transportado de felicidad.

—¡Lo conozco! —dijo Belisario—. Es el primo de la emperatriz, el secretario de Narsés. Lo conocí en una cena en palacio hace unos meses.

—¿Es árabe? —preguntó uno de sus partidarios—. Realmente monta como si lo fuera.

—Es de algún lugar de por allí —respondió Belisario, sin mucho interés. Llevó a su propia montura a la pista y volvió a detenerse—. Ahora recuerdo, es de Beirut. El emperador comentó que desconocía que la emperatriz tuviera parientes en Beirut —se quedó mirando atentamente el brillante caballo tordo, que ahora caminaba a paso rápido por la pista interior, con el bayo a su lado. No era consciente de lo que sospechaba, del deseo de descubrir algo que desacreditara a la terrible y omnisciente emperatriz, pero se detuvo por un instante, frunciendo el ceño ante ellos—. Supongo que fue su sagrada Majestad la que le regaló el caballo. He oído decir que ella ha hecho mucho por él: le ha dado un trabajo, una casa de las mejores, y hasta creo haberlo visto también en el palco real con ella en las carreras.

—Protege a su propia familia —comentó su servidor.

Belisario le fulminó con la mirada.

—Así es —«protege al hijo de su bastarda en el lecho de mi hija —se dijo con amargura—. Mi hija, casándose con el nieto de una prostituta y de Dios sabe quién... ¡y con un muchacho dos años menor que ella, además! Pero ¿qué puedo hacer yo al respecto?

»Y ahora protege a este primo desconocido de Beirut. ¿Por qué monta como un sarraceno? ¿Y por qué nadie jamás ha oído hablar de ese respetable primo suyo, ese Diodoro? ¿Podría la emperatriz decir que ese hombre es su primo y derrochar favores en él aunque no sea nada de eso?»

Echó un vistazo hacia sus seguidores. «Veré si puedo averiguar algo sobre este joven, de todos modos», pensó, e hizo señas a sus hombres.

—Illahi —llamó—, si ese jinete realiza nuevamente el trayecto por la pista, corre detrás de él y llámalo en árabe. Intenta averiguar si conoce la lengua y dile que yo recuerdo haberlo visto y que me gustaría conversar con él. Invítale a dar unas vueltas con nosotros.

En el extremo norte de la pista, los dos caballos habían alcanzado la meta. El bayo empezó a marchar a galope corto, mientras su jinete sacudía el brazo a guisa de despedida. La yegua árabe seguía al paso. «Daré una última vuelta», pensó Juan con satisfacción. En la salida incitó a la yegua una vez más al trote, a lo que *Maleka* estaba más que deseosa.

Mientras daba la vuelta a la meta sur, alguien detrás de él lo llamó en árabe:

—¡Ey! ¡Tú, el del caballo tordo! —un jinete sobre un caballo castrado color castaño aminoró la marcha detrás de él. El caballo era también árabe y el jinete le sonrió bajo su turbante—. ¡La paz sea contigo! —dijo el jinete en el árabe de los sarracenos gasánidas—. Tienes una yegua hermosa, una verdadera hija del viento. He visto cómo vencías al griego. ¡Bien hecho!

Juan se echó a reír.

—¡La paz sea contigo! Estos griegos pensaban que los caballos árabes eran sólo hermosos. Creo que han aprendido —respondió. Era maravilloso cabalgar en un caballo espléndido y hablar su propia lengua—. El tuyo es un hermoso caballo también. ¿Eres de la tribu de Ghassan?

El hombre sonrió, manteniendo firme su caballo al lado del de Juan.

—De la tribu de Ghassan, del clan de Rabbel. Me llamo Illahi. ¿Y tú?

—Me llamo Juan de... de Beirut —en este preciso momento recordó no dejar lugar a dudas. No podía ser un ciudadano de Bostra y de Beirut a la vez, ni siquiera para un árabe que se encontraba por casualidad en el hipódromo.

—¿Beirut? ¡Eh!, yo estaba seguro de que eras árabe. ¿Cómo es que hablas tan bien el árabe, si eres del Líbano? ¡Tienes acento nabateo!

Juan sonrió.

—Mi niñera era árabe.

—¡Ah, pues es eso! Mi señor Belisario me ha enviado a decirte que recordaba haber conocido a un Juan de Beirut en palacio y a invitarte a dar unas vueltas con él, si tú eres realmente aquel Juan. Allí está él, cerca de las puertas. ¿Vendrás a saludarlo?

—¡Belisario! —exclamó Juan. Miró hacia el grupo que estaba al lado de las puertas: una masa de soldados armados montados en sus altos caballos con la luz de la luna reflejada sobre sus cascos y frente a ellos un hombre con un manto blanco bañado por la luz tenue. Juan, sorprendido, se sentía honrado y a la vez nerviosamente incómodo—. ¡Por supuesto! —dijo a Illahi.

El conde Belisario, jinete sobre su corcel y rodeado de sus seguidores en el hipódromo bajo la luz de la luna, era un hombre absolutamente diferente del conde Belisario abatido e inquieto en la cena de la emperatriz. Estaba sentado orgullosamente sobre su caballo en su silla; la empuñadura de la espada y el arnés del caballo lanzaban destellos de luna blanca. Su dura y firme expresión estalló en una sonrisa inquieta.

—Se trata de Juan de Beirut, ¿verdad? —dijo—. No estábamos seguros, al ver a un jinete que montaba tan parecido a un sarraceno.

—No hay tal sarraceno, Eminencia, y me siento muy honrado de que me recuerdes —contestó Juan inclinándose en su montura.

Belisario respondió con un gesto de cabeza. Volvió su brioso caballo hacia la pista interior, comenzando un trote, invitando a Juan a seguirlo con un gesto. *Maleka* estiró las orejas hacia atrás, cansada de dar vueltas y más vueltas en el frío de la noche. «Sólo una o dos más —le prometió Juan en silencio—. ¡Después de todo, se trata de Belisario!»

—Tú trabajas para Narsés, ¿no es cierto? —preguntó el conde—. ¿Cómo te van las cosas allí?

—Es un trabajo muy interesante, honorable señor —respondió Juan con cautela—. Y estoy muy contento de desempeñarlo. Aunque es agradable salir a caballo de vez en cuando.

—Es una hermosa yegua, sin duda —respondió el conde con admiración—. ¿Qué es, de la línea tanuj?

—Sí, Excelencia —asintió Juan, nerviosamente complacido de que el famoso general supiera aquello.

—¿Te la dio la emperatriz? Eso es lo que pensé; son difíciles de conseguir para los ciudadanos corrientes. No hay aquí la demanda que debería haber. Los caballos más grandes son más conocidos. Bien, tu prima Augusta parece hacerte favores; eres afortunado.

—Ya lo creo, honorable señor. Le estoy muy agradecido.

Belisario lo miró por un instante para examinarlo y pensó: «Monta bien, aunque muy parecido a un sarraceno, con las rodillas arriba y sobre las espaldas del caballo. No muy conveniente si se intenta usar una lanza, pero magnífico para un arquero. Sin embargo, eso no tiene importancia ahora para él. Es un joven apuesto, lo que podría ser una imagen de la Augusta. O no. No sojuzgar esas cosas. Y ¿qué le puedo decir para averiguarlo? No se está dejando ver demasiado».

—La Augusta es una mujer excepcional —musitó, para pensar a continuación: «Y eso es absolutamente cierto. ¡Gracias a Dios! Si hubiera más como ella, la raza humana quedaría exterminada».

Juan sonrió.

—Todo el mundo es tan sensible a eso como a tus logros, Eminencia.

«¡Oh, estupendo! —Belisario sonrió atentamente—. Ya no eres el tímido y reservado joven que eras en la cena. Has aprendido que con tales adulaciones conservarás el favor de la Augusta». La línea de salida se veía tenuemente en la oscuridad y se acercaban nuevamente a su turno. «¿Qué puedo decir ahora?»

—¿Añoras Beirut? —preguntó—. ¿Aún tienes familia allí?

—No, gracioso señor. Murieron por la peste. No, es difícil añorar algo que ya no se desea.

—Cierto —el conde siguió andando un poco más en silencio, maldiciéndose internamente. «Antonina ya se sabría de memoria la vida de este tipo y yo ¿qué es lo que consigo? "Sí, honorable señor", "No, gracioso señor"», pensó.

—¿Vuestra Eminencia va a volver a Italia? —preguntó Juan. Tuvo que animarse para hacer una pregunta a un hombre que había sido su modelo de gloria militar desde niño. La pregunta llegó como un respiro.

—Quizá en la primavera —admitió Belisario—. Quizá no hasta el otoño. Tengo que reclutar algunos hombres más, pues he perdido a muchos de mis lanceros por la peste y en... levantamientos internos este último verano.

—Lamento oírlo —se quejó Juan con muestras de disgusto. El conde le devolvió una mirada sutil y Juan se detuvo, confundido. «No le gusto —pensó—, a causa de mi madre. ¿O acaso me lo estoy imaginando? Si no le gusto, ¿por qué me invita a cabalgar con él?»

—¿Te gustaría tal vez ir a Italia? —preguntó Belisario, intentando forzar una nota de humor—. ¡Necesito oficiales!

Juan le dirigió una sonrisa cauta. «¿Por qué me dice esto? —se preguntó—. No se imagina ni por un momento cuánto me gustaría aceptar».

—Un ofrecimiento así, de parte de Vuestra Eminencia, es un gran honor. Pero por supuesto tengo obligaciones para con el ilustrísimo Narsés y para con mi graciosa patrona.

—Por supuesto —Belisario le dirigió una sonrisa inescrutable y agregó para su capote: «Está bien, por supuesto los de tu clase nunca quieren ganar por medio de una lucha honesta lo que pueden obtener adulando a una emperatriz».

Habían alcanzado la meta del norte, cerca de la Puerta Grande, y Juan detuvo la yegua. Belisario frenó su propio caballo y todos sus servidores se detuvieron inmediatamente, cincuenta caballos súbitamente detenidos como troncos. Juan se inclinó respetuosamente hacia el conde.

—Ruego a Vuestra Eminencia que me permita retirarme —dijo en tono formal—. Mi yegua está cansada y la noche está fría. Debo llevarla a su establo.

—Por supuesto —concedió Belisario—. ¡Salud!

Cuando el joven se hubo retirado, Belisario espoleó a su montura y cabalgó tres veces alrededor del circuito tan rápido como pudo. Volvió a frenar y llamó a Illahi con un gesto de cabeza.

—¿Hablaba árabe? —le preguntó.

El sarraceno se encogió de hombros.

—Con fluidez. Pero como un nabateo, no como un sarraceno: no es de mi tribu. Dijo que había tenido una niñera árabe.

Belisario maldecía en su interior.

—Probablemente eso no signifique nada —sentenció en voz alta. Y además, ¿qué pasaría si hubiera algún engaño aquí, alguna intriga por parte de la emperatriz?

Antonina podría arreglárselas para averiguarlo, su brillante, hermosa, sensual, astuta, falsa y desleal Antonina. Su esposa, mayor que él, que lo había hecho quedar como un tonto a los ojos de todo el mundo con un hombre más joven, con la connivencia de la emperatriz. Se imaginó la imagen de Teodora, sentada en su trono cubierto de púrpura y sonriendo con sus ojos entreabiertos. «¡Esa prostituta, esa mujerzuela, ese monstruo sucio y antinatural! —pensó, mascullando calladamente las palabras con un odio ya hastiado del silencio y la frustración—. ¡Oh, Dios, ojalá hubiera salido bien lo de este verano! Pero no habría ocurrido, aunque mi señor hubiera muerto. Ella lo averiguó. Siempre lo averigua todo.

»Bueno, veré lo que puedo averiguar por mi cuenta. Pagaré a algunos hombres para que vayan a Beirut e investiguen sobre este Juan; pagaré para que husmeen por las casas de fieras y los teatros de Constantinopla, a ver si este primo de la emperatriz ha existido alguna vez. Y conseguiré que Antonina me ayude. Teodora será su gran amiga, pero ella no quiere que nuestra hija se case con el hijo de la bastarda de la emperatriz, al menos mientras el hijo de Germano, Justino, esté aún soltero. A ella le gustaría que nuestra hija se casara con un emperador.

»¿Y por qué no? —se preguntó, haciendo trotar al caballo por última vez alrededor del hipódromo—. Yo soy el que ganó las batallas de Justiniano para él. Yo soy el que trajo dos reyes cautivos, yo soy aquel a quien todo el mundo respeta. Juré lealtad al emperador y mantendré mi juramento, pero nadie puede decir que mi hija no merece llevar la púrpura».

—¿Sabes, Baco? —musitó Diomedes a su compañero a la mañana siguiente—, el amigo Beirut no es tan malo después de todo.

Los dos jóvenes estaban solos en la oficina interior. El chambelán mantenía una entrevista con el señor de las oficinas para fijar las audiencias de la semana y Juan, como siempre, tomaba notas.

—¿Qué quieres decir con eso? —preguntó Sergio ásperamente, mientras removía su tintero.

—Me lo encontré anoche en el hipódromo. Corrí una carrera con él. Tiene un caballo nuevo, una verdadera joya, rápido como un pájaro, y sabe cómo montarlo. Me venció con mi *Conquistador* y eso no es fácil.

—¡Tú crees que la habilidad para montar a caballo otorga distinción moral! —respondió Sergio—. Beirut es el hijo de un empleado de una ciudad que ha llegado más alto de lo que le corresponde. Habría que cortarle las alas.

—Bien, tú eres el hijo de un cambista que no vuela tan alto como quisiera —replicó Diomedes, molesto—. Ten confianza en Beirut: aprende deprisa.

Sergio pensó: «Demasiado deprisa. Durante meses creí que podría manipularlo, obtener algún beneficio de sus contactos. Yo conocía el trabajo, conocía a la gente y él lo ignoraba todo. Ahora él sabe más que yo y no creo que jamás me haya apreciado más de lo que yo le aprecio. Siempre se las ha arreglado para evitar presentarme a su protectora. Ocurre lo mismo con cualquiera que intenta aprovecharse de él: se escurre el viejo evasivo Juan Beirut. Sólo acepta los sobornos que todos esperan que acepte y sólo da precisamente lo que se espera a cambio. Nadie se le puede acercar. Cuando uno cree que le está haciendo un favor, falta que se dé la vuelta para ver que ya se las ha arreglado para devolver el favor y así ya no debe nada, ningún servicio, ninguna atadura. En un año ascenderá a algún cargo importante y yo no obtendré ni siquiera una palabra de recomendación para el Ilustrísimo para ocupar el puesto vacante. ¡Maldito sea! Ojalá pudiera bajarle los humos».

Mordió amargado la punta de su pluma.

—¡Tú y tus malditos caballos! —le dijo con disgusto a Diomedes—. Es lo único en que piensas.

IV

Los archivos de la prefectura

Pocas semanas después, en la oficina exterior, Juan se sentó a transcribir las notas y se encontró mirando perplejo las abreviaturas de sus tabletas: *m. off., m. scr. mem., c. s. larg. Magister officiorum, magister scrinii memoriae, comes sacrarum largitionum,* leyó.

—¡Anastasio! —llamó—, tú sabes latín, ¿verdad?

—Es necesario saber latín en una oficina —replicó el viejo escriba con cierto remilgo, arrastrando un archivo y etiquetándolo.

—Ya veo por qué —dijo Juan con pesar.

Anastasio levantó la vista hacia su amigo y sonrió. Juan le devolvió la sonrisa. Sentía una considerable simpatía por el viejo desde que se enteró de que era bastardo. El hecho de estar cerca había derivado a una familiaridad jocosa, más cercana a la amistad que cualquier otro contacto que Juan tuviera en aquella peligrosa ciudad.

—¿Podrías enseñarme latín? —le preguntó.

—¿Enseñarte latín? Hay mucha gente que te podría enseñar.

—Sí, pero ¿podrías enseñarme tú? A la hora de la comida, varias veces por semana. Haré que tu tiempo valga la pena.

Anastasio frunció los labios.

—Te aburrirás muchísimo cuando ya no te quede nada por aprender, ¿verdad? ¿Cómo harás que mi tiempo valga la pena?

—Convidándote a almorzar. Y comprándote una túnica nueva; llevas puesta esa vieja desde que te conozco. Supongo que no te importa.

Anastasio sacudió la cabeza, sonriente, y puso el archivo listo en el estante.

Juan miró hacia la fila de estantes que todavía esperaban, cada uno etiquetado con un nombre o codicilos que indicaban a quién correspondía y adónde debía ser devuelto.

—Ya sé, ¿qué te parece un nuevo archivador? —sugirió—. ¿Acaso madera de cedro y oro serían suficientemente buenos para los objetos sagrados?

Anastasio suspiró.

—El almuerzo sí lo sería.

—¿Un archivador de comida? ¿Estás seguro?

El viejo dio el largo suspiro típico de su risa habitual.

—¡Santo Dios! —comenzó, para luego interrumpirse. Había llegado alguien a la oficina. Se sentó en su escritorio y comenzó a revisar una nota sobre lo que debería contener el siguiente archivo. Juan miró inquisitivamente al visitante.

Era una mujer, una joven que lucía un manto negro. Un gorro también negro ajustado a la cabeza le cubría el cabello y un pliegue del manto le pasaba por encima a guisa de capucha. De rostro redondo, suave e infantil y el cutis, pálido y con pecas, a excepción de la pequeña mano que sostenía el manto, el resto del cuerpo permanecía cubierto. La seguían tres asistentes: una mujer mayor y dos hombres armados. Juan pensó: «Guardaespaldas y dueña. Debe de ser una viuda rica. Es joven para serlo; evidentemente tiene menos de veinte años y no parece tener más de diecisiete».

—¿Puedo ayudarte? —preguntó cortésmente.

—Quiero ver a Narsés —respondió con voz discordante y nasal—. Y al emperador. Pero a Narsés primero.

Anastasio lanzó un bufido. Era extremadamente inapropiado referirse al chambelán del emperador por su nombre.

—¿Tienes cita con él? —preguntó Juan, sabiendo perfectamente que no la tenía. Esa mañana no había ninguna mujer registrada en el libro de citas.

—No —respondió mientras lo observaba fríamente.

Sus ojos no concordaban con la cara suave e infantil: ojos estrechos y perspicaces, entornados y de un inusual castaño claro con tintes anaranjados.

—Puedes ponerme en tu libro para ahora mismo: Eufemia, hija del ilustrísimo patricio Juan de Cesarea, ciudad de Capadocia. He venido a tratar sobre los archivos de mi padre.

A Anastasio se le cayó el archivo, miró atentamente a la joven y se apresuró a recoger los pedacitos de pergamino del suelo. «¿Hija de Juan de Cesarea de Capadocia? –pensó Juan; luego comprendió–: Hija de Juan el Capadocio. La que fue cómplice de la caída de su padre».

–Discúlpame un instante –murmuró Juan al tiempo que miraba el libro. Narsés tenía que ver esa mañana a dos senadores, a un jefe bárbaro, a un pretendiente al trono persa y a un obispo. ¿Cómo podría intercalar a la hija de un prefecto pretorio caído en desgracia?–. No sé si podremos arreglarlo para esta mañana. ¿Quizá alguna mañana de la semana que viene?

–¡Lo veré ahora, o no lo veré nunca! –exclamó Eufemia–. Dile que es por los archivos y me recibirá.

Juan le sonrió cortésmente.

–Su Ilustrísima es un hombre extremadamente ocupado. Es costumbre que incluso los personajes de más alto rango concierten una audiencia.

Anastasio se retorcía en su asiento, intentando que Juan lo mirara.

–Olvídate de tanta palabrería –replicó la muchacha, enfadada–. Ve a decirle a tu señor que estoy aquí y que no pretendo quedarme hablando con un mequetrefe, un empleaducho en la oficina de un ayudante de cámara presuntuoso. Serás castigado si no me dejas pasar. ¡Mira aquí! –dejó caer despectivamente sobre el escritorio una bolsa repleta. Juan ya se había enfrentado antes a abusos y sobornos, aunque no al mismo tiempo, por lo que le dirigió una sonrisa gélida sin tocar el dinero.

Anastasio tosió forzadamente, se inclinó hacia él y le susurró:

–¡Déjala pasar! –Juan lo miró perplejo; el escriba por lo general defendía muy cuidadosamente la dignidad y las prerrogativas de Narsés y no se sabía que hubiera dejado pasar una referencia tan despreciativa hacia su superior, aunque Juan era una presa fácil–. ¡Es sobre los archivos! –explicó en un susurro ronco y, cuando vio que esto nada le decía a Juan, continuó–: Los archivos que su padre tomó de la prefectura, que se perdieron cuando él fue arrestado y que desde entonces no se encuentran. Las listas tributarias están en un caos absoluto. ¡Quizá ella sepa dónde se encuentran!

Juan titubeó, pero finalmente dirigió otra sonrisa de compromiso a la joven.

—Le diré a Su Ilustrísima que estás aquí —y fue presto a la puerta de la oficina interior.

Narsés indicaba a uno de los senadores dónde archivar una demanda, recientemente reescrita por el emperador, de la resolución de un litigio sobre la responsabilidad de algunos campesinos de una de las fincas del senador en las solicitudes de transporte. Al ver entrar a Juan, interrumpió los comentarios del senador con un gesto.

—¿Sí? —preguntó amablemente.

—Aquí hay una joven que afirma ser la hija de Juan el Capadocio, y ha venido para hablar acerca de unos archivos; desea verte al instante.

—¡Ah, sí! —Narsés echó un vistazo al montón de documentos que había sobre la mesa y se dispuso a guardarlos cuidadosamente en el archivo—. Lamento muchísimo importunarte, Excelencia —dijo al senador—, pero estos archivos han sido para la prefectura pretoria lo que fue la manzana de la discordia para Troya, y me reprocharían por todos lados que perdiera cualquier oportunidad de seguirles el rastro. Si llevas esto al empleado de la oficina exterior, registrará para ti los documentos con sus respectivos favores. Estimado Juan, ¿podrías buscar tus tablillas? Quiero que tomes nota de esto.

Juan juntó sus tablillas, sostuvo la puerta para el senador, la sostuvo (con cierta desgana) para la hija del Capadocio y su dueña y las siguió hasta dentro. Narsés se había levantado para saludarla e hizo una reverencia precisa y llena de gracia.

—Virtuosísima Eufemia —exclamó Narsés con cortesía—, estoy a tu servicio.

—Narsés —respondió la joven con voz áspera y apagada—, no digas tonterías. ¿Podemos ir a algún lugar más tranquilo? No quiero hablar delante de toda tu oficina.

Narsés enarcó las cejas y señaló la cortina púrpura hacia el fondo del salón.

—¿Tienes alguna objeción acerca de que mi secretario tome notas?

—No, ¡pero que sean confidenciales! —replicó mientras se abría paso entre las cortinas.

Había una pequeña antesala inmediatamente después del corredor, adonde Narsés acompañó a la joven y a su asistente, les ofreció asientos en un diván y se sentó él mismo en otro con eterna expresión de cortés curiosidad. Juan tomó asiento en el taburete del rincón y preparó sus tablillas.

—He venido a hablar de los archivos —dijo Eufemia.

Narsés asintió, esperando.

—Recibí una carta de mi padre, desde Egipto. En ella me dice dónde estarán probablemente. He destruido la carta, pero te diré lo que decía si retiras los cargos contra él, lo excarcelas y permites que vuelva a Cízico.

Narsés suspiró y juntó los dedos en forma de cúpula.

—¿Crees que puedo sacar a tu padre de la cárcel de Egipto? —preguntó.

—Tú, no. El emperador, sí. Quiero que me consigas una audiencia y que recomiendes mi petición al emperador. Él te escuchará.

El chambelán volvió a suspirar.

—Mi querida niña, tu padre está acusado de tramar el asesinato de un obispo; el hecho de que también se haya apropiado de unos archivos cuando ocupaba su cargo difícilmente lo ayudará a eludir las consecuencias de lo que se le acusa.

—¡Es inocente! —interrumpió la joven con vehemencia—. ¡Dios inmortal, tú debes saber que es inocente! Los cargos fueron urdidos por la emperatriz maliciosamente. Siempre ha odiado a mi padre.

Narsés hizo una mueca y echó una rápida mirada a Juan.

—No escribas eso —ordenó.

—¡No tengo miedo de decir la verdad! —declaró Eufemia aún con más vehemencia—. Todo el mundo en Cízico odiaba al arzobispo; ya habían solicitado al emperador que lo destituyera. Y los dos hombres que lo asesinaron fueron declarados culpables; no tienen nada que ver con mi padre.

Narsés levantó un dedo a modo de advertencia.

—Eran conocidos de tu padre. Y uno de ellos insiste en que tu padre les pagó setenta *solidi* para que se encargaran del asesinato.

—Dijo eso después de que los hombres de Teodora lo torturaran.

Narsés movió la cabeza.

—Lo confesó cuando fue arrestado. Su amigo lo negó. Ambos fueron torturados; ambos persistieron en sus relatos, acusando uno y negando otro. Están ambos en prisión y sus carceleros esperan que uno u otro cambie de idea. Mientras que eso no ocurra, tu padre está necesariamente bajo sospecha y no puede ser repuesto en Cízico —el chambelán hizo una ligera pausa para proseguir con mayor calma—. Su posición en Egipto, por supuesto, se podría mejorar. Creo que actualmente está detenido en una fortaleza de legionarios en Antinoe en una habitación reservada al efecto. Se le podría dar una casa privada en la ciudad y permitírsele que se mueva libremente por el distrito. Y tal vez sería posible permitirle el uso de sus pertenencias mientras el asunto no se decida. Tú ciertamente podrías solicitarlo ante mi señor.

La joven se enfureció.

—He picado demasiado bajo, ¿verdad? —preguntó con amargura—. Si hubiera empezado pidiendo que mi padre fuera restituido, te habrías contentado con negociar que se retiraran los cargos contra él.

Narsés sacudió la cabeza.

—Mi querida niña, no es fácil retirar tranquilamente los cargos de haber asesinado a un obispo. Es particularmente difícil cuando se sabe que el obispo se inclinaba por una secta teológica rival de la que sigue mi señor Justiniano Augusto. Otorgar a tu padre una amnistía dañaría la posición de mi señor con las iglesias del este, justamente cuando intenta llegar a un acuerdo con ellas. Yo no podría, en conciencia, recomendar eso al emperador.

Eufemia permaneció quieta un instante mientras atravesaba al chambelán con la mirada.

—¡Maldito seas! —dijo por fin—. Siempre has odiado a mi padre, ¿no es cierto? Envidioso, como los demás. ¿O quizá sólo esperas ocupar su puesto de prefecto?

Narsés la miró, impasible, y la fría mirada de la joven titubeó.

—No creo que tu discreción haya creído la acusación que acabas de hacer —dijo después de un rato—. Yo soy el esclavo del Augusto. No tengo más enemigos que los suyos y deseo que él no tenga ninguno.

—¿Quieres los archivos o no? —le espetó Eufemia dando una palmada al brazo del diván.

—Eres absolutamente consciente de que el personal de la prefectura pretoria anhela esos archivos, pero yo no puedo recomendar a mi señor que sean retirados los cargos contra tu padre.

—¿Cuánto necesitas para cambiar de idea?

Narsés sonrió.

—Yo no vendo mis consejos a mi señor.

—¿Por cuánto te compró él si se puede saber? —preguntó la joven llena de malicia.

La sonrisa de Narsés desapareció.

—Fui comprado inicialmente por sesenta y nueve *solidi*, pero eso fue hace mucho tiempo y durante el reinado de otro emperador.

Para sorpresa de Juan, la joven se ruborizó y bajó la mirada.

—Lo... lo siento —balbuceó—. Yo no quise decir...

—No estoy ofendido. Mi querida niña, permíteme aconsejarte... gratis. Justiniano Augusto aprecia a tu padre, y se siente aún en deuda con él. Si solicitas humildemente en nombre de tu padre que se le permita hacer uso de su dinero y una reclusión más llevadera, es muy probable que el señor esté de acuerdo. Yo no te aconsejo que hagas ninguna mención de los archivos, ni que intentes utilizarlos como parte de un trato. Su desaparición causó una gran consternación, y nombrarlos sólo despertaría viejos resentimientos. Serían mucho más efectivos si fueran devueltos como un gesto gracioso de agradecimiento por un favor ya otorgado. Puedes decirle a tu padre que yo te he dicho esto. ¿Deseas que te dé una cita para una audiencia?

La joven bajó la mirada en tanto abría y cerraba las manos en su regazo.

—No —musitó tras un momento de vacilación—. No ahora —al levantar la mirada, Juan vio que estaba llorando—. Tengo que pensar primero en tu consejo.

—De todos modos, si quieres que te concierte una entrevista, simplemente envía una nota y procuraré que se haga. ¿Es todo?

Juan acompañó a la joven de vuelta a través de las oficinas. En la oficina exterior vio que el dinero que ella le había ofrecido estaba aún sobre su escritorio. Él lo recogió y se lo devolvió. Ella lo contempló por un instante, sorprendida, parpadeando, y volvió a ruborizarse.

—¡No quiero tu inmundo dinero! —le espetó.

—Es tu inmundo dinero —replicó Juan—. Y no se acostumbra a sobornar cuando se intenta amenazar.

—Veo que eres un experto en estos menesteres, ¿verdad? —le espetó mientras le arrebataba la bolsa para ocultarla bajo el manto; se encogió de hombros y salió a grandes zancadas del salón.

Juan se quedó mirándola.

—Verdadera hija de su padre —señaló Anastasio—. Eufemia no es un buen nombre para ella: «bien hablada» no es, precisamente.

Juan asintió.

—¿Disfemia? ¿Blasfemia? —sugirió.

Anastasio suspiró.

—El último es un poco fuerte.

Juan sonrió y echó un vistazo a sus tablillas. «No dirías eso si pudieras leer esto», pensó. Volvió a la oficina interior. Narsés, sentado a su escritorio, no trabajaba sino que miraba pensativo hacia el icono de la pared. Se oía el rasgar de las plumas de Sergio y Diomedes.

—Supongo que no debo transcribir ninguna referencia similar a la que me has hecho borrar —susurró Juan.

Narsés asintió sin mirar a su subordinado.

—Arréglalo. Tú sabes cómo hacerlo —Juan se quedó de pie donde estaba, observando al chambelán, y el eunuco finalmente miró a su alrededor cruzándose las miradas. Suspiró, unió las yemas de los dedos en forma de cúpula y apoyó la mejilla en ellos—. La muchacha es aún muy joven —dijo dulcemente—. Ella quiere a su padre, que a su vez la idolatra. Ha sufrido muchísimo desde su desgracia, y su arresto este verano no fue manejado... con el tacto que debiera haberse hecho. Es comprensible que hable con tal vehemencia.

«Eso es comprensible, quizá, pero eso no la disculpa de haberme insultado a mí y de haberte tratado a ti como a un esclavo», pensó Juan. Al recordar después la historia de Sergio sobre la caída del Capadocio, se preguntó si eso la disculpaba o no.

—Muy bien.

Miró a Narsés unos breves instantes: la cara del chambelán permanecía impasible, distante.

—¿Sí? ¿Algo más? —preguntó el eunuco.

—Nada..., sólo que sesenta y nueve *solidi* no parece ser mucho dinero.

El rostro se distendió en una sonrisa melancólica.

—¡Ah!, pero lo era en su época. Suficiente para comprar un clan entero de armenios pobres, con ganado y todo. Deberías hacer pasar al siguiente de la lista o se ofenderá.

Una semana después, cuando el emperador Justiniano revisaba las audiencias del día con su chambelán, vio que Eufemia, hija de Juan, estaba entre los primeros de la lista. Colocó el pergamino en la cama y frunció el ceño al mirarlo. El emperador estaba con el cabello mojado y sin afeitar, recién salido del baño y cubierto sólo con una toalla. Narsés estaba de pie detrás de él, sosteniendo un libro de notas en una mano y en la otra la túnica del emperador. Una de las primeras tareas de cualquier chambelán era ayudar a vestir a su señor y seguía siendo responsabilidad del jefe de personal de la corte del emperador. El orden de las tareas del día generalmente se fijaba en esos encuentros.

—Ésa es la hija del Capadocio, ¿verdad? —preguntó el emperador a Narsés—. ¿Qué quiere?

El eunuco dibujó su usual sonrisa poco comprometedora.

—Pide a tu sagrada Caridad por su padre —el emperador asintió con impaciencia y levantó los brazos para ponerse la túnica; Narsés la deslizó sobre su cabeza, mientras continuaba con la información—. Desea que ordenes que se le asigne una casa particular dentro de la ciudad donde esté encerrado y que se le permita usar libremente su dinero mientras se investigan los cargos. Es una hija muy fiel y le apena que su padre esté encarcelado.

—Bien, eso es razonable —dijo Justiniano, aliviado, y se quedó quieto para que el chambelán pudiera sujetar la túnica—. Yo temía que quisiera que se le retiraran los cargos. Estaré complacido de hacer por el pobre hombre lo que pueda: fue un excelente prefecto pretorio. Pienso que, sea lo que sea lo que haya hecho, ya ha expiado su culpa... aunque no estén de acuerdo con ello los obispos monofisitas que piden a gritos su cabeza. Veré a la joven en privado en la sala de recepción de Triklinos y así se lo diré.

Narsés asintió e hizo una nota al lado del nombre. Levantó la pesada túnica con brocado de oro y enderezó los pliegues con cuidado. El emperador echó un vistazo a los otros nombres de la lista y finalmente la apartó.

—Y hablando de Juan... —comenzó.

El eunuco se detuvo para prestar atención.

—Ayer por la mañana me encontré con tu secretario, el primo de mi esposa, desayunando con ella —dijo Justiniano.

Su voz, con tono indiferente, insinuaba cierto sentimiento. «¿Sospecha?».

—¿Cómo se desenvuelve estos días?

—Es extremadamente eficiente, señor —respondió Narsés—. Muy competente, muy inteligente, muy trabajador. A mi entera satisfacción.

Justiniano gruñó.

—Mi esposa parece invitarle a desayunar con frecuencia.

«Sospechas y celos —pensó Narsés—. Santa María, ¡alcanzan hasta a los mejores!» Sonrió con cautela.

—Es su primo, señor. La sagrada Augusta siempre ha ayudado a los miembros de su propia familia, deseosa de mejorar su situación.

—Sí, pero... —el emperador se mordió el labio para no seguir. Echó una ojeada por la habitación y vio que no había nadie que pudiera oírlo, excepto su chambelán, así que continuó—: Ciertamente... puedo entender que intente promover a un primo, que le encuentre trabajo, que le dé dinero o que incluso le concierte un casamiento con una heredera poderosa, pero que continúe invitándole a desayunar o a que la acompañe con tanta frecuencia, eso no. ¿Por qué desea pasar tanto tiempo con él?

—Él es un joven bastante agradable, señor. Está agradecido por los favores que ella le ha otorgado y nunca pide más. No vende presentaciones a la emperatriz ni abusa de su posición de ninguna otra manera. Sabe darle el tipo de halagos que a ella le gustan, sin ninguna intención y sin esperar nada a cambio, y la respeta. Ella disfruta en su compañía.

—Supongo que es apuesto —musitó Justiniano. El tono indiferente había desaparecido y su voz sonaba áspera y ruda.

Narsés se encogió de hombros.

—No soy quién para juzgar eso, tres veces Augusto. Creo, sin embargo, que los hombres altos y blancos son considerados más atractivos que los bajos y morenos. Y dudo que a la emperatriz le preocupe demasiado el aspecto de su primo.

—¿No lo crees así? —el emperador miró a su chambelán con desconfianza.

—Mi querido señor, no creerás que la sagrada Augusta siente un... cariño inapropiado por este joven, ¿verdad? —la voz de Narsés denotaba una compleja mezcla de cariño y reproche.

—No. No, por supuesto que no. Sólo... sólo que ella parece estar muy encariñada con él. Y yo nunca supe que tuviera parientes en Beirut.

—Considera esto por un momento, señor. Juan es hijo de los parientes que la rechazaron por considerarla indigna de ellos, de los que le dieron con la puerta en las narices, de los que la despreciaron. Tú mismo sabes cómo la piadosísima emperatriz aún sufre en sus recuerdos los abusos que soportó en el pasado. Pero ella se ha tomado la cristianísima venganza de ayudar a este hombre a base de poder y riqueza. Él es agradecido y respetuoso y, siempre que él la vea, deberá postrarse y saludarla como señora. Con ello, anula el recuerdo de su humillación sin herir a nadie; y eso a ella le encanta. Le invitó para gozar más de ese placer y cuando él demostró no ser indigno de su atención, ella se encariñó con él. Pero ¿hay algún punto de comparación entre ese cariño y el profundo afecto que siente por Vuestra Majestad?

—No —repuso Justiniano, aliviado—. Estoy absolutamente seguro de que tienes razón, Narsés. Generalmente la tienes, ¿verdad? —sonrió y se puso la túnica—. Sería un estúpido si sospechara de mi Teodora —se le oyó en el momento en que sacaba la cabeza por el cuello de la túnica.

Narsés asintió y ató los cordones. Ayudó a su señor con las medias de púrpura y las sandalias enjoyadas y tomó nota de los lugares y horas para las diferentes ocupaciones, en apariencia tan tranquilo y eficiente como siempre. Por dentro estaba perturbado. «¡Santo Dios, gracias por haberme hecho eunuco! ¡Cuántos problemas puede causar el amor! Aquí está Pedro Sabatio Justiniano, Augusto, emperador, señor del mundo, gótico, vandálico y todo lo demás, hecho un lío y preocupado porque su esposa invita a mi secretario a desayunar. Podría averiguar muy fácilmente si sus sospechas son fundadas: tiene autoridad ilimitada y puede contratar todos los espías que quiera. En cambio, mira a su alrededor antes de pronunciar una palabra, incluso a mí, por temor a herir los sentimientos de su esposa. Y hace bien en ser prudente, porque la emperatriz se ofendería si él la acusara (sin mencionar el daño que le haría a Juan una sospecha declarada). Bien, por ahora he logrado calmar su inquietud. Pero cualquier otro podrá provocarla de nuevo. Y cualquiera puede ver lo mismo que ve el señor: la señora favorece a Juan mucho más abiertamente de lo que la prudencia aconseja. Y alguno habrá que no deje de pensar lo mismo que el señor. Tengo que recordar decirle a la señora que debería encontrarle una esposa a ese joven».

Eufemia no hizo más que llegar cuando fue recibida en audiencia por el emperador; se limitó a atravesar la oficina exterior con paso rápido y gélida mirada. Pero antes de abandonar el palacio, tuvo que esperar a que se escribieran las cartas y se encontrara la forma de liberar a su padre y sus propiedades. Narsés le enseñó amablemente el principio de la tarea y, apremiado por sus muchas entrevistas, la dejó en la oficina exterior con Juan y Anastasio.

—Vosotros podríais explicarle qué es cada uno de los documentos y darle una relación de todos ellos. Estoy seguro de que le será sumamente útil. Excelente Eufemia, ¡salud!

Eufemia miró a Juan fríamente y se sentó en el banco al lado del escritorio, cruzando las manos en el regazo. Su dueña, que no había pronunciado palabra en presencia de Juan, se sentó cerca de ella, sacó un huso y una rueca y comenzó a hacerla girar. Juan dirigió a la joven su sonrisa estereotipada y examinó el montón de documentos que ya había reunido.

—¿Entiendes estos documentos? —le preguntó, esperando una negativa insultante.

—Por supuesto —le espetó—. Aún necesitáis las cuentas del tesoro sobre las propiedades. El valor de lo que se me permita disponer debería ser de alrededor de tres mil quinientas cincuenta libras en oro.

Descubrió que ella tenía una cabeza excelente para las cifras. Se sintió desconcertado, pues no lo esperaba en una joven. Tenía la mente clara, aguda y crítica y sabía captar lo esencial de un documento complicado al echarle una ojeada, y hacer preguntas difíciles de responder. También sospechaba continuamente lo peor y, al parecer, echaba la culpa de eso a Juan. Pasó casi una hora (sin incluir el tiempo de las interrupciones de los nuevos visitantes) antes de completar la serie de documentos y de dejarlos en orden ante una Eufemia satisfecha a pesar suyo. Su dueña, al ver el archivo completo, dejó el huso y la rueca y se sentó esperando impasible el momento de irse. Juan contuvo un suspiro de profundo alivio.

Anastasio tosió.

—Respetadísima dama —sugirió con gentileza—. Supongo que esos archivos no...

—¿Qué archivos? —preguntó la hija del Capadocio.

—Los archivos de la prefectura —replicó el escriba—. Dijiste la primera vez que viniste que...

—No hice la petición que tenía intención de hacer —respondió la joven. Pero dudaba, mirando fijamente a Anastasio. Dirigió una rápida mirada a Juan y después a su archivo con el ceño fruncido—. Sería muy útil —dijo al cabo de un rato, sin levantar la vista— tener algún contacto con esta oficina. Entonces sabría cuándo podría volver a hacer la petición. Necesito saber qué ocurre en la corte y no tengo modo de averiguarlo —levantó la mirada, clavándola directamente en Juan—. Puede que me interese intercambiar información con alguien que tenga acceso a Sus Majestades y que sepa lo que ocurre realmente.

—Eres totalmente libre de venir y concertar una entrevista con el ilustrísimo Narsés cuando quieras —intervino Juan fríamente.

—¡Narsés me dirá «pequeña niña» y me dará consejos siempre correctos que no conducirán a ninguna parte! —replicó Eufemia con impaciencia—. No me dirá lo que deseo saber.

—Su Ilustrísima te ha tratado mucho más generosamente de lo que... su función lo permite —respondió Juan. El modo en que iba a terminar la frase, «más de lo que tú te mereces», quedó en el aire, tácito pero no expresado. Las mejillas de Eufemia no tardaron en encenderse de rubor.

—Narsés quiere la información de esos archivos —dijo—. Le gustará si tú la puedes obtener. Toda la prefectura pretoria bailará de alegría. Sería una verdadera ramita de laurel para ti y algo que pesará cuando desees una promoción —tomó su archivo del escritorio de Juan—. Si tú quisieras... venir a mi casa mañana por la noche después de tu trabajo, podríamos llegar a un acuerdo.

—Mañana por la noche después del trabajo iré a montar a caballo —respondió Juan con aire distante.

—¡Bien, entonces, pasado mañana por la noche! —le espetó—. Es una oportunidad para ti, ¡piénsalo! —se levantó, se arregló el manto, dirigió a Juan otra mirada gélida y se fue.

—¡Tendrías que encargarte de eso! —musitó Anastasio tan pronto como ella se hubo ido—. Pienso que hasta el Ilustrísimo te lo recomendaría.

—¿Qué son exactamente esos archivos? —preguntó Juan, disgustado.

—Las listas tributarias del último censo de Mesopotamia, Osroena, Siria, Palestina y Arabia. Tenerlos perdidos deja en una situación caótica a la administración entera de esas provincias. Nadie sabe cuánto corresponde a cada una.

—¡Las indicaciones del este estarán fuera de fecha, de cualquier modo! —adujo Juan—. Entre la guerra y la peste, toda la cara del país habrá cambiado.

—Pero cuando hagan la nueva lista, necesitarán los registros viejos —se quejaba Anastasio—. Deben tener los registros viejos. La prefectura probablemente no podrá trabajar sin sus archivos.

—¡Oh, malditos seáis tú y tus archivos! No me gusta esa mujer y no quiero ir a venderle información.

—No especificó ningún tipo de información. Puede que sólo quiera confirmar los chismes de la corte —insistía Anastasio—. ¿Y si hablaras con Su Ilustrísima acerca del ofrecimiento? Tengo amigos en la prefectura y sé los dolores de cabeza que esos archivos ocasionan.

Juan lanzó un gruñido y, exasperado, miró atentamente al viejo escriba. Anastasio lo miraba con una incertidumbre que casi se volvió tímida frente a la irritación de Juan. Era incómodo, al tiempo que conmovedor, ver al anciano en una actitud tan humilde.

—Muy bien —dijo Juan después de un rato—. Lo consultaré con Su Ilustrísima y veré si lo considera sensato.

—Gracias —respondió Anastasio, y se volvió a sentar para arreglar otro archivo. Juan maldijo por lo bajo y se puso a trabajar en la pila de documentos que esperaba sobre su escritorio.

Narsés aprobó el plan.

—Yo preferiría, por supuesto, que la joven, simplemente, devolviera los archivos a la prefectura y puedes informarle que creo que eso es lo más sensato. Pero si está decidida a negociar con ellos supongo que ésta es una manera bastante inofensiva de hacerlo. Confío en tu discreción para no darle ninguna información de importancia.

De acuerdo con esta sugerencia, dos días después Juan se encaminó al barrio donde vivía Eufemia.

Había pretendido, deliberadamente, montar a *Maleka* antes de ir, pero era una tarde fría de viento y lluvia, así que solamente se sirvió de su caballo para no ir a pie. Su esclavo, Jacobo, lo seguía en un caballo asiático castrado, muy robusto. El muchacho había quedado tan desmesuradamente impresionado por la carrera de su señor que Juan le había comprado de su bolsillo un caballo y habían acordado que le enseñaría a montarlo. Los caballos llevaban las orejas tiesas y las cabezas erguidas bajo la helada lluvia, mientras que los jinetes se cubrían con los mantos y se frotaban las manos ásperas.

Narsés había dicho a Juan que Eufemia vivía en la antigua casa de su padre, cerca del mercado Tauro, del lado del Bósforo. El gran mercado estaba casi desierto en el crepúsculo lluvioso y los cascos de los caballos resonaban con estruendo, produciendo un eco sordo al pasar bajo el arco de triunfo. Algunas antorchas que chisporroteaban frente a una mansión arrojaban reflejos rojizos sobre los adoquines húmedos de las calles. Lo demás estaba todo gris.

—¡Mira a ver si averiguas dónde está la casa! —ordenó Juan a su sirviente. El mozalbete asintió y atravesó el mercado al trote, buscando a quién preguntar mientras Juan lo esperaba al lado del arco de triunfo. Temía la entrevista.

«No me gusta esta mujer», se dijo nuevamente; pero otra vez se dio cuenta de que su poca disposición hacia el encuentro no se limitaba a un mero disgusto. «Odia a la emperatriz, mi madre», continuó, probándose a sí mismo. No lo convencía. «Ella se vio perjudicada por la emperatriz», admitió; lo inundó una ola de dolor como una ráfaga de luz, revelándole su posición en aquella oscura noche lluviosa.

«Quiero amar a Teodora —pensó—, y casi lo logro. Pero temo saber lo que ella ha podido hacer. Es capaz de ser cruel y le gusta saborear la venganza. Eso está bien, dentro de ciertos límites..., pero no sé cuáles son los suyos. Y no quiero saberlos. Yo soy su criatura ahora. Ella me rehizo y si ella es una tirana, ¿qué soy yo... ?»

Jacobo volvió a atravesar la plaza a medio galope.

—Segunda entrada a la derecha en la tercera calle que va hacia el sur —gritó—. Casi toda la casa está amurallada y se alquila a gente del palacio, pero las puertas de hierro son las de ella.

Juan asintió e hizo girar la cabeza de *Maleka* hacia el sur.

La casa en realidad estaba frente al mercado, era muy grande y fácil ver que la parte elegida especialmente hacía poco que había sido separada de la parte posterior. Las grandes puertas de hierro eran inconfundibles; Juan las golpeó sin desmontar. Un perro se puso a ladrar; al cabo de un rato, un viejo alzó el pestillo de un ventanuco que había junto a la entrada y lo miró con recelo.

—¿Qué quieres? —le preguntó.

—Vengo a ver a la hija de Juan de Capadocia. Soy el secretario del ilustrísimo Narsés, chambelán de su sagrada Majestad.

El ventanuco se cerró y se abrió la puerta incrustada en el portalón.

—Ha hablado de ti —dijo el viejo—. Entra.

La puerta era demasiado pequeña para entrar a caballo.

—¿Qué hago con mi yegua? —preguntó Juan.

El hombre escupió, y miró con aire fastidiado a los caballos y la puerta.

—Abriré el portalón —dijo por fin.

Las puertas estaban herrumbrosas por la falta de uso y tuvieron que valerse de los caballos para abrirlas. Del otro lado había un patio de columnas bordeado por un jardín con una fuente en medio. El jardín se había convertido en un amasijo de malas hierbas y abrojos y la fuente tenía sólo unos centímetros de agua verde. Juan hizo atar los caballos al abrigo de la columnata y los cubrió con unas mantas. Acompañado por el viejo y seguido por su esclavo, entró en la casa.

Era una casa magnífica, con escenas urbanas o paisajes marinos pintados en las paredes y con los suelos recubiertos de mosaicos. Pero parecía tener muy pocos muebles y olía a cerrado, aunque todo estaba limpio. Hacía mucho frío. Se la había dotado evidentemente de un sistema de calefacción, pero no estaba encendido así como tampoco ninguna de las luces de las muchas lámparas de pie junto a las que Juan pasó. No había esclavos a la vista; los corredores se hallaban vacíos y en silencio. Con una vela de junco, el viejo condujo a Juan por la planta baja, subieron unos escalones y atravesaron otro corredor. Al fondo, de una puerta lejana llegaba el resplandor de una luz dorada. El viejo golpeó la puerta dos veces.

—¿Quién es? —contestó la voz familiar.

—El caballero de palacio ha llegado, señora —dijo el viejo—. De la oficina del chambelán.

Hubo un momento de silencio y la dueña de Eufemia abrió la puerta. Saludó a Juan con un movimiento de cabeza y se apartó. Juan entró.

Para su alivio, en esta habitación hacía calor. Dos braseros de carbón, uno a cada lado de la habitación, daban calor y cuatro brazos de luz brillante salían de una lámpara de pie totalmente de madera. En un rincón se distinguía un telar doble y una niña sentada en un banco frente a él; otra mujer cerca de ella hilaba y una tercera cardaba lana. Un crío de meses dormía en una cuna a sus pies.

«Están aquí todas las esclavas de la casa —comprendió Juan—, porque aquí hace calor. Los hombres probablemente estén sentados en otra habitación de la planta baja. No les alcanza para hacer funcionar la calefacción, por lo que han tenido que vender a los otros esclavos y la mayor parte de los muebles para pagar el mantenimiento de la casa después de serle confiscado el dinero al Capadocio».

Eufemia estaba sentada en un diván al lado del brasero, con un libro en el regazo. Tenía el cabello castaño y lo llevaba tirante y recogido. Le dirigió una sonrisa maliciosa.

—Tú eres el experto en sobornos. ¡Bienvenido!

—Mi nombre es Juan —dijo con total sequedad—. De Beirut.

Ella se encogió de hombros y replicó:

—Tu esclavo puede volver abajo. Caparán, llévalo a la cocina y dale algo de beber.

Juan le hizo un gesto a Jacobo, para que volviera con el viejo. La dueña de Eufemia cerró la puerta. Sin decir palabra, volvió a sentarse frente al telar y se puso a tejer. No había otro diván en la habitación, por lo que Juan se sentó de mala gana en el extremo del de Eufemia. «Le dan algo de beber a mi esclavo, pero no a mí», pensó.

—¿Qué tipo de información te interesaba negociar? —le preguntó.

—Vayamos al grano —agregó ella dirigiéndole una sonrisa desagradable—. Tengo los archivos que la prefectura quiere, de modo que te dejaré copiarlos a razón de varias páginas cada vez. Pienso que podemos fijar la tarifa por página en la entrega de un turno de la lista de audiencias y más por otro tipo de información útil que daré oportunamente.

—¿Qué más darás y por qué tipo de información?

—Eso dependerá del tipo de información. Sólo deseo los chismes comunes: quién está dentro y quién no, qué peticiones han sido otorgadas y las de quiénes no, quién fue detenido por corrupción y esas cosas. Y si tú puedes contarme algo que yo necesite saber, agregaré todo lo que yo piense que la información vale. Seré justa.

—¿De verdad lo serás? —preguntó Juan—. Tendré que confiar en eso, ¿verdad? El ilustrísimo Narsés te recomienda que devuelvas los archivos a la prefectura; dijo que sería lo más sensato.

Eufemia se encogió de hombros.

—No los voy a entregar sin nada a cambio. Además, voy a necesitar información por un periodo de tiempo, así que no puedo darte todos los archivos a la vez. Pero seré justa.

—¿Qué pasa si la prefectura exige que entregues los archivos? Después de todo, tu padre se los robó.

Sus ojos se encendieron.

—¡No es cierto! Simplemente se los había llevado a su casa para trabajar cuando cayó en desgracia. Cuando estábamos en Cízico la prefectura escribió muchas veces preguntando qué había ocurrido con los archivos, pero no los teníamos allí y mi padre estaba tan angustiado, tan afligido que no recordada dónde los había puesto. Me escribió para decirme que hacía sólo algunos meses que lo recordaba.

—Pero él no sugirió devolverlos a la prefectura.

Eufemia torció el gesto.

—Está encerrado en una celda de una fortaleza de legionarios de Antinoe. No tiene amigos en la ciudad y apenas dispone de dinero suficiente para conseguir comida con que mantenerse vivo —hablaba como fuera de sí—. Las cadenas que lo sujetan le producen tales llagas en las muñecas que su letra es a duras penas legible. No, claro que no sugirió devolver los archivos sin nada a cambio. Pero tampoco sugirió destruirlos. ¡Quiere salir! —suspiró profundamente y prosiguió con más calma—. Si la prefectura exige los archivos, los archivos desaparecerán. Eso es definitivo.

Juan suspiró.

—Muy bien. Primero necesitas la lista de audiencias.

Sacó el estuche con la pluma y un pergamino estrecho y escribió la lista que figuraba en el libro esa mañana. Eufemia la cogió con avidez, la leyó y finalmente preguntó:

—¿Y qué hay de las novedades de la corte? ¿Belisario ha regresado a Italia?

—No directamente. Viajará por Tracia, intentando reunir algunos hombres más. Se espera que llegue a Italia hacia finales de verano.

—¿Es cierto que hay otra revuelta en África?

Le hizo un interrogatorio exhaustivo durante media hora. Aliviado, Juan se dio cuenta de que no le pedía ninguna información importante. Como Sergio, sólo quería oír los comentarios a los que él podía decir qué era verdad o no.

Finalmente, el torrente de preguntas se detuvo y ella suspiró, satisfecha, y guiñó el ojo a Juan. A la luz de la lámpara sus ojos eran más oscuros, sin el color naranja que tenían al sol.

—Ahora los archivos —propuso Juan.

Ella asintió y cogió el gran libro rojo encuadernado en cuero que tenía apoyado en el otro brazo del diván. «Debía de estar muy segura de que yo vendría, para tenerlo preparado», pensó Juan amargamente. Sin decir una palabra, lo colocó abierto entre ambos en el diván. Juan vio que se trataba del censo de la provincia de Siria. Levantó las tablillas y sacó la pluma del estuche y rápidamente tomó nota de la información en signos taquigráficos. Cuando terminó la primera página miró a Eufemia. Ella dio vuelta a la página y, no bien hubo copiado toda la información, volvió a darle la vuelta.

—Y eso será todo por ahora —sentenció.

—¿Eso? ¿Cinco páginas? Parte de la información no sirve para nada. Resulta que ya sabía que el ayuntamiento de Emesa cambió la tasación a causa de una sequía.

Ella lo miró sorprendida.

—¿Cómo lo sabes?

—Yo era escriba municipal en Beirut y conocía a algunos que habían tenido tratos con gente de Emesa —las noticias habían llegado a Bostra por la ruta de las caravanas.

—¿De verdad? Pero... —ella dudaba; sospechaba algo—. ¿Cómo puede haber alguien que pase de escriba municipal en Beirut a secretario del chambelán del emperador en dos años?

—Soy primo lejano de la Augusta —dijo Juan—. Solicité ayuda a su sagrada Majestad después de que mis padres murieran de peste.

—¡Primo de la emperatriz! —su rostro se descompuso—. ¡Madre de Dios! —cerró el libro de un golpe y se levantó de un salto. Sus esclavas dejaron de trabajar y miraron atentamente a Juan con miedo—. ¡Nunca debí haberte invitado aquí! Has venido a espiarme, ¿verdad? —exclamó con rabia.

—Yo no espío a nadie —replicó Juan exasperado—. Tú me has invitado aquí... y no creo que puedas decir que estaba ansioso por venir. Vine sólo para hacerles un favor a mis colegas. Nada me importan los archivos de la prefectura. Respecto a todas las calumnias que has proferido contra la Augusta —se puso de pie—, no las denunciaré, si es eso lo que temes. Pero estoy enormemente agradecido a Su Serenidad y te agradecería que mantuvieras la boca cerrada sobre ella.

Eufemia lo miró con asombro un momento, muy pálida. Bajó la mirada y se sonrojó.

—Tú no querías venir —admitió—, de donde deduzco que no eres un espía —se derrumbó en el diván—. Te iba a pedir que volvieras la semana que viene y me dieras más información —dijo la muchacha, mirándolo—. Ahora...

Juan se encogió de hombros. Tomó su cuaderno de notas.

—Invita a otro. A alguien de la prefectura.

—No tienen acceso al emperador —Eufemia se frotó el rostro con cansancio—. Supongo que en realidad no importa quiénes sean tus parientes. No hay nada que tú puedas contarle a la emperatriz que ella aún no sepa. Y yo necesito la información para mi padre... Vuelve, pues, dentro de una semana.

—Quedo agradecido a tu graciosa bondad —dijo Juan—. ¡Qué invitación tan cortés! ¡Qué elegante gesto de hospitalidad! Si el tiempo está un poco mejor la semana que viene, creo que preferiría entrenar a mi caballo, gracias.

—¡Por favor! —dijo Eufemia, mirándolo con desesperación—. Siento haber sido descortés, siento no haber sido más hospitalaria. ¡Vuelve la semana próxima, te lo ruego! —le temblaba el labio inferior y durante un terrible instante él pensó que se echaría a llorar. «Teme fallarle a su padre —comprendió Juan—. Se lo imagina en la prisión, confiando en que ella consiga información que pueda ayudarlo. Y no duda en humillarse ante mí para conseguirla». Se sintió incómodo y asqueado.

—Muy bien, muy bien —dijo apresuradamente—. Hasta la semana que viene. ¡Salud!

Salió precipitadamente del salón y volvió por los largos y fríos pasillos, hasta que finalmente encontró a Jacobo que se entretenía alegremente en la cocina junto a la lumbre. Empujó al muchacho bruscamente hacia los caballos. El viejo abrió el chirriante portalón. Volvieron cabalgando a través de las oscuras calles bajo la fría e intensa lluvia.

V

Revelaciones

Pocas semanas después, la tarde en que Juan llevó a entrenar a *Maleka* al hipódromo, notó a Jacobo inquieto y preocupado. El muchacho era por lo general un modelo de buen carácter, alegre, charlatán, que se entusiasmaba casi con cualquier cosa, pero en aquella ocasión, aunque la tarde era clara y luminosa y los caballos estaban preparados para galopar, Jacobo se quedó cabizbajo, apoyado en el cuello de su corcel. Estaba abatido.

—¿Ocurre algo? —preguntó Juan cuando salían de los establos—. ¿Estás bien?

—Estoy bien —dijo Jacobo secamente.

Juan se encogió de hombros y siguieron adelante, saliendo de los establos de palacio y atravesando la Puerta de Bronce, el mercado Augusteo y la Gran Puerta del hipódromo. La pista de carreras estaba más abarrotada que de costumbre.

—¿Listo para galopar? —preguntó Juan.

Jacobo se animó, aunque no podía controlar a su bayo si iba un poco más ligero que al trote y tendía a perder los estribos a medio galope, pero le encantaba la velocidad y asintió entusiasmado. Juan tocó los flancos de *Maleka* y ésta se lanzó inmediatamente a la carrera, deseosa de alcanzar a todo lo que se le pusiera por delante. Juan la retuvo, intentando vigilar a su esclavo. Jacobo iba detrás dando tumbos, con los ojos brillantes y sonriendo alegremente: ya había perdido un estribo y las riendas aleteaban locamente en el aire. Juan sofrenó aún más a *Maleka*.

—¡Talones y manos abajo! —gritó; Jacobo obediente bajó las manos y metió las piernas para adentro. Asió las crines del bayo y sonrió a Juan.

—¿Cómo he estado, señor?

—Mejor —dijo Juan generosamente, recordando sus primeros meses a caballo.

Dieron tres vueltas al circuito a medio galope y al galope, luego dieron cinco más al trote, antes de volver a los establos. Una vez que el entusiasmo del galope quedó atrás, Jacobo recobró su aspecto intranquilo y lanzaba miradas nerviosas a Juan. Al llegar a los establos, el muchacho dijo de repente:

—Señor, hay algo que tengo que decirte, pero mi padre dice que no debería hacerlo.

—Deberías obedecer a tu padre —le dijo Juan, repitiendo automáticamente las palabras en las que había sido educado.

—Sí, pero tú eres mi señor y también el de él, ¿verdad? Entonces, deberíamos obedecerte a ti primero. Además, tú has sido maravillosamente bueno al comprarme este caballo y dejarme montarlo como un caballero. Creo que no está bien no decírtelo.

Juan suspiró y desmontó. Tomó a la yegua de la brida y le acarició el cuello.

—Dime, entonces, si piensas que está mal no hacerlo.

Jacobo bajó con dificultad de su cabalgadura.

—Es así, señor: un hombre me ofreció ayer un *solidus* entero por espiarte.

—¿Por espiarme? —Juan lo miró fijamente, confundido y alarmado—. ¿Por qué? ¿Qué quería saber?

—Dijo que quería saberlo todo: adónde ibas, a quiénes veías, qué les decías. Dijo que me daría el *solidus* entero allí mismo y más después si yo hacía las cosas bien. Le dije que se fuera antes de que llamara a mi padre, y se fue. Mi padre dijo que hice lo correcto, pero que no te lo debería contar porque tú te preocuparías y eso traería problemas a toda la casa.

—¿Qué clase de hombre era? ¿Te dijo su nombre?

—No. Era un hombre corriente. Ni joven ni viejo, ni pobre ni rico. Vestía buenas ropas, pero creo que eran de segunda mano. Hablaba como un constantinopolitano y tenía el cabello claro, casi rubio. Creo que es esclavo de alguien.

Juan se quedó quieto un instante con el ceño fruncido. «¿Quién querrá espiarme? –se preguntó–. ¿Quién me estará espiando? Si intenta sobornar a mis esclavos, puede haber logrado sobornar a alguien más».

–Jacobo, tu padre... Tú no crees que se le haya acercado a tu padre, ¿o sí?

Jacobo se sobresaltó.

–¡Oh, no, señor! Es decir, si se le hubiera acercado, habría hecho lo mismo que yo. Él siempre dice que nunca puede esperarse nada bueno de un esclavo que traiciona a su amo: es como arrancar el techo de la propia casa. No, sencillamente, no le gustan los problemas, ni que los señores se preocupen e intenten resolver los líos. Por eso me dijo que no te lo contara.

–Bien, gracias por desobedecerle –dijo Juan–. Si tengo un enemigo, preferiría saberlo.

–Sí, señor. ¿Vas a decirle que te lo conté?

Juan sonrió.

–No, si tú prefieres que no lo haga.

Juan se preguntaba mientras salía de palacio, seguido por un Jacobo reconfortado: «Pero, ¿quién querrá espiarme, y por qué? ¿Acaso alguien sospecha de mis orígenes? ¿O sólo me he labrado un enemigo común? ¡Eufemia! ¿Espera saber algo de mi vida para así conseguir chantajearme y obtener más información de mí? ¿O acaso... (y este pensamiento lo atravesó como una puñalada) la emperatriz no confía en mí? ¿Acaso teme que yo la traicione o le traiga problemas? Pero ella no necesita sobornar a nadie. Todos mis esclavos son suyos; probablemente aún obedecerían sus órdenes más que las mías. ¿Quién, entonces? ¡Dios Todopoderoso, odio esta ciudad!».

Se detuvo de pronto y alzó la mirada a las titilantes estrellas de primavera que brillaban sobre la gran masa de la Puerta de Bronce. «Casi desearía estar en Bostra. Yo era allí un bastardo, el hijo de una prostituta allí, pero al menos sabía cuál era mi sitio. No hay vuelta atrás. "En el límite de la noche Orfeo vio, perdió y mató a su Eurídice". Quizá Anastasio pueda decirme cómo es en latín». Suspiró y continuó su camino a casa.

Unas semanas después Anastasio llegó al trabajo todo colorado y tosiendo y no paró en toda la mañana de revolver los archivos con torpeza y dejarlos caer.

—¿Por qué no te vas a casa a descansar? —preguntó Juan, exasperado—. No estás bien.

—No me gusta quedarme en casa —replicó Anastasio—. Lo único que hay que hacer con un resfriado es no prestarle atención —estornudó con fuerza y se limpió la cara.

Se suponía que tenía que darle una clase de latín ese mediodía y Juan llevó puntualmente al viejo a una taberna (no a la preferida de Sergio) y pidió algo de comer. Pero Anastasio no tenía hambre.

—Sólo daremos la clase —anticipó—. ¿De qué hablamos la última vez? «Envío mis cuadernos al ministerio». Eso sería *Mitto libellos officiae*...

—Oh. Yo pensé que sería *officio u officiis* —dijo Juan.

Anastasio parpadeó con sus ojos inyectados en sangre.

—Sí —dijo después de un momento—, así debería ser.

—¡Madre de Dios! —Juan pasó del otro lado de la mesa y puso una mano sobre la frente del escriba; ardía—. ¡Mira que eres testarudo! —dijo enojado, levantándose—. Estás demasiado enfermo para declinar «ministerio» correctamente ¡y te sientas aquí a hablar en latín! Vamos, vete a tu casa.

Anastasio no opuso resistencia mientras Juan lo sacaba de la taberna, pero se tropezó en el umbral y se quedó mirando, confundido, la calle atestada de gente. «Está demasiado enfermo para llegar a su casa», pensó Juan.

—¿Queda lejos tu casa? —le preguntó, tomándolo del brazo.

Quedaba aproximadamente a tres kilómetros. El domicilio del escriba resultó estar en el segundo piso de un pequeño edificio cerca del mercado del Buey. Un esclavo tan viejo y canoso como el propio Anastasio abrió la puerta cuando Juan llamó. No pareció sorprenderse al ver a su señor.

—Te dije que no estabas bien —dijo el esclavo, retirando el brazo de Anastasio del hombro de Juan—. Gracias, señor. Lo llevaré a la cama.

—¿No debería llamar al médico? —preguntó Juan desde la puerta, con actitud vacilante.

—Es sólo fiebre —apostilló Anastasio, intentando sosegarse con un esfuerzo evidentemente doloroso—. Estaré mejor dentro de un par de días. Tú vuelve a la oficina, por favor..., y ten cuidado con ese archivo de Prisco.

Juan volvió al palacio Magnaura y encontró a Sergio sentado en la oficina exterior, ante su propio escritorio. El escriba revisaba algunos papeles, pero los dejó inmediatamente cuando entró Juan.

—¡Por fin has llegado! —comentó—. ¿Dónde está Anastasio?

—Enfermo, en cama —respondió Juan lacónicamente. La visión del rostro oscuro y mofletudo de Sergio sobre sus propios cuadernos le provocó una fuerte cólera—. He tenido que llevarlo a su casa —dio la vuelta al escritorio.

Sergio se levantó lentamente.

—Bien, le diré al ilustre Narsés que has vuelto.

—Gracias —Juan se sentó rápidamente y miró los documentos. Era evidente que Sergio había estado revisando no sólo los asuntos del día, sino también los de hacía varias semanas. Juan levantó la vista. Sergio se limitó a sonreírle con aire displicente y se fue muy despacio a la oficina interior.

Unos minutos después salió Narsés.

—¿Anastasio está enfermo? —preguntó. Había una nota de genuina preocupación en su aguda voz.

—Tiene fiebre. He tenido que llevarlo a su casa.

—No será nada grave, supongo...

—Él dice que no. Sin embargo, yo pienso volver por allí esta noche para ver cómo sigue.

—Me parece bien. Gracias —dijo Narsés con el ceño fruncido. Permaneció quieto un instante, tamborileando con los dedos sobre el escritorio de Juan, y finalmente le dirigió su enigmática sonrisa y volvió a la oficina interior.

Esa tarde Juan tenía uno de sus ya regulares encuentros semanales con Eufemia y llegó tarde a casa de Anastasio. La muchacha lo trataba con una formalidad fría y precisa, que a Juan le parecía casi tan irritante como su anterior desprecio. Antes de abordar cualquier asunto le ofrecía comida y bebida al tiempo que lo obsequiaba con comentarios halagadores cargados de títulos. Aunque Juan se había apresurado para ir a casa de Eufemia directamente desde

Magnaura, ya casi había oscurecido cuando se dispuso a salir. Cuando las puertas de hierro se cerraron tras él, Juan exhaló el suspiro de alivio, ya tan característico en él después de los encuentros, y dirigió a *Maleka* a medio galope hacia el mercado del Buey.

Fuera de la casa de Anastasio había seis hombres armados, siete caballos y una mula blanca. La noche era clara y cálida. Cuatro de los hombres estaban sentados en semicírculo en la acera jugando a los dados, en tanto otros dos se apoyaban en las lanzas junto a la entrada. Juan sofrenó a *Maleka* y permaneció montado, mirándolos sorprendido. Luego comprendió que aquellos hombres eran servidores de Narsés. Tenía una vaga idea de que el eunuco poseía una pequeña guardia personal, aunque los soldados no acostumbraban a estar cerca de la oficina, pero él se había encontrado con alguno de ellos en una o dos ocasiones. Juan desmontó y llevó su yegua por las bridas, con Jacobo siguiéndole los talones.

—¡Hola! —saludó; los cuatro jugadores de dados se pusieron en pie. Eran todos hombres altos, delgados, fuertes, con barba, vestidos con cota de malla y armados hasta los dientes. De los seis, cuatro eran morenos y dos eran bárbaros de cabellos claros y ojos azules.

—¡Hola! —dijo uno de los morenos con un fuerte acento armenio—. Tú eres el secretario del ilustrísimo Narsés, ¿verdad? Su Ilustrísima está arriba. Cuidaremos de tu caballo, ¿de acuerdo?

—De acuerdo —el armenio se inclinó y tomó a *Maleka* de las bridas. Juan tragó saliva y le hizo un gesto a Jacobo—. Tú quédate aquí esperando —a cuya orden el muchacho sonrió, nervioso. Juan entró en la casa.

En el segundo piso encontró una vieja que entraba en las habitaciones de Anastasio con una pesada jarra de agua en las manos. Lo miró con desconfianza, pero no dijo nada cuando vio que Juan entraba detrás de ella. El viejo esclavo que se había encontrado abajo estaba atizando la carbonilla del brasero y le hizo un gesto a Juan con la cabeza, se limpió la cara y señaló con la mano hacia un pasillo.

—Por allí —dijo—. Diles que pronto tendremos lista el agua.

Juan siguió la dirección indicada y encontró el camino hacia el dormitorio del viejo escriba. Era una habitación muy sencilla, bien iluminada por buenas ventanas de vidrio pero casi sin decorar, con paredes de yeso desnudo y un suelo barato de Singidunum. Anastasio yacía sobre el cobertor raído de una cama estrecha. Parecía febril y exhausto. Otro hombre, evidentemente un médico, estaba junto a él, tomándole el pulso y sosteniendo una taza con un horrible líquido negro. Narsés estaba de pie al lado de la ventana con los brazos cruzados, mirando. Sonrió al aparecer Juan en la entrada.

—¡Salud! —saludó Narsés—. Como ves, decidí venir a controlar a nuestro paciente por mi cuenta. Este caballero es el distinguidísimo Aecio, mi médico. Doctor, mi secretario, Juan de Beirut.

—¡Salud! —saludó a su vez Anastasio a Juan con una débil sonrisa.

Fastidiado, el médico suspiró, sin molestarse en mirar a su alrededor.

—Debéis salir todos —aconsejó—. El paciente necesita descansar. ¿Qué están haciendo esos esclavos con el agua?

—Han dicho que pronto estará lista —señaló Juan.

El doctor suspiró nuevamente y soltó la muñeca de Anastasio.

—Mal —le advirtió al viejo, lanzándole una mirada acusadora—. Aquí, toma esto. Te bajará la fiebre y te ayudará a dormir —ofreció la taza a Anastasio. El escriba giró la cara y le dirigió a Narsés una mirada suplicante.

—Ilustrísima, realmente no era necesario...

Narsés separó los brazos, se acercó rápidamente y tomó la taza del médico.

—Probablemente no —susurró con calma—. Pero me tranquiliza saber que tú estás bien cuidado. Tómala, amigo.

Acercó la taza a los labios del escriba. Anastasio la tomó e hizo un gesto de desagrado.

—Ya que el buen doctor sugiere que te dejemos descansar, nos vamos ahora —replicó Narsés—. Si deseas algo, simplemente díselo a mi esclavo. Enviaré a alguien mañana por la mañana. ¡Salud! Doctor, si me hicieras el favor... —llevó al médico fuera de la habitación, al pasillo.

Anastasio lanzó un quejido y Juan se le acercó. Los ojos del viejo, legañosos y enrojecidos, destacaban sobre la cara contraída y colorada.

—¿Cómo te sientes? —preguntó Juan.

—Es sólo fiebre —respondió Anastasio—. Dile a Su Ilustrísima que no se preocupe —los ojos se le cerraron y volvió a abrirlos con esfuerzo—. No necesitaba ir a buscar un médico caro.

—No te preocupes por eso —cortó Juan—. Sólo descansa y recupérate. Te prometo no tocar tus archivos mientras estés enfermo.

Anastasio insinuó una risa ahogada y cerró los ojos otra vez.

—¡Salud! —se despidió Juan y salió de la habitación.

Narsés estaba en el vestíbulo de entrada, hablando con el médico.

—Dejaré a algunos de mis hombres para que cuiden tu caballo y te alumbren el camino a casa —le estaba diciendo cuando llegó Juan—. Pero ¿procurarás que sea atendido si corre algún peligro?

El doctor asintió.

—Dejaré a uno de mis ayudantes para que vele por él. Pero al asistente se le pagará por separado.

—Por supuesto. Pero dile que no preocupe al anciano con eso: él piensa que los médicos son una extravagancia. El pago es asunto sólo mío. Gracias, distinguidísimo Aecio, por haberte molestado por un amigo mío.

El médico se inclinó.

—Siempre es un placer estar al servicio de Su Ilustrísima.

Narsés empezó a bajar las escaleras y Juan lo siguió.

En la calle Jacobo estaba jugando a los dados con la guardia personal y recibió a su señor con una mirada de desilusión. Todos los soldados inmediatamente prestaron atención. Narsés habló rápidamente a uno de ellos en armenio y el hombre se inclinó. Otro hombre desató una magnífica yegua persa del lado de la casa y la llevó hasta allí. Juan se sorprendió, pues creyó que era el eunuco quien había montado la mula. Narsés montó y cogió las riendas: no montaba como si se hubiera criado a caballo toda su vida, pero sí como si hubiera vivido algún tiempo a lomos de una cabalgadura. Sonrió a Juan.

—¿Podrías concederme el placer de tu compañía de vuelta a palacio?

—Por supuesto, Ilustrísima —Juan iba a buscar su caballo cuando vio que uno de los guardias ya lo traía.

Jacobo corrió por su bayo castrado y lo montó con dificultad; todos los guardias, excepto el que había sido designado para esperar al médico, subieron a sus cabalgaduras y esperaron a su comandante. Juan acercó a *Maleka* a la yegua blanca persa y Narsés condujo al grupo calle abajo.

—Anastasio está muy enfermo, ¿verdad? —preguntó Juan.

Narsés se encogió de hombros.

—Sí. Aunque Aecio cree que se recuperará —suspiró—. Llevo un año temiendo que esto ocurra. Anastasio no quiere vivir realmente desde que murió su esposa. Puede engañar al doctor.

—¿Su esposa? No sabía que hubiera estado casado.

—¡Oh, sí! Se casó con una muchacha de buena familia, pese a su pobre fortuna, y eran muy felices. Tuvieron tres hijos: dos murieron durante la infancia, y el tercero, una muchacha, vive en Esmirna, casada con un mercader. La esposa de Anastasio murió la primavera pasada. Fue una de las primeras víctimas de la peste. No me sorprende que nunca le hayas oído hablar de ella: no puede hablar de ella sin derramar un mar de lágrimas, por eso no la menciona en absoluto. Quizá no debería siquiera animarlo a vivir, ya que la vida sin ella le parece dolorosa. Pero le tengo cariño y le echaría de menos.

—Nunca creí que le importara nada salvo sus archivos.

Narsés sonrió.

—Siempre ha amado su trabajo. Desde la muerte de su esposa, no ha amado otra cosa —avanzaron por un momento en silencio y el eunuco exclamó con aire pensativo—: Pero parecía que había superado lo peor de la depresión. Tú le has alegrado mucho la vida.

—¿Que yo le he alegrado la vida? —preguntó Juan sorprendido.

—Le has hecho reír. A él le gusta trabajar contigo. Bueno, ruego a Dios que se recupere —se santiguó—. Santo

Dios, Santo Fuerte, Santo Inmortal —dirigió a Juan otra sonrisa inescrutable—. ¡Tú, que fuiste crucificado por nosotros, ten piedad!

Había usado la fórmula monofisita de la plegaria.

—¿Conoces a Anastasio hace mucho tiempo? —preguntó Juan, ligeramente sorprendido por la confianza que le demostraba el insondable jefe de chambelanes.

—Años. Lo conocí cuando yo era tesorero de los gastos personales del monarca y él era un empleado del ministerio de finanzas. Durante la sedición de Nika se me encargó sobornar a los Azules para que le quitaran el apoyo al emperador rival. La mayoría de mis hombres rehusaron de plano acompañarme, pues era aterrador salir con una bolsa llena de oro entre aquella multitud vociferante. Todos pensamos que simplemente nos matarían y se llevarían el dinero. Ya habían matado a todos los funcionarios imperiales que habían podido agarrar. Yo iba por las oficinas y la corte reuniendo voluntarios; Anastasio fue uno de los pocos hombres a quienes pude persuadir para que nos acompañara. Era un empleado subalterno, que ganaba veinte *solidi* al año, que no podía costearse un matrimonio, y le puse doscientos *solidi* en la mano y le dije que arriesgara su vida para entregarlos en nombre de Justiniano Augusto, y eso es lo que hizo. Es un hombre inusualmente valiente y virtuoso.

Juan guardó silencio por un instante, tratando de digerir aquello.

—Yo pensaba que la rebelión había sido sofocada por Belisario —dijo con aire dubitativo.

—Belisario y Mundo fueron por el hipódromo con sus propias fuerzas de servidores, arrestaron al emperador rival y sofocaron la sedición matando a treinta mil de sus partidarios. Yo había sido enviado antes para provocar retraso y confusión..., la tarea usual de un burócrata. No, el verdadero honor de haber sofocado la rebelión debe atribuírsele a la Augusta. Si no hubiera sido por ella, el resto de nosotros habría abandonado la ciudad. Los guardias de palacio eran neutrales y el populacho nos era hostil: temíamos por nuestras vidas todos nosotros. Incluso Belisario. Su Serenidad sabía los riesgos tan bien como nosotros, pero estaba preparada para asumirlos. Es una mujer de extraordinario coraje e inteligencia.

Juan sintió que su cara ardía; la alabanza a Teodora le resultó embriagadoramente dulce, particularmente después de las dudas sembradas por Eufemia.

—Ya lo creo —declaró con entusiasmo; luego, como el chambelán estaba comunicativo, agregó, algo inseguro—: Sobre el Capadocio...

Narsés lo miró sin aparentar expresión alguna en el rostro.

—Escuché una historia sobre el Capadocio que me inquietó —replicó Juan, jugándose el todo por el todo—. Y nunca se sabe en esta ciudad si lo que uno escucha es cierto o no.

—Nunca se sabe en esta ciudad y en ninguna otra —respondió Narsés—. ¿Cuál era la historia?

—Que la Augusta maquinó su caída y que ella es la que lo hizo arrestar el último verano y quien lo mandó torturar también, violando la ley.

Narsés suspiró.

—Juan el Capadocio —susurró tras una pausa— es un hombre fuera de lo común. Probablemente tú sepas unas cuantas historias sobre él, pues hay una en cada provincia sobre los... métodos expeditivos y los objetivos de su recolección de fondos. Parte de lo que puedes haber oído es cierto, y parte no lo es. Una cosa es segura: que proviene de una familia pobre y humilde. Comenzó su carrera como empleado en la oficina del jefe de armas para el este y el Augusto lo promovió a causa de su absoluta habilidad e inteligencia. Es muy valiente, muy arrojado, lúcido, capaz y franco. Era extremadamente eficiente como prefecto pretorio y no excepcionalmente corrupto.

—¿No? Tiene un gran patrimonio. Casi cuatro mil libras en oro y eso es sólo lo que quedó después de su desgracia. Y oí...

Narsés sonrió y bajó la mirada.

—He dicho «no *excepcionalmente* corrupto». Es cierto que aceptaba sobornos, que robó del erario público y era ciertamente culpable de haberse lucrado con la guerra. Pero eso, me temo, es bastante común en estos días. Y tú conoces el dicho:

«Todos los capadocios son malos, peores con el dinero, pésimos como funcionarios y peor que pésimos en la silla curul». Sin embargo, tres mil quinientas libras en oro (y gran parte ganada honestamente) no es realmente demasiado si se tiene en cuenta los cientos de miles que ha manejado.

—¡Su salario no hubiera llegado nunca a una décima parte! —dijo Juan ofuscado.

Narsés sonrió e hizo un elegante gesto de concesión.

—Mi salario no alcanza a una décima parte de mis ingresos tampoco. Pero hay, como tú sabes, extras.

Juan no despegó los labios durante un rato. No podía evitar conocer los extras de un chambelán imperial.

—A veces renuncias a tus honorarios —sentenció finalmente.

—A veces lo hago. Y aún tengo lo suficiente para mantener unas mansiones que están demasiado lejos del palacio, una finca en Armenia que jamás he visto, con un montón de esclavos y administradores para mantenerlos. También un monasterio, un hospital y una residencia de ancianos aquí en la ciudad. Por supuesto, mi posición tiene más privilegios que la de un prefecto pretorio. Mis predecesores lo dispusieron muy competentemente. Los del Capadocio, en cambio, eran en su mayoría caballeros de fortuna, que no habían preparado las cosas con tanta delicadeza para enriquecerse. También tenía una familia y el deseo común de dejarles una fortuna. E incluso, si se compara su fortuna con la que Belisario ha amasado durante sus años de servicio, parecerá sin duda insignificante.

—¿Belisario? Pero yo pensaba..., es decir, ¡todo el mundo dice que es tan honrado!

—Es tan honrado como cualquier otro general en el servicio del imperio. Ciertamente no es culpable de ningún delito, pero se ha beneficiado con su posición tanto como ha podido. Piensa un momento. Puede mantener un ejército de siete mil hombres de su propio peculio. Tiene un patrimonio pequeño por herencia, pero una fortuna digna de un rey por sus servicios, y dado que es un soldado y el Estado le debe mucho, a nadie le parece mal esto. Los servicios de Juan no estaban tan cotizados; pero sin ellos, las guerras de Belisario jamás se habrían llevado a cabo.

—Estás asegurando que no merecía ni merece su desgracia —insinuó Juan con severidad.

El chambelán movió la cabeza.

—No. Pero tú querías la verdad de la historia. Y parte de esa verdad es el hecho de que el Capadocio no era el monstruo que frecuentemente se dice que era. Yo no he conocido más que una o dos personas verdaderamente malvadas en mi vida, y más o menos la misma cantidad de santos, los extremos no son frecuentes. La mayoría de nosotros somos una mezcla, y Juan de Cesarea no era una excepción. Pero verdaderamente merecía su desgracia. Su eficiencia era cruel y causó gran sufrimiento entre la gente; y dejando eso totalmente de lado, puso gran empeño en traicionar a la sagrada Majestad de nuestro señor Augusto, al cual le debe todo. Y súmale, además, que era un hombre de carácter impetuoso, frecuentemente violento y despótico, y que tenía una debilidad por los placeres de Afrodita e iba detrás de amantes más rápidamente de lo que la mayoría de los hombres cambian de zapatos, aunque tenía accesos de arrepentimiento por ello. Él y la Augusta se odiaron mutuamente desde el primer día. Hay varias teorías absurdas que se cuentan para explicar esto. En mi opinión, la verdad es que él sentía un profundo desprecio por las mujeres mantenidas y que ella experimentaba un sentimiento similar por aquellos que las mantienen. Por otra parte, él pensaba que las mujeres no tenían lugar en la vida política, de ahí que le incomodara el poder que ostenta la emperatriz. Nunca admitió a ninguna mujer en sus esquemas, ni siquiera a su hija (a pesar del afecto que le tiene). De cualquier modo, la Augusta y el prefecto pretorio estaban enfrentados, se espiaban mutuamente y se quejaban el uno del otro al Augusto siempre que podían. Su sagrada Majestad, sin embargo, aunque adora a su esposa, valoraba demasiado al Capadocio como para destituirlo.

»Finalmente, la esposa de Belisario, a fin de congratularse con la emperatriz, embaucó al Capadocio para que terminara haciendo una clara declaración de traición. Es totalmente cierto. Y también es cierto que el verano pasado, cuando el obispo de Cízico fue asesinado, la Augusta sospechó del Capadocio inmediatamente y mandó que lo arrestaran. Estaba totalmente convencida de que era capaz de cualquier maldad. Y hay razones perfectamente válidas para sospechar de él y razones de peso para no retirar los cargos. Es verdad que el arresto en sí no fue... manejado como debía haberse hecho. Pero debes recordar que el verano pasado era una época en que el mundo se regía por la muerte y el caos. El emperador estaba desesperadamente enfermo y la mitad de la ciudad, la mitad del mundo, se estaba muriendo. No había lugar ni tiempo para enterrar a todos los muertos. Se hacían cosas que nadie hubiera pensado hacer en época de normalidad... y no estoy seguro si se hicieron obedeciendo órdenes o por terror u odio personal.

—¿Y ésa es la verdad? —preguntó Juan, frunciendo el ceño.

Narsés sonrió.

—Ésa es la verdad tal como yo la veo. Tú estabas preocupado por el honor de tu protectora, ¿verdad?

Juan bajó la mirada hacia la figura oscura de *Maleka.*

—Así es —admitió—. Y tengo más que ver con la hija del Capadocio de lo que quisiera —levantó la vista para mirar a Narsés; advirtió entonces que el rostro del eunuco expresaba... compasión—. Gracias. Necesitaba saberlo; es reconfortante.

Narsés inclinó su cabeza cortésmente.

—La serenísima Augusta te favorece. Eres muy afortunado, pero yo que tú tendría cuidado. Semejante favor hacia un desconocido tiende a engendrar celos. Si quieres mi consejo, actúa con cautela —y antes de que Juan pudiera preguntarle qué quería decir, continuó rápidamente—: ¿Es ésta la famosa *Maleka?* Si tienes tiempo, me gustaría comprobar si es tan veloz como dicen.

«Se terminaron las revelaciones —advirtió Juan—; ¿y me está ofreciendo realmente una carrera?» Miró detenidamente al rostro sereno de Narsés y a la yegua persa.

—Ya estamos casi en el hipódromo —dijo por fin—. Si ese jamelgo tuyo puede correr...

Narsés sonrió más abiertamente que de costumbre y espoleó a su yegua persa para que fuera al trote.

Maleka ganó la carrera por un cuerpo y Narsés sonrió a Juan casi bonachonamente.

—¡Dios Todopoderoso! —dijo, sofrenando su montura—. ¡Mal presagio si un árabe puede vencer a los romanos y a los persas a la vez! Ah, pero qué placer estar lejos de la oficina. Debería hacerlo más a menudo.

—Así es. Te sienta bien.

Narsés le dirigió una mirada rápida y triste y movió la cabeza.

—Los eunucos están para eso: para sentarse en oficinas y ocuparse de la corte. Aunque quizá... no importa. Estimado Juan, debo atender al señor. ¡Salud! Te veré por la mañana.

—¡Salud! —respondió Juan. El chambelán principal espoleó su jaca y cruzó a medio galope el duro terreno del hipódromo, con la guardia personal que lo seguía de cerca. Juan intentó imaginárselo tomando una bolsa llena de oro en medio de una multitud aullante proclamando a un emperador rival, pasando a cuchillo a los partidarios de Justiniano en las calles y quemando la mitad de la ciudad. Para su sorpresa, no le fue difícil. El eunuco tenía una especie de coraje impasible, de energía sin límites, que le permitía a Juan imaginárselo enfrentándose a los rebeldes con una sonrisa en los labios.

Jacobo, que había observado la carrera con los guardias desde la línea de partida, se acercó trotando y siguió la mirada de su señor.

—Los guardias dicen que Su Ilustrísima es todo un hombre de verdad; no importa que sea un eunuco —comentó Jacobo.

—Puede que tengan razón —coincidió Juan y dirigió a *Maleka* hacia palacio.

Anastasio, gravemente enfermo, miró por el umbral de la muerte durante un día antes de cerrar la puerta de mala gana para acabar recuperándose. Juan llamó a su casa una mañana temprano días después de verse allí con Narsés y encontró al escriba sentado en la cama y bebiendo una infusión de cebada. La imagen era como un amanecer; hasta entonces no se había percatado de lo mucho que estimaba al viejo.

—Has venido muy temprano —dijo Anastasio—. ¡Quédate a desayunar!

Con pesar, Juan hizo un gesto con la cabeza.

—He sido invitado a desayunar con la Augusta y... —explicó.

—No deberías haber venido —le replicó Anastasio, alarmado—. Llegarás tarde.

—Lo dudo. Ella se levanta tarde. Además, ha valido la pena venir. ¡Ánimo! —Anastasio le sonrió sorprendido y Juan le devolvió la sonrisa para después precipitarse escaleras abajo y cruzar velozmente las calles (había ido a pie), sonriente, maravillado del sincero afecto que el viejo le inspiraba.

La emperatriz estaba aún bañándose cuando llegó, pero sus sirvientes lo dejaron pasar al salón de desayuno y Teodora no tardó en aparecer. Era una mañana cálida y brillante de primavera. En el jardín, las plantas de azafrán y los jacintos estaban en flor y en las vides de la terraza habían brotado verdes pámpanos pegajosos. La emperatriz hizo mover el diván al triclinio antes de sentarse y se tumbó sensualmente al tibio calor de la mañana, comiendo pan azafranado y uvas en miel.

—¿Has estado enamorado alguna vez? —preguntó a Juan con una sonrisa.

—¿Por qué? —le preguntó Juan, sonriéndole a su vez. Era difícil no sonreír a Teodora, tan abierto y contagioso era su placer en esta estación del año.

Se encogió de hombros, sonriente, con los ojos entornados.

—Es primavera.

»Los membrillos cidonios beben en primavera
las corrientes puras de los ríos,
y la nueva sombra de las vides se hunde
donde crecen espesos los pámpanos en flor.
Pero a mí el amor no me da tregua,
y avanza como el gélido cierzo de Tracia
a impulsos de la locura que me consume...

»Debes saber a qué me refiero. Yo solía enamorarme todas las primaveras, siempre.

Juan se echó a reír.

—A mí no me quita el sueño el amor, sólo porque haga calor, claro que no.

Ella le alargó un racimo de uvas.

—¿Has estado enamorado alguna vez? Vamos, ya eres un hombre. No puedes ser virgen.

Juan dejó de sonreír, profundamente turbado.

Teodora se llevó la mano a la boca.

—¡No lo puedo creer! —exclamó—. ¡No puede ser verdad! —lanzó una carcajada sacudiendo la cabeza—. ¡Un hombre, mi hijo, y aún virgen a los veinticuatro años!

—Nadie tiene que ser más respetable —sentenció Juan con aguda precisión— que quien pertenece a una familia respetable.

Su madre dejó de reír.

—Es cierto. No se permiten prostitutas, muchachas respetables ni hablar, y afrontar los gastos de una concubina es casi imposible. No había pensado en ello. ¡Pobre hijo mío! Bueno, la castidad agrada a Dios y la prostitución es un comercio perverso, en el que las muchachas pobres sufren y los chulos se hacen ricos. He estado intentando extirparla de Constantinopla durante años. Me alegro de que no tengas nada que ver con eso —lo miró seria por un instante, pero la sonrisa no tardó en regresar a su rostro. Se estiró y movió los dedos de los pies a los rayos del sol—. Pero ¿has estado enamorado alguna vez?

Juan se sorprendió devolviéndole una sonrisa tímida.

—Sí.

—¡Ah! —giró sobre su vientre y apoyó la barbilla entre las manos—. Cuéntamelo.

Él se encogió de hombros.

—No hay mucho que contar. Uno de los magistrados de Bostra tomó una concubina un par de años después de que muriera su esposa. Era una muchacha respetable, hija de un hombre libre, le dio una vivienda digna y vivía con ella abiertamente. Me enamoré en el momento en que la vi..., tenía dieciocho años en esa época y era muy hermosa.

—¿Cómo era?

—Como una estatua de marfil y oro. Tenía sangre goda y era hermosa como los dioses. Se llamaba Criseida. Yo solía fantasear que su patrón se cansaría de ella y que cuando la abandonara, yo me podría acercar y proponerle matrimonio.

Teodora volvió a sonreír, como un gato a la luz del sol.

—Pero el que la mantenía no lo hizo, y tú sufriste durante años en silencio. ¡Pobre hijo mío! ¿Alguna vez pudiste conocerla?

Juan se rió con tristeza.

—Eso es lo peor de todo. Aproximadamente un año después de que su patrón la instalara en su casa, mi padre tuvo que tratar algunos asuntos con él sobre una finca y lo visitó con frecuencia. Yo iba con mi padre para tomar notas y una tarde me colocaron en el mismo triclinio con Criseida durante la cena mientras los mayores hablaban de negocios.

—¿Y no sabías qué decirle?

—No lo necesitaba. Ella comenzó preguntándome qué había visto que llevaran las mujeres en Beirut en mis viajes de negocios ese invierno, y continuó hablando de que había estado tejiendo una túnica nueva para su querido patrón pero que se le había acabado la lana azul y no podía comprar más del mismo color por todo el dinero del mundo. Y me contó sobre los resfriados de los hijos de su hermana y cómo su hermano había conseguido una verdadera ganga en una alfombra de pelo de camello. Yo la había adorado como a un icono, y no sabía qué decir. Había estado tan desesperado por hablar con ella, que no podía admitir que hacia el final de la cena deseaba desesperadamente apartarme y oír una conversación de adultos. Pocos días después, ocurrió lo mismo en otra cena, y tuve que admitirlo: Criseida era hermosa y una muchacha encantadora, pero muy aburrida y nada inteligente. Tanto me decepcionó, que juré no volverme a enamorar.

Teodora sonrió.

—¡Pobre Juan! ¿Y nunca volviste a hacerlo?

—No he tenido muchas ocasiones. Intenta no enamorarte si sabes que nada puede resultar de ello si lo haces.

Ella le dirigió una mirada brillante y juguetona.

—Así que, como Hipólito, has dicho un largo adiós a Afrodita. ¿Y qué hay del matrimonio?

Se la quedó mirando un instante con la boca abierta; después la cerró.

—¿Matrimonio? No habrás... —tuvo una súbita y terrorífica idea de que Teodora ya había dispuesto algo, que una muchacha lo esperaba en una antecámara con su rica o importante familia detrás, lista para inspeccionar al novio y que lo casarían con la desconocida al instante. Era posible. Todos los viejos amigos de Teodora relacionados con el teatro y el hipódromo habían tenido matrimonios espléndidos arreglados para ellos por la emperatriz, a veces para sorpresa de sus parejas. A ella le gustaba ser casamentera y desempeñaba el papel con alegría. Pero el pensar que ella podría haber hecho eso por él, sacó de quicio a Juan, le trastornó todos sus esquemas, y se sintió terriblemente desnudo y desamparado. No podía existir ninguna distancia emocional prudente, ninguna invulnerabilidad en la consumación de un matrimonio. «Odio esta ciudad —pensó, con una oleada de pasión casi aterradora—. Es una trampa en un laberinto suspendida sobre un abismo: justamente cuando uno se cree a salvo, en realidad está atrapado. Han rehecho mi vida y me han cambiado. Me espían; ahora me ayuntarán con alguna muchacha elegida por mi madre y seré llevado Dios sabe dónde. ¡Oh, Madre de Dios, quiero salir!»

Pero Teodora se echó a reír.

—¡Vamos, no es para ponerse así! No, querido, no he dispuesto nada. En verdad me gustaría dejarte en paz un par de años, darte la oportunidad de concentrarte en tu carrera y arreglar algo para ti cuando las circunstancias sean más convenientes. Pero si el amor te tuviera impaciente, bien, te podría encontrar a alguien ahora. Ya que no lo estás, dejémoslo, ¿de acuerdo?

Aliviado, Juan asintió. Teodora se rió nuevamente y movió la cabeza.

—Deduzco que la carrera va bien —susurró con satisfacción—. He oído que estás sacando los archivos del Capadocio de las garras de la hija.

Juan le habló de Eufemia. Teodora escuchó, mascando uvas y moviendo el pie dentro de una sandalia, en el aire.

—¡Conque ella conocía dónde estaban los archivos! —comentó cuando Juan terminó—. ¡La inmunda hipócrita! Ten cuidado con esa muchacha, querido. Su padre era un bruto vicioso y perverso como el rey de los diablos y parece como si se lo hubiera transmitido. Si no estás en guardia con ella, te meterá arteramente en algo y te extorsionará. Si por mí fuera, mandaría arrestar a la zafia esa y buscar los archivos en la casa... pero supongo que los habrá escondido.

Juan bajó la mirada y se contempló las manos un instante. «¿Será Eufemia la que me está espiando? –se preguntó–. Podría averiguarlo. Podría mencionarlo ahora... pero ¿qué haría la emperatriz?»

Levantó la vista, vio la ferocidad reflejada en los ojos oscuros y en el feo gesto de la boca de la emperatriz y recordó lo que le había ocurrido al padre de Eufemia. «No le puedo desear a ella que la vuelvan a castigar, y menos por culpa de su padre. Ella no me gusta, pero es inocente. ¿Teodora realmente la pondría en la cárcel? ¿Y qué más le ocurriría? ¡Ojalá yo supiera cuáles son los límites; ojalá supiera adónde quieres que yo vaya, Augusta!», pensó con un deje de tristeza.

–Los habrá escondido –coincidió Juan–. Y no creo que realmente merezca que la arresten. Es una arpía, pero supongo que tiene que tratar de ayudar a su padre. Y de todo lo que puedo deducir, me parece a mí que nunca supo mucho de lo que él hacía, de todos modos. Él pensaba que las mujeres no debían meterse en asuntos de gobierno.

–¡Era un bruto astuto, codicioso y sin principios! –dijo Teodora apasionadamente–. Solía contarle mentiras sobre mí a Pedro. Yo le odiaba. Pero tienes razón, supongo que él no le contó nada a ella –permaneció un rato con el rostro ceñudo, la cabeza entre las manos, para después sonreír maliciosamente–. Bien, si intenta seducirte, déjala. En realidad, podrías incitarla a que lo hiciera. No creo que la experiencia te haga daño, y le haría bien a su padre volver y encontrar que ha convertido a su hija en una prostituta.

Juan se sintió un poco asqueado. ¿Seducir y abandonar a una muchacha que a uno no le gusta, para vengarse de su padre?

–No, gracias –dijo tranquilamente.

Teodora le dirigió una mirada severa. Primero la malicia desapareció de su sonrisa, luego la sonrisa misma se desvaneció.

–Tienes razón –dijo suavemente–. Es un plan cruel. No creo que yo lo deseara, en tu lugar. No sería muy buena introducción al amor...; si no recuerdo mal, es una muchacha gorda y con granos.

—No es ninguna belleza —coincidió Juan. Por segunda vez en esa mañana se sintió ligeramente aliviado. Pensó: «Tiene algunos límites. Ella piensa en traspasarlos, pero no lo hace».

Teodora se echó a reír y le ofreció uvas.

La emperatriz había invitado al emperador a cenar en su palacio y a pasar la noche juntos. Cenaron ostras y jabalí rociado con una salsa brillante de higos, regado por una jarra de un vino de Lemnos inmejorable, e hicieron el amor en la gran cama cubierta de púrpura de Teodora. Una lámpara sola brillaba en el lampadario dorado. Cuando era joven, Teodora se había visto obligada a ahorrar el aceite de las lámparas, y ahora, en cambio, le gustaba dejar que las lámparas se consumieran.

Justiniano yacía al lado de su esposa en un estado de absoluta felicidad física. Examinó tiernamente a Teodora. La colcha púrpura, trabajada con imágenes de ninfas y de pastoras, se enredaba en su cintura. Su torso desnudo brillaba con el baño de luz dorada. «Hermosa como siempre», pensó mientras la acariciaba. Ella sonrió.

—Cuando nos casamos, dijiste que pasaríamos todas las noches juntos —murmuró ella.

—Bien, lo hicimos durante unos años. Pero una emperatriz debe tener su propia casa. Y a ti te gusta dormir más que a mí, perezosa.

Teodora sonrió con una sonrisa adecuadamente indolente, le tomó la mano y se la llevó a los labios para mordisquearle los dedos.

—Deberías pasar todas las noches conmigo, aunque yo tenga mi propia casa.

—No dirías eso si yo viniera a la cama tres horas después de la medianoche después de deliberar con los obispos.

Ella contuvo una risita cantarina.

—Pasa toda la noche con los obispos y luego ve a la cama con una prostituta.

—Ahora, querida... —la besó—. Sabes que no me gusta que hables así de ti misma... aunque sea en broma.

—Lo sé... y tú sabes que no quiero hablar de obispos. En cuanto alguien dice «monofisita» o «calcedonio» te pones serio como un monje. Hablemos de otra cosa.

—Muy bien. ¿Sobre qué?

Teodora se dio la vuelta y se apoyó sobre un codo.

—¿Debo conseguirle a mi primo Juan una esposa ahora o dentro de un par de años? No acabo de decidirme —sin aparentarlo, observó detenidamente a su esposo. Narsés le había hecho su advertencia con mucho tacto, pero ella había captado su significado con claridad.

—Estás pensando en casarlo, ¿verdad? —dijo el emperador, a quien se le esfumó parte de su satisfacción. El tema era como un dolor de muelas, continuamente avivado por una lengua débil. Por otra parte, un matrimonio siempre era tranquilizador.

—¡Mm! —murmuró Teodora, percibiendo internamente que Narsés tenía razón, como era frecuente.

«¡El muy tonto ya tenía que saber esas cosas! Por lo menos sabía más de lo que admitía saber. He aquí un desafío, pues: ¿podré tranquilizar a Pedro sin casar a Juan ahora mismo?», pensó refiriéndose a su marido.

—Si le encuentro una muchacha ahora —dijo seriamente— ella le ayudaría a establecerse, a avanzar en su carrera y a proporcionarle un hogar decente. Pero si espero un par de años, podría hacer un matrimonio mejor para él. Creo que dentro de un par de años tendrá un rango del que ahora carece.

—¿Cuán alto ha de ser el rango que piensas para él?

—Tan alto como sea posible —replicó con firmeza—. Por lo menos patricio. Pero tendrá que pasar por algunas oficinas más antes de conseguirlo.

—Me alegra que pienses así.

—¿Por qué hablas con ese aire reprobatorio? No quiero que tenga trabajos que no pueda realizar. Pero ya que es tan competente o más que la mayoría de los candidatos, ¿por qué no él en vez de ellos? Al fin y al cabo, es mi primo.

—Una recomendación formidable —coincidió Justiniano, con solemnidad—. ¿Con quién lo casarías si tuvieras que casarlo hoy?

—Ése es el problema. Puedo pensar en media docena de muchachas, todas ricas, todas hermosas, y un par de ellas también inteligentes. Está la hija de mi amigo Crisómalo, o la sobrina de Pedro Barsimes el banquero; sería fácil hacer que Juan se casara con alguna de ellas. Pero ninguna tiene ascendencia imperial. Y él necesita respetabilidad más que dinero. Si esperáramos un par de años, podría arreglárselas para casarse con el poder tanto como con la riqueza.

Luego Teodora agregó para sí misma: «Y yo quiero que se case con el poder. La riqueza está muy bien, pero es el poder lo que cuenta; si se tiene poder, también se tiene riqueza».

Justiniano se rió.

—¡Casamentera incorregible! Ya has hecho que tu nieto esté comprometido con la hija de Belisario y tu sobrina a mi sobrino. ¿A quién imaginas para tu sobrino Juan, entonces? ¿Justina, la hija de Germano?

—Ya está comprometida con el sobrino de Vitaliano —terció Teodora—. Y Passara nunca aprobaría el matrimonio... aunque no es que su hija granujienta valga mucho, de todos modos.

—¿Qué piensa tu sobrino de todo esto?

—¡Oh, no le he dicho nada! Sólo le crearía preocupaciones.

—Ten cuidado, o se casará con alguna muchacha del teatro que no le convenga.

Teodora se echó a reír.

—Puedo arreglármelas con cualquier mujerzuela que elija y si ella fuera capaz de hacerme frente, quizá no me importaría. Pero mejor que no conozca a ninguna cándida, boba, virtuosa y de clase media, o me desentenderé de él. No creo que se case con nadie sin consultarme, querido. Ha sido muy correcto y respetuoso: sabe lo que se le debe a una protectora.

El emperador sonrió. Sus propios celos le parecieron de repente improbables y casi irreales. Se preguntaba si realmente se había sentido así y por qué.

—Si quieres organizarle un matrimonio suntuoso, tendrá que tener alguna experiencia militar —dijo a Teodora—.

La corte y las oficinas están muy bien, pero son caminos lentos para el progreso. Para cuando tu primo llegue a ser patricio a través del trabajo de secretario, estará más preparado para retirarse que para casarse.

—¡Mm! Si no se casa ahora, podría ser asignado a algún general en campaña —«dejemos que Pedro vea que no me importa nada si Juan está lejos... y una temporada de servicio militar sólo será una ventaja», pensó Teodora—. Yo me preguntaba si podríamos enviarlo como asesor de Martino en el este. Habla árabe, arameo y persa.

—Allá sería útil, sin duda. Es una posibilidad. Lo tendré en cuenta cuando haga los nombramientos. Pero para serte sincero, mi vida, creo que para entonces la guerra ya habrá terminado. ¡Dios no lo permita! Tendremos que ver qué ocurre este verano. Pero Cosroes no logró nada de qué hablar en sus invasiones de los últimos tres años y perdió muchísimo tiempo y dinero sitiando Edesa.

—¡Ruego a Dios que la guerra termine! —suplicó Teodora con vehemencia—. Ese conflicto estúpido, insensato, lamentable, detestable, nos ha costado tanto... aunque supongo que si termina, mi primo tendrá que ir con Belisario a Italia o con Areobindo a África. Yo preferiría tenerlo en el este; tendrá más éxito allí.

—Hay otra posibilidad —sugirió remarcando las palabras el emperador—. Narsés lo tiene en muy alta estima, tú lo sabes. Dijo que estaba «completamente satisfecho». Viniendo de Narsés, es un gran elogio.

Teodora desplegó una amplia sonrisa.

—Lo es, ciertamente. Narsés mismo no tiene parangón —Teodora había comprendido dos cosas de la advertencia del eunuco, aparte de la observación principal: que Narsés sabía que las sospechas eran infundadas y que sentía aprecio por Juan. Ella siempre había apreciado a Narsés y sintió ahora una oleada de afecto hacia él. «Debo hacer algo por él», pensó.

El emperador enarcó las cejas y asintió.

—Estaba pensando que ya que Narsés tiene por fin un secretario con el que está satisfecho, no le gustaría perderlo. Necesitamos crear otra fuerza de mercenarios, por lo que pueda pasar en Persia, ya que la peste nos dejó debilitados.

Estaba considerando enviar a Narsés a Tracia para reclutar algunos de los hérulos. Es casi el único hombre que puede lograr algo de esos salvajes. Tu primo podría ayudar en el reclutamiento y luego, si demuestra ser competente, a dirigir el ejército. Si la guerra persa no ha terminado, podemos enviarlos al este. En caso contrario, los podemos pasar a Belisario.

—Está pidiendo ya más tropas, ¿verdad? —indicó Teodora—. ¡Y ni siquiera está en Italia! Eso parece una buena idea, sin embargo. A Narsés ciertamente le gustará.

—¿De verdad?

Teodora se rió y deslizó un dedo por la nariz del emperador.

—¡Vida mía, a él sencillamente le encanta salir de la ciudad y jugar a los soldados! ¡Debes saber eso! Si no hubiera sido vendido como esclavo, creo que habría terminado de bandido en Armenia. ¡Capitán Narsés, el terror de los comerciantes persas! Es mejor en eso de lo que jamás le has dado la oportunidad de demostrar. Ese desastre en Italia realmente no fue culpa suya.

Justiniano sonrió.

—Eso es lo importante. Muy bien. Lo enviaré a Tracia y le daré algún título militar.

—Es una buena idea también para mi primo —asintió Teodora, sonriéndole a su vez—. Juan puede ir a cubrirse de gloria entre los hérulos, volver dentro de unos años y casarse con una dama... y eso será haberme ocupado de él. Gracias, queridísimo.

Se reclinó sobre las almohadas de seda y sonrió a su esposo, con los ojos entornados. Él la besó.

—Espero por tu propio bien que haga exactamente eso —le dijo Justiniano—. Pero prefiero que mi niña del teatro sea la dama más orgullosa del imperio.

VI

Los hérulos

Dos días después, cuando Juan se presentó al trabajo en la oficina interior, Narsés lo recibió sonriente, pero tenso y con los ojos inusualmente brillantes.

—Tenemos que hablar —le anunció y lo llamó hacia la antesala privada de la parte de la oficina que daba a la corte. Juan reunió apresuradamente las tablillas y lo siguió.

El salón privado estaba oscuro: llovía copiosamente y las lámparas estaban apagadas. Narsés estaba de pie en el centro y, sonriente, miró hacia la ventana semioculta. No bien hubo cerrado Juan la puerta, le sonrió.

—¿Qué sabes acerca de los hérulos? —le preguntó.

De todas las tribus bárbaras cuyas cartas y representantes navegaban por las oficinas, los hérulos cubrían el mayor espacio en los archivos. Juan titubeó un instante, intentando ordenar el material acumulado en su mente; luego dijo con cautela:

—Son una tribu de bárbaros, emparentados con los godos, que habitan en la Alta Mesia cerca de la ciudad de Singidunum. Nos suministran grandes cantidades de mercenarios, bajo la dirección de Faras en África, bajo Filemut en el este.

—Sí, sí, sí —dijo Narsés con impaciencia—. ¿Qué más?

Juan titubeó nuevamente, desorientado por la atmósfera de entusiasmo contenido. «Narsés sabe sobre los hérulos más que nadie en Constantinopla. Se encarga de todas las delegaciones y es amigo de la mayoría de sus líderes. ¿Por qué estará interesado en saber lo que sé yo? ¿Habrá una crisis? ¿Alguien ha dejado escapar información importante?», pensó.

—Hace dos años los hérulos mataron a su rey en Mesia —dijo lentamente, tanteando el terreno—. Se llamaba

Ocos. Había intentado fortalecer su poder a expensas de los nobles, por eso no lo querían. El año pasado los nobles decidieron que, después de todo, ambicionaban tener un rey y nos pidieron que les enviáramos uno.

—No exactamente —dijo Narsés, volviendo a sonreír—. Primero enviaron una embajada a Tule. Querían un rey de sangre real y creían que aún existían miembros de la familia entre los hérulos del extremo norte. Luego, bajo presión de Constantinopla, aceptaron como rey a uno de nuestros comandantes aliados, Souartouas. La embajada de Tule no ha regresado aún. Podría haber problemas si vuelve con éxito. Pero por el momento los hérulos son cordiales con nosotros —el chambelán hizo una pausa, sonriendo a Juan con una mirada radiante pero reservada—. Y nosotros les vamos a hacer una visita.

Juan se le quedó mirando, sin expresar su sorpresa.

—¿A quiénes te refieres al decir *nosotros?* —preguntó.

Narsés sonrió.

—Tú, yo, mis servidores, doscientos guardias escogidos y, si la guerra persa ya se ha terminado, Filemut y quinientos caballeros aliados. Hemos de reclutar tropas, bien porque las necesitemos en el este o para facilitárselas a Belisario para su campaña italiana: tantos hombres como sea posible, diez mil al menos. Partimos este verano, las reclutamos en el otoño y pasamos el invierno en la región. Si realmente vamos a Italia, tendremos que llevar las tropas a Dyrrachium y embarcarlas allí la próxima primavera. Si no, regresaremos por Constantinopla. Yo tendré el mando provisional y autoridad para recaudar fondos, gastarlos y requisar vituallas según mi criterio. Tú tendrás un cargo en la guardia imperial (tanto en la guardia personal como en la de palacio) y posiblemente el rango de comandante después.

—¡Oh! —exclamó Juan, todavía mirándolo inexpresivo.

«Partimos este verano —se repetía en silencio—. Reuniremos tropas... Dios Todopoderoso, ¡vamos a la guerra! Lejos de esta ciudad tramposa y de los espías y del frío y de las preguntas, lejos para defender el imperio»

—¡Oh! —dijo nuevamente y su callada incredulidad comenzó a caer como la piel de una víbora—. ¿Es verdad? —preguntó, temiendo que resultara ser un rumor.

Narsés asintió alegremente, aún desplegando una amplia sonrisa.

—Su sacra Majestad me lo dijo esta mañana. Yo sabía que había estado considerando un movimiento así, pero pensé que se decidiría por enviar a otro. Tampoco me esperaba el rango militar. Pero aún no se lo digas a nadie. Tendremos que reorganizar la oficina antes de partir; quiero reducir las recomendaciones y los sobornos a un mínimo.

—No, no... —Juan no sabía qué decir, se detuvo. Se encontró con los ojos de Narsés. Los dos se miraron fijamente un instante. «Está tan entusiasmado como yo», pensó Juan.

—Por supuesto —apuntó Narsés—, será un trabajo terriblemente duro. Movilizar diez mil hombres de un lado a otro es difícil en cualquier momento, y mucho peor cuando se trata de bárbaros de una tribu particularmente salvaje. Además existe el peligro real de que la embajada a Tule se presente con un rey rival de los hérulos y nuestras tropas se amotinen. Y Tracia y Mesia son regiones muy pobres, salvajes e inhóspitas, donde la dureza es condición de vida.

Juan hizo un gesto con la cabeza.

—Es de una belleza maravillosa, indescriptible.

Narsés se echó a reír.

—Sí, ¿verdad? ¡Adiós, Constantinopla! Pero recuerda, aún no debes decírselo a nadie.

La prohibición de contarlo duró un mes y sólo fue levantada cuando hubo finalizado la reordenación de la oficina entre Narsés y sus escribientes en la corte imperial. Las tareas del chambelán serían divididas entre otros dos funcionarios: uno de los eunucos de palacio se encargaría de las audiencias y de atender al emperador y un agente del jefe de las oficinas se ocuparía de los asuntos financieros, legales y diplomáticos. Los tres escribas permanecerían en la oficina y se nombró a Sergio para que actuara como secretario ocupando el lugar de Juan.

—¿Sergio? —preguntó Juan sorprendido cuando Narsés le puso al corriente.

—Es inteligente y competente —respondió Narsés con frialdad—. Estoy seguro de que se las arreglará muy bien.

—Sí, pero Anastasio es honrado.

Narsés suspiró y dirigió a Juan una mirada de afectuosa ironía.

—La responsabilidad podría matar a Anastasio. Nunca le ha gustado ejercer la autoridad y se preocuparía demasiado por lo que hiciera, hasta enfermar de nuevo. Tiene que ser Sergio, que se mantendrá dentro de los límites sabiendo que volveré.

—Muy bien —dijo lentamente Juan. La necesidad de asegurar una transferencia de poder ordenada significaba que tendría que pasar las próximas semanas trabajando muy cerca de Sergio. «Exactamente la oportunidad que busca Sergio para meter las narices en mis asuntos —pensó Juan preocupado—. Ojalá supiera si lo hace por su cuenta o si alguien le paga».

Para cuando se divulgaron las noticias, Anastasio ya se había recuperado, pero no dijo nada cuando Narsés hizo su discurso en la oficina bosquejando la reorganización llevada a cabo. Estuvo con el ceño fruncido durante el resto del día, pero a la mañana siguiente se levantó bruscamente mientras preparaba un archivo.

—Necesito hablar con el ilustrísimo Narsés —le dijo a Juan y salió dando una patada a la puerta en dirección a la oficina interior. Juan oyó que levantaba la voz pidiendo hablar con Narsés en privado, pero no oyó nada durante media hora. Un obispo y un senador quedaron esperando hasta que el viejo escriba salió dando otro portazo y se hundió nuevamente en su asiento. El chambelán del emperador se acercó a la puerta de la oficina y se quedó allí un momento, mirando a Anastasio, que le daba la espalda, con una mezcla de ira y remordimiento; se encogió de hombros e hizo a Juan un gesto para que hiciera pasar al siguiente—. ¡Maldito sea! —maldijo Anastasio en voz baja, arrastrando su archivo todavía sin terminar. Miró a Juan con odio—. Y maldito seas tú también. Bonita jugada me hacéis, dejándome a las órdenes de ese rastrero de Sergio. ¡Qué encanto volver a trabajar así!

—Lo siento —dijo Juan con pesar.

Anastasio dio un bufido.

—A ti te puedo entender. Eres joven y cualquiera de tu edad con un mínimo de ambición preferiría estar en el campo de batalla que esgrimir plumas en una oficina. Pero un hombre del rango del ilustrísimo Narsés... ¡y a su edad, también!... debería saberlo.

—¿Qué quieres decir con «a su edad»? ¿Qué edad tiene?

—¿Cuántos años crees que tiene?

—¿Cuarenta y cinco?

—Yo le eché cuarenta cuando lo conocí hace veinte años. Es por lo menos tan viejo como yo. No tiene ningún sentido que intente ser general otra vez. Sobre todo después del desastre de Italia. Pero no, él tiene que probar al mundo que no le quitaron el valor al quitarle los testículos... ¡como si cualquiera con un mínimo de sentido común creyera que lo guardaba ahí! Bien, le he dicho lo que pensaba, aunque a él le da igual, ¡maldito sea! —Anastasio apretó el archivo sobre el escritorio y colocó los clasificadores—. ¡Y de ahora en adelante podéis guardar silencio al respecto!

—Sí, Anastasio —dijo Juan sumisamente y se inclinó en silencio sobre su trabajo.

Sergio estaba encantado, como era de esperar, con la novedad de la partida de su superior y la de su propio ascenso, de ahí que anduviera toda la semana sonriendo afectadamente.

—Un puesto en la guardia personal es algo importante —aseguró a Juan mientras recorrían el archivo—. Debes pagar mil *solidi* o más si intentas comprar tu ingreso. Aun así, no te envidio el que tengas que ir a tratar con los hérulos. Son el pueblo más repugnante del mundo. Aunque supongo que para ti ese honor corresponde a los sarracenos.

«¡Ya está otra vez a ver si saca algo! —pensó Juan fatigado—. Alguien sospecha algo, para que Sergio insista sobre Beirut y Arabia del modo en que lo hace».

—No sé mucho sobre los sarracenos —replicó—. Por lo general no suelen llegar hasta Beirut. Sólo les compramos los caballos.

Sergio sonrió y fingió estudiar las notas del sistema de archivos.

«Evasivo como siempre. Todo el dinero que he gastado siguiendo sus pasos, y no me ha llevado a ningún lado. Y ahora tendré que dejarlo hasta que vuelva de Mesia. Bien, al menos he conseguido ascender», pensó con ira.

Fue a finales de mayo cuando Juan informó a Eufemia de que partía.

La enorme y vacía casa de la muchacha estaba menos desnuda ahora. Algo de la fortuna restituida había ido a la casa, aunque Juan sospechaba que la mayor parte del dinero la tendría el Capadocio en Egipto. Habían terminado el intercambio de información vespertino, por lo que la hija del Capadocio estaba tranquila y contenta. Eufemia se sentó con las piernas recogidas sobre el diván, una copa con vino aguado en la mano, sonriendo ante una lista que Juan le había dado. Se le habían soltado algunos mechones, por lo general tan bien sujetos, y le caían haciendo una suave onda sobre la mejilla. «Una muchacha con granos —pensó Juan, recordando la descripción de Teodora—. Pudo haber sido cierto cuando era más joven, pero ahora no es gorda. Hasta sería hermosa si no se envolviera en esos vestidos negros y no se sujetara el cabello con sombreros y redecillas. Pero no quiere ser bonita; lo que todas las mujeres quieren, casarse y tener hijos, no parece interesarle en absoluto. Supongo, no obstante, que no se puede casar de todos modos. Nadie tomaría por esposa a la hija de un funcionario caído en desgracia y odiado por la gran mayoría. ¿Qué quiere, aparte de sacar a su padre de la cárcel? ¿Vengarse de la emperatriz? ¿Poder? ¿Es ella quien me está espiando? ¿Y por qué?»

Eufemia levantó la vista; le sorprendió observándola y frunció el ceño.

—¿Qué miras? —le preguntó. El tratamiento formal no había durado mucho.

—Tengo que decirte que partiré a Mesia el mes que viene —anunció Juan sencillamente.

Ella se quedó mirándolo boquiabierta un instante.

—¿A Mesia? ¿Por qué?

—El ilustrísimo Narsés ha sido elegido para reunir una fuerza de mercenarios hérulos. Yo iré con él. Estaremos un año fuera.

Ella se puso colorada.

—¿Un año? Pero... pero ¿qué pasará con la información que necesito? Tengo una carta de mi padre de la semana pasada; estaba satisfecho con la información, dijo que era inapreciable y que debía continuar; si te vas... —se interrumpió y se mordió el labio, enojada consigo misma por haberse ido tanto de la lengua.

—Probablemente puedas llegar a un acuerdo con mi sustituto temporal —dijo Juan. Intentó no dejar ver con cuánto cuidado observaba la reacción de Eufemia ante la mención de Sergio—. Estará sin duda encantado de ayudar a la prefectura pretoria.

Eufemia no dijo nada. Bajó la mirada, con el labio aún mordido, levantó el denso volumen de las listas retributivas, aún abierto en Siria, y lo dejó sobre el regazo.

—¿Quién te sustituye? —preguntó ásperamente, cuando el silencio se hizo molesto.

—Un hombre llamado Sergio, el hijo de Demetriano el banquero.

Ella suspiró.

—He oído hablar de Demetriano Pulgar de Oro. ¿Qué tal es ese Sergio? ¿Puedo confiar en él?

—¿Confías en mí? —preguntó Juan sarcásticamente.

—Sí —le espetó ella, rápida y decidida—. Claro que sí. Confío en que tú no mientes ni me engañas con rumores, y confío en que sabes de qué hablas. A ti ya te conozco. A ese Sergio no. ¿Confiarías tú en él?

—No —respondió Juan, lo bastante desconcertado como para decir la verdad—. Es codicioso y ladino; no confío nada en él. Pero él hará mi trabajo en la oficina y tendrá acceso a la misma información que yo. Supongo que puedes llegar a un acuerdo con él si quieres que sea de fiar.

—Supongo que sí —convino ella, aún sin levantar la vista.

Juan titubeó, con la mirada puesta en un punto por encima de la oscura cabeza.

—También hay allí un anciano llamado Anastasio —dijo por fin—. Tú ya lo conoces, creo. No tiene el mismo grado de acceso al emperador, pero es honrado y escrupuloso. Y está profundamente contrariado ante la idea de que la prefectura se las tenga que arreglar sin sus archivos. Estará contento de atenderte si no te arreglas con Sergio.

—Puedo arreglármelas con él —dijo, irguiéndose en su asiento y mirándolo desafiante—. Puedes traer a ese Sergio la semana que viene y llegaré a algún acuerdo con él. ¡Buenas noches!

Juan se levantó, sintiéndose de pronto incómodo, como si hubiera perdido algo, como si hubiera dicho algo que no debiera. Y sin embargo, allí no se había dicho nada extraordinario.

—Señora Eufemia, ¡salud! —respondió y bajó lentamente las escaleras, en busca de su caballo. «No creo que conozca a Sergio. Quizá no haya sido ella la que intentó sobornar a Jacobo. Pero si no, ¿quién ha sido entonces?», pensó.

Suspiró y se encogió de hombros; sus pensamientos se volvieron ansiosos camino del norte.

Juan abandonó la ciudad una cálida y ventosa mañana de principios de junio, montando tímidamente al lado de Narsés a la cabeza de más de setecientos jinetes. Se había puesto fin a la guerra persa con una tregua de cinco años, por eso los cuatrocientos caballeros hérulos marchaban por las calles de la ciudad detrás de los veinte servidores de Narsés y de un centenar de miembros de la guardia personal del emperador. Otros cien de la guardia de palacio cerraban la marcha. El emperador y la emperatriz, con otros doscientos guardias, acompañaban a las tropas hasta la Puerta Dorada. Allí la procesión se detuvo en la amplia explanada entre las dos murallas de la ciudad, primero la pareja imperial y su guardia y, después, en línea opuesta, las tropas destinadas a Mesia: setecientos hombres armados, setecientos caballos dispuestos en amplios semicírculos de luz y movimiento. Detrás de ellos, aún en la ciudad, una larga hilera de carros tirados por bestias de carga y conducidos por esclavos esperaba en la ancha calle. La gente se agolpaba contra las murallas para mirar. Juan pensó con alegría que era una imagen magnífica que valía la pena ver. La luz que brillaba en los cascos y en la armadura de los guerreros, resplandecía en las puntas de sus lanzas y en los arneses de los caballos. Los escudos esmaltados de los guardias imperiales, con el monograma de Cristo, destacaban por su color dorado. El emperador montaba un caballo castrado blanco con arnés de púrpura y oro. La emperatriz iba tranquilamente sentada en su carro púrpura. El estandarte del dragón de seda bordado en oro ondeaba al viento como si quisiera soltarse del mástil y alejarse volando hacia el norte. Detrás de ellos se elevaba la inexpugnable muralla interior de la ciudad y las torres invencibles de la puerta; antes, el camino cruzaba la triple arcada de la muralla exterior hacia el noroeste, hacia Tracia.

Juan ajustó sobre su brazo el peso de su propio escudo esmaltado y miró a uno y otro lado con atención. La emperatriz le había aconsejado que contratara un par de servidores privados, para dar a entender que era oficial, y le había encontrado dos robustos guerreros vándalos, Hilderico y Erarico, que ahora iban en las bestias de carga a derecha e izquierda, mirando como si lo hubieran visto todo antes. Juan suspiró e intentó aparentar la misma impasibilidad. La compañía de los dos vándalos se le hacía asfixiante y su habilidad para la esgrima, deprimente. Había aprendido a montar y a tirar con arco en Bostra porque se consideraban habilidades esenciales incluso para un caballero bastardo: eran necesarias para guardar fincas y para ocupaciones tan nobles como la caza y las carreras. Pero saber blandir una espada o arrojar una lanza, ponerse y quitarse la armadura, era demasiado para él. Pensó tristemente en Jacobo, que venía como su esclavo personal; el muchacho estaba con el equipaje, e indudablemente lamentaba perderse el espectáculo.

Narsés, que se sentía extraño en su cota de malla y casco con cresta roja, desmontó de su blanca yegua persa. Entregó el casco a uno de sus servidores, dio tres pasos hacia adelante y se inclinó graciosamente para postrarse ante el emperador; se incorporó y volvió a postrarse ante el carro dorado de la emperatriz; se levantó, dio un paso atrás y nuevamente adoró a la sagrada Majestad de los soberanos. Juan ya se había dado cuenta de cuán difícil era inclinarse correctamente con la armadura puesta y se volvía a preguntar si el eunuco sería tan viejo como Anastasio le había dicho.

El emperador inclinó la cabeza en señal de respuesta.

—Estimadísimo y justamente valorado Narsés —dijo Justiniano, lenta y claramente para que su voz se oyera—, que la buena fortuna te acompañe.

Narsés se irguió y puso una mano en el arzón alto de la silla de montar.

—¡Que Dios proteja a tu sacra Majestad hasta nuestro regreso! —exclamó y acto seguido se montó en la yegua. Las trompetas resonaron; los guardias de la corte levantaron todos sus lanzas y gritaron y, en las murallas de la ciudad, el pueblo entonó el grito del hipódromo:

—¡Victoria a los tres veces soberanos augustos, Justiniano y Teodora! ¡Victoria! ¡Victoria!

—No me gusta este grito desde que se usó en la revuelta de Nika —murmuró Narsés, juntando las riendas. Hizo un gesto con la cabeza hacia la derecha y se dirigió al trote en esa dirección, por delante del emperador que observaba la escena.

Juan miró hacia el carro dorado: Teodora estaba sentada como una estatua, con su traje púrpura y con la diadema, una mano levantada en gesto de bendición. Cuando los ojos de Juan se cruzaron con los de ella, ésta le dirigió una fugaz sonrisa y un casi imperceptible aunque inequívoco guiño. Juan ocultó su propia sonrisa inclinándose suavemente y tocándose el casco... y pasó delante de ella; la ciudad quedaba tras él. «¡Adiós, Constantinopla!», pensó y dio unas palmadas a *Maleka* en el cuello. La yegua estaba nerviosa e incómoda por el peso y el tintinear de la armadura y se limitó a estirar las orejas hacia atrás.

Entre Constantinopla y Singidunum había una distancia de más de setecientos kilómetros. Durante los primeros cuatro días cabalgaron a través de las verdes y fértiles praderas de aquella provincia de Europa. Los campos, de trigales verdes, se volvían dorados con el calor del sol del verano. Los viñedos estaban cargados de pesados racimos. La ruta estaba en excelentes condiciones y nada impedía que a lo largo del camino se abastecieran en los prósperos pueblos. Era una cabalgata placentera que suponía un reposo muy necesitado después del último mes en la ciudad. El trabajo en la oficina había ahogado todos sus preparativos personales. La adquisición de armas y armadura, su presentación ante la guardia personal, el hacer el equipaje..., todo había transcurrido como en sueños. La realidad de su partida le había parecido confinada a órdenes de requisamiento y a innumerables diplomas y cartas. Ahora podía recuperar el aliento y mirar a las tropas.

Los servidores de Narsés, en su mayoría armenios, eran, junto con los vándalos de Juan, los soldados más profesionales de la compañía, entrenados, experimentados y perfectamente disciplinados. Estaban bien equipados como caballería pesada y la mayoría de ellos eran también arqueros competentes. Los hérulos también eran todos veteranos, pero por lo demás eran muy diferentes de los armenios. Eran hombres altos y apuestos, que montaban en caballos de raza tracia o persa; llevaban armas y armaduras extrañas y eran feroces en el combate, pero rudos, desordenados, bebedores y pendencieros. Estaban comandados por Filemut, un hombre valiente que se vanagloriaba de sus victorias y que, por suerte, admiraba mucho a Narsés e intentaba mantener algo de disciplina en nombre de su comandante.

Los guardias imperiales (la personal, conocidos como los protectores, y la de palacio, a cuyos miembros se les llamaba escolarios) contrastaban a ojos vistas con ellos. Eran en su mayoría hombres jóvenes de ricas familias de Asia, ávidos de destacarse en la guerra. Estaban hermosamente equipados con armas con estandartes y armadura (cota de malla, peto, escudo ovalado, casco redondo, espada larga de caballería y lanza) y usaban uniformes de colores llamativos: verde y rojo los escolarios, escarlata y morado para los protectores. No esperaban estropear equipo tan vistoso; todos habían traído por lo menos un esclavo que se ocuparía del trabajo sucio del soldado. Se veían espléndidos cabalgando a campo traviesa, pero la mayoría no estaban mejor entrenados que el mismo Juan. Los protectores en particular eran todos oficiales: en teoría, podían servir en la tropa de cualquier comandante del imperio, aunque en la práctica la mayoría de ellos sólo habían servido en la capital unos pocos años para ver cómo era la cosa. Los escolarios, la guardia de palacio, que conformaban el grueso de la guardia imperial, eran un poco menos exaltados y apenas mejor entrenados, pero ninguno de ellos había visto una batalla de cerca. Los escolarios tenían su propio comandante, un hombre hosco llamado Flavio Artemidoro, que no deseaba abandonar sus cómodos cuarteles para ir a reclutar bárbaros en las tierras salvajes de Mesia, pero que tampoco podía gastar en un soborno el dinero con que quedarse.

El propio Juan estaba al frente de los protectores. Se lo había temido, pero en realidad era un cargo que requería muy poca atención. La disciplina siempre había sido bastante laxa para las tropas de palacio, pero de todos modos miraban con respeto a un funcionario imperial y obedecían con gusto, aunque Juan sabía que lo consideraban como un empleado protegido. La verdadera tarea de conseguirles las vituallas necesarias y distribuir las obligaciones (o, con mayor frecuencia, las de sus esclavos) era ya parte de su trabajo como secretario. La única orden inusual que dio a lo largo de la jornada fue iniciar unos ejercicios de instrucción por las tardes, iniciativa muy bien acogida por los protectores, ya que la mayoría se sentían tan poco preparados como Juan. Los hérulos observaban a los jóvenes caballeros galopando desmañados por los improvisados campos de instrucción, entre quejidos y sudores, mientras erraban los tiros de lanza. De vez en cuando, algún bárbaro saltaba a su propio caballo y hacía un despliegue de su sorprendente habilidad mientras los otros lo aclamaban al tiempo que insultaban a la guardia personal.

En la mañana del quinto día llegaron a Adrianópolis. Era una ciudad horrible, varias veces fortificada, con murallas, fosos y puertas de hierro. Narsés dio la orden de pernoctar allí, aunque sólo habían hecho nueve kilómetros ese día.

—Dejaremos que descansen los caballos —dijo a Juan—. A partir de ahora serán más duras las jornadas y después de Filipópolis, será peor.

Al día siguiente continuaron. El terreno era más abrupto y los campos más pobres; poca gente trabajaba en ellos. Los aldeanos desaparecían al ver a los soldados, lo que dificultaba el aprovisionamiento de vituallas. En parte para practicar, Juan sacó su nuevo arco y disparó a los faisanes y conejos que la vanguardia había levantado a su paso. Aunque nunca excepcional, siempre había sido un buen arquero, y cobró las suficientes piezas para convidar a los oficiales de su rango a cenar. Para su sorpresa, tanto los guardias como los hérulos estaban impresionados por su habilidad.

—¿Cuándo aprendiste a tirar con arco? —le preguntaban los protectores, por lo que Juan dedujo que el arco no era considerado esencial para los caballeros al norte de los montes Tauros. Filemut quiso ver el arco. Era un arma cara, compuesta de capas de cuerno y de madera. Pequeña, ligera y muy sólida.

—¿Es persa? —preguntó en su griego mal pronunciado.

—La compré en Constantinopla, en el barrio de Constantiniana, muy cerca de la iglesia de los Apóstoles —respondió Juan—. Supongo que fue hecha en la ciudad.

Filemut suspiró y llamó a uno de sus hérulos, a quien Juan había visto cazar también con arco, y le dio una orden. El hombre sonrió, se inclinó y entregó su arma a Juan. Era más larga que la de Juan, pero enteramente de madera y mucho menos rígida.

—Éste es el tipo de arco que usamos —dijo Filemut—. Es bueno para la caza menor, pero para nada más. Somos hombres valientes, guerreros. Nos gustan las armas fuertes que maten hombres, por eso nunca hemos practicado mucho con el arco. Pero los persas... ¡Madre de Dios, cómo tiran! Y también los sarracenos. En el este, vimos muchos sarracenos; algunos de ellos tenían arcos como el tuyo. Tu caballo también es sarraceno, ¿verdad? En el este, la mayoría de las tropas sirias y árabes copiaron las tácticas de los persas y los sarracenos; veo que lo mismo ocurrió en Beirut.

Narsés desplegó una de sus enigmáticas sonrisas.

—Respecto a eso, nosotros lo hemos copiado todo de los persas. Antiguamente, la fuerza del Estado romano residía en sus legiones de infantería; los comandantes de hoy día consideran a la infantería como algo casi inservible. Los *dejans* persas fueron los primeros en utilizar la caballería con armadura pesada, imitados después por los romanos. Ahora todos intentan tener el caballo lo más grande y lo más pesado posible y amontonar todo el armamento que puedan reunir. Me pregunto si no se estará subestimando a la infantería. Si tuviéramos algunos buenos piqueros y algunos arqueros...

Filemut resopló.

—La caballería pesada puede aplastar todo lo que se le ponga por delante.

Narsés volvió a sonreír y no dijo nada.

Desde Filipópolis, adonde llegaron once días después de abandonar Constantinopla, la carretera empezó a subir por los montes Ródopes y, como Narsés había advertido, la marcha se hizo más dura. Algunas partes de la carretera estaban inundadas por el río Hebro y otras se desprendían por los precipicios, lo que obligaba a las tropas a detenerse para apuntalarla antes de que pasaran hombres y pertrechos. Las aldeas eran amontonamientos ralos de chozas, fortificadas y encaramadas en cumbres inaccesibles. Las ciudades estaban amuralladas y protegidas, agarrándose desesperadamente a la miserable pobreza, que era todo lo que tenían. Las ciudades más grandes estaban fortificadas con doble muralla y se negaban a abrir las puertas a hombres armados, aunque fueran del emperador. Eran muchos los campos que se veían devastados y desolados.

—Esta región lleva ciento cuarenta años sufriendo invasiones casi continuas —comentó Narsés una noche que no pudieron hallar hospedaje—. Los godos, los alanos y los hunos, los vándalos y los longobardos, los gépidos, los búlgaros y los eslovenos, todos han pasado por aquí. Y los hérulos, por supuesto. Y nosotros, para los campesinos, somos todavía tan malos como los demás. Es increíble que quede algo. Toma nota de que debo hablar a los hombres mañana y recordarles que estamos pasando por tierras romanas y que no deben saquear.

Era necesario recordarlo. La caballería de los hérulos tenía tendencia a recorrer los campos cercanos al camino en busca de botín y no eran de fiar en misiones de reconocimiento. Hasta los guardias imperiales estaban ansiosos por «sacudir a uno de aquellos campesinos acaparadores para ver qué pasaba», según lo planteó uno de los protectores.

—Inténtalo y te sacudirán a ti también —replicó Juan secamente—. Son campesinos romanos; queremos estar en paz con ellos. Tenemos muchas vituallas y podemos conseguir más en Sérdica. Pero si pasa esto con setecientos hombres, no sé qué pasará con diez mil —musitó.

Narsés ya estaba disponiéndolo todo para los diez mil. Al llegar a Sérdica cayó sobre el gobernador como un rayo de luz, dispuso una oficina separada para manejar las vituallas, la proveyó de órdenes de requisamiento, la aseguró con codicilos y reorganizó el sistema de retribuciones para toda la provincia de Dacia en el mismo acuerdo. Se almacenarían víveres, se recaudarían impuestos; con uno se compraría ropa de recambio y con otro, caballos. Las tropas permanecieron cuatro días en la ciudad, durante los cuales Juan escribió cartas y tomó notas hasta que le dolieron las manos. Se puso contento cuando reanudaron la marcha.

De Sérdica a Remesiana, de Remesiana a Naissus, lejos de las montañas y hasta las planicies de Mesia. La tierra aquí era más fértil, aunque poco más poblada. Los campesinos eran igualmente desconfiados pero considerablemente más prósperos. La región había sido protegida en parte de las invasiones por el asentamiento de los hérulos en el límite norte.

—El emperador proviene de aquel poblado —indicó Narsés una mañana cuando estaban a unos tres kilómetros de Naissus. Juan miró hacia la aldea con sorpresa: era un lugar pequeño y sucio. En los campos verdes había una vieja campesina que trabajaba con una azada en un campo sembrado de cebollas. Les daba la espalda, gris y encorvada, y su azada brillaba a cada movimiento bajo el sol cálido y pesado.

—¿Quieres decir que su familia era dueña de esa aldea? —preguntó.

Narsés sonrió.

—No. Su familia vivía allí. Su madre probablemente también trabajara con la azada en un campo de cebollas como ésa —le dirigió a Juan una mirada irónica—. ¿Acaso no lo sabías?

—No. Suponía simplemente que..., es decir, su tío fue emperador; suponía que toda la familia era poderosa.

—Justino Augusto comenzó como soldado raso, fue ascendiendo en el ejército, hasta llegar a capitán de la guardia de palacio, conde de los vigías, no de los protectores, me temo. Cuando fue conde, hizo traer a sus sobrinos a Constantinopla y les dio educación. Él mismo era casi analfabeto: no tenía hijos y sentía la necesidad de que algún miembro de su familia fuera una persona instruida. Uno de los sobrinos era un general capaz y popular entre sus hombres, y el otro era un administrador excepcionalmente brillante, un organizador inteligente y original, que logró que su tío fuera aclamado como Augusto a la muerte del emperador Anastasio. Justino lo adoptó en señal de agradecimiento.

—Germano y Justiniano. ¡Dios mío! —exclamó Juan.

Narsés volvió a sonreír.

—No es una corte muy noble, ¿verdad? El Senado la odia. Bueno, tampoco nosotros somos muy distinguidos. Filemut es un capitán de los hérulos y de buena familia, pero tú y yo... un antiguo empleado de oficina y un antiguo esclavo y campesino transformado en eunuco de palacio. Con todo, nuestro ejército no es mucho más tampoco.

—¡Tú no eras campesino! —exclamó Juan, desplegando una amplia sonrisa y aprovechando la confesión del chambelán.

—Ah, sí que lo era. Tercer hijo de un pobre campesino de Armenia, justo en el límite con Teodosiópolis. Nuestro buey para el arado murió un invierno, por lo que mi padre se enfrentó a la posibilidad de ver morir de hambre a toda su familia o vender a uno de sus hijos. Me eligió a mí porque era el menor y el menos útil para trabajar la tierra. El traficante de esclavos me hizo castrar por la misma razón. Yo era aún muy pequeño en esa época y no valía mucho. No creo que el traficante le diera a mi padre ni siquiera el dinero necesario para comprarse otro buey —Narsés siguió cabalgando y guardó silencio por un instante. Ya no sonreía—. Aún tengo conocidos allí —añadió tras una breve pausa—. Cuando me manumitieron y vi que era rico, les envié algo de dinero. Sesenta y nueve sueldos. Pensé que debía darles al menos lo que el emperador pagó por mí.

—¿Alguna vez quisiste volver? —preguntó Juan.

Narsés movió la cabeza.

—No hay nada por lo cual volver y nada que decir si volviera.

Juan se miró las manos, asiendo el cuero ennegrecido de las riendas de *Maleka.*

—No —dijo—. Nunca se puede volver atrás, ¿verdad?

Tras dos días de cabalgada hacia el norte desde Naissus y casi un mes después de haber dejado Constantinopla, llegaron al territorio de los hérulos.

Los hérulos eran oficialmente los huéspedes de la población nativa romana, pero en la práctica esta población estaba dispersa y establecida en Singidunum y en una o dos ciudades más de la región. Todas las aldeas de campesinos eran de los hérulos, quienes no se escondían al ver a los soldados, como hacían los campesinos romanos, sino que, por el contrario, antes de que las tropas alcanzaran la primera aldea les salieron al encuentro amontonándose en la carretera, hoscos y desconfiados al ver a los guardias con el estandarte del dragón, pero estallando en gritos de júbilo cuando notaron que el grueso del ejército estaba compuesto de sus propios compatriotas. La caballería formada por hérulos gritaba, golpeaba las espadas contra los escudos, las blandía en el aire y hacía galopar a sus caballos de un lado a otro. Narsés dio la señal de alto y Filemut tuvo una larga conversación con los ancianos de la aldea en su propia lengua. Narsés permanecía sentado en su yegua blanca, con expresión impasible, atento. Juan sabía que el eunuco comprendía el idioma, aunque prefería no hablarlo. Finalmente uno de los hombres de Filemut salió al galope a hablar con algún noble del lugar para anunciarle la llegada del ejército.

—Ahora comienza la parte tediosa —dijo Narsés a Juan en persa, para no ofender a los hérulos—. Pasaremos los próximos tres o cuatro meses bebiendo, escuchando discursos y dirimiendo conflictos de los hérulos y, con suerte, podremos bañarnos una vez en todo ese tiempo.

—¿Tres o cuatro meses? ¿Tanto tiempo nos llevará? —preguntó Juan.

—¡Ya lo creo! —dijo Narsés con una sonrisa.

Los hérulos, según notó Juan, daban mucha importancia a la hospitalidad y muy poca a la autoridad imperial. Era imposible dirigirse directamente a su rey en Singidunum y solicitar el reclutamiento para el emperador. Era una lástima, pensaba Juan, puesto que Singidunum era el único lugar de la región donde se podía hallar algún tipo de vida civilizada. El rey, Souartouas, había dirigido tropas para Justiniano y quiso recrear en la capital fronteriza un pálido reflejo de Constantinopla. Tenía la corte en el viejo palacio de la prefectura y cuando llegó el ejército, les dio la bienvenida a todos e invitó a los oficiales a una elegante cena, donde sirvió vino traído de lejos; también ofreció a sus huéspedes romanos el uso de los baños del palacio (pues los baños públicos estaban abandonados desde hacía treinta años). El rey anhelaba ayudar en los preparativos para las vituallas y el viaje, y sus secretarios escribieron cartas a los jefes nobles explicando por qué venía Narsés e instándolos a cooperar, pero tales cartas no significaban nada para los nobles que pretendían ser visitados uno a uno. Narsés era muy conocido entre ellos: había tratado con sus delegaciones y había decidido puestos para sus jefes mercenarios, por lo cual lo respetaban. Querían el honor de agasajar ellos mismos a un ministro imperial, pues delegar eso en su rey era impensable. Entonces, mientras la mayoría de los guardias permanecían en Singidunum (trabajando, según la orden de Narsés, en la reparación del acueducto y los baños públicos), Narsés y Juan junto con una tropa selecta recorrieron el campo, asistiendo a banquetes.

Los nobles hérulos tenían la costumbre de construir salones para los banquetes. Éstos eran por lo general grandes establos de paja, a veces con suelo de madera en un extremo, con un agujero para el fuego en el medio y bancos donde los compañeros del jefe, o los guerreros, dormían y comían. Constituían un gran avance con respecto a la típica casa de los hérulos, que consistía en una choza de carrizos y barro de una sola pieza con el suelo de tierra y una pocilga fuera. Nadie sabía lo que era bañarse y el lavado de ropas era poco frecuente; las letrinas se cavaban sin drenaje en medio del pueblo, los niños y los animales defecaban en las calles y el hedor era espantoso.

Los banquetes de los hérulos solían empezar una hora antes de la puesta del sol y acababan cuando los hombres, borrachos, iban vomitando y cayéndose. No se permitía a las mujeres asistir a los banquetes. Los hombres bebían una cerveza amarga e insípida y un hidromiel amarillo muy fuerte, comían grandes trozos de carne hervida o asada en espetones, con tortas de pan ácimo hecho con harina de cebada y mijo, de acompañamiento; el vino era casi tan desconocido como la moderación. Para un romano, acostumbrado a platos con muchas especias, poca carne y buen pan de trigo, aquella comida era casi incomible. Como diversión los hérulos tenían bardos que cantaban las proezas de los héroes patrios con voz aguda y con el monótono acompañamiento de un arpa de tres cuerdas.

—Algunos de sus poemas son realmente estupendos —decía Narsés—, aunque muy sanguinarios, me temo —para Juan eran simplemente un quejido incomprensible.

Al llegar a la aldea de un jefe, Narsés asistía al banquete de bienvenida, sonreía amablemente, se sentaba con expresión imperturbable y rehusaba con mucha habilidad que le volvieran a servir hidromiel. Al día siguiente comenzaba el trabajo. A cada jefe local tenía que explicarle individualmente la razón del reclutamiento; cada jefe tenía que jactarse de sus hazañas militares y del coraje de sus seguidores; había que explicar entonces los términos de un contrato mercenario a estos mismos soldados, algunos de los cuales siempre estaban de acuerdo con incorporarse al ejército. Juan redactaba los documentos y tomaba nota taquigráfica de las conversaciones. Luego el capitán y sus compañeros invitarían a Narsés a cazar con ellos (ya que la caza era otra de sus diversiones). En la primera cacería Juan hirió a la presa, un lobo, con una flecha, cuando descubrió que los hérulos lo miraban como sorprendidos por considerar el arma cobarde y poco deportiva. En salidas posteriores llevó una lanza y cabalgó lo más lejos posible de la presa.

A la noche siguiente de tan divertido entretenimiento siempre había otro banquete para honrar a los guerreros que habían decidido incorporarse al ejército. Pero al día siguiente había que repetir todo el proceso, porque la mayoría de los camaradas que habían decidido ir habían cambiado de idea y algunos de los que no se habían alistado, ahora sí querían, por lo que el jefe exigía cambiar los términos del acuerdo y hacía caso omiso del documento escrito al no poder leerlo. El mejor reclamo era siempre que un ejército en Italia sería comandado por Belisario. Todos los hérulos detestaban al gran general, por eso contaban una y otra vez las ofensas que les había hecho: azotar a algunos por beber; no respetar sus costumbres, particularmente en lo tocante a los castigos; una vez había mandado empalar a dos jóvenes guerreros por asesinato, después de que mataran a dos camaradas en una pelea de borrachos, aun cuando las familias de las víctimas estaban conformes en olvidar el incidente mediante el pago compensatorio. Narsés tenía una paciencia infinita. Les decía que los hérulos tenían su propio comandante en Italia y que no estarían directamente bajo las órdenes de Belisario.

—¿Quién será el comandante? —preguntaba el jefe hérulo—. Nos gustaría obedecer al ilustrísimo Narsés, pero él no va.

—El sagrado Augusto os proporcionará un comandante en el que podréis confiar —insistía Narsés—. Eso se decidirá antes de partir para Italia, os lo prometo —y señalaba a Juan para que releyera las notas de las conversaciones del día anterior, ante lo cual el jefe se quedaba perplejo y miraba con desconfianza, pensando que se trataba de una prodigiosa memoria por parte de Juan o alguna clase de magia maligna. El acuerdo se volvía a revisar, con lo que más guerreros cambiaban de opinión sobre él y finalmente había juramentos y otro largo banquete. Cuando no asistían a banquetes, ni cazaban ni negociaban, los guardias se veían rodeados por una muchedumbre de hombres, mujeres y niños que no habían visto nunca romanos y querían ver si eran humanos. Todos los hérulos (y, como no tardó Juan en advertir, todos los que sufrían su hospitalidad también) tenían pulgas, piojos y ladillas. «Aburrido» era un modo sumamente suave de describirlo.

Después de casi tres semanas de reclutamiento, Juan se las arregló para excusarse de ir de cacerías, pretextando que *Maleka* tenía una pata lastimada. Dejó plantados a todos los que querían ir de excursión y encontró un poco de tranquilidad en el establo; estaba mucho más limpio que la casa que se le había asignado a él y no olía tan mal. Había prometido escribir una carta a la emperatriz, y para eso llevaba el plumero, pero se pasó un buen rato en silencio, contemplando el pergamino. Constantinopla parecía un mundo tan remoto que era difícil encontrar palabras, sobre todo si la carta iba dirigida a Teodora. Se la imaginó desperezándose sobre el triclinio durante el desayuno, recién bañada, vestida en seda púrpura, comiendo... ya serían manzanas para esta época, y escuchando a Eusebio que le leía las cartas del día. Casi podía ver el brillo divertido en sus ojos de párpados caídos. Debía escribirle una carta que la halagara y la divirtiera. Una carta que ella aprobara. «¿Pero qué es lo que ella quiere de mí?», se preguntó en silencio y el placer del recuerdo se mezcló súbitamente con un terror intenso aunque difuso. Era el miedo de ser descubierto, una especie de vergüenza ante su supuesta importancia y sobre todo el miedo de ser arrastrado locamente y sin control hacia algún destino desconocido. «Por eso quería irme de Constantinopla —reconoció—. Y aun así añoro la ciudad».

Esta verdad le sorprendió, lo que le hizo recapacitar. «Supongo que lo que más añoro son las comodidades de la civilización. Pero es cierto que añoro la oficina y a Teodora; e incluso a Eufemia. Me pregunto cómo le irá con Sergio...»

Súbitamente se oyó un ruido de pasos que entraban en los establos y luego una cara asomó por la puerta de la cuadra. Era el rostro de una muchacha, de ojos azules, bonita, que se mostraba curiosa y decidida.

—¡Oh, estás aquí, muy noble señor! —dijo en un griego hermosamente entrecortado—. ¿Puedo hablar contigo?

Juan permaneció callado un momento, preguntándose cómo decirle que se fuera. Pero el solo hecho de que hablara griego indicaba que era la esposa o la hija de algún personaje, y el éxito de su misión dependía de no ofender a nadie importante.

—Por supuesto —dijo incorporándose.

La muchacha abrió la puerta de la cuadra y entró con una sonrisa. Era más o menos de su misma edad, y también de su misma estatura; claro que los hérulos eran altos. Llevaba una túnica de lino azul y un manto rojo sobre los hombros y lucía un collar de oro y aros romanos importados: evidentemente, era una mujer de rango.

—Soy Dacia, la hija de Rodulfo —dijo tímidamente—. Tenía muchas ganas de hablar contigo.

Rodulfo era el jefe local. Juan contuvo un suspiro y se inclinó levemente.

—Me honras con tu presencia, señora Dacia.

—Por favor, ¿podemos sentarnos? —dijo la muchacha, señalando el fardo de paja donde Juan se había sentado antes.

Ella levantó las tablillas y la hoja de pergamino y las sostuvo mientras Juan se sentaba; después se sentó a su lado. Contempló atentamente el plumero de Juan, que era de bronce con incrustaciones de plata.

—¿Siempre llevas esto? —preguntó, tocando el estuche—. ¡Qué cosa tan ingeniosa, escribir! Los hombres dicen que escribes tan deprisa como ellos hablan.

—Soy el secretario de Narsés, señora —Juan tomó el estuche y las tablillas—. Los secretarios deben ser capaces de tomar notas.

—Es muy ingenioso —dijo Dacia, doblando compungida las manos vacías sobre el regazo—. Ojalá yo supiera escribir.

—¿No hay nadie aquí que te pueda enseñar?

Se encogió de hombros.

—Mi padre conoce a un hombre, un sacerdote, que sabe escribir. Pero no quiere que yo aprenda... Estoy diciendo cosas tristes y... quería preguntarte sobre la gran ciudad, Constantinopla. Nunca he hablado con nadie que haya estado allí. ¿Es más grande que Singidunum?

Juan no pudo reprimir una sonrisa.

—Podrías poner varias Singidunum dentro de Constantinopla y aún te sobraría espacio.

—¡Oh, estás bromeando!

—No.

—¡Qué hermosa debe de ser! ¿Y tú eres de allí? ¿Tu familia es de allí?

—No, yo soy de Bostra, en Arabia —las palabras se le escaparon sin pensar, y se mordió la lengua. No había nadie más que pudiera oír y esta mujer bárbara probablemente no sabría distinguir la diferencia entre Bostra y Beirut, pero se maldijo por haber olvidado la mentira.

—Bostra. ¿Es una gran ciudad, como Constantinopla?

—No tan grande como Constantinopla —dijo, resignado—. Pero también es una hermosa ciudad —y de repente la vio en su imaginación, como la había visto tantas veces al volver de un viaje de negocios con su padre: el verde de las tierras cultivadas, que resaltaba sobre las vastedades color ocre del desierto sirio; los intrincados e ingeniosos sistemas de riego que cubrían toda la región con el preciado sonido del agua escondida; las palmeras de dátiles junto a las murallas y los acantos florecidos; las casas blanqueadas, las paredes de piedra rosada, los camellos bebiendo en la fuente del mercado. Con una súbita repugnancia por la larga mentira, agregó—: Era la capital de los nabateos, de un gran reino, antes de formar parte del imperio. Las caravanas pasaban por ella desde el noreste, desde más allá de las tierras de los persas, trayendo especias y seda fina del Oriente —«y yo no debería decir esto porque puede repetirlo. El nombre de una ciudad no significa nada, puedo decir fácilmente que se confundió, pero nadie puede confundir esta descripción de Bostra con Beirut», pensó, ahogando desesperadamente el elogio de Bostra que le brotaba desafiante a sus labios.

Ella lo miraba atentamente, con los ojos como platos.

—Sé lo que es la seda —dijo humildemente. Titubeando, ella extendió la mano hasta el manto de Juan y tocó el borde rojo y púrpura—. Esto es seda. El rey la usa en Singidunum y también algunos guerreros que han estado entre romanos, y a veces sus mujeres —la acarició durante largo rato—. Nunca la había tocado; ¡es tan suave! ¡Cómo brilla! Y Bostra, tu ciudad, ¿queda muy lejos de Constantinopla?

—Tan lejos como Constantinopla de Singidunum, tal vez más. Pero puedes ir por mar, así que no importa —se tragó las palabras para su seguridad ahora, recordando que Beirut era un puerto.

—¡El mar! Pienso que el mar debe de ser como un enorme campo de trigo, todo lleno de agua. Pero vives en Constantinopla, ¿no? ¿Tu familia está allí?

Juan hizo un gesto negativo con la cabeza.

—Toda mi familia ha muerto. Pero soy primo lejano de la serenísima Augusta, Teodora; ella fue quien me dio un puesto con el ilustrísimo Narsés.

Le dirigió una sonrisa radiante.

—¿Eres primo de la emperatriz? ¡Oh, yo sabía que eras noble! Las otras mujeres dicen que eres un pobre hombre, aunque mandas soldados, porque sigues al ilustrísimo Narsés y tomas notas y usas arco en lugar de lanza. Cuando les diga: «Es primo de la gran reina», se avergonzarán. Entonces, has conocido a la emperatriz Teodora, y has hablado con ella, y con el emperador, ¿verdad? ¿Cómo son? —la muchacha aún sostenía el borde sedoso del manto y sus dedos se crispaban de entusiasmo tocando la seda.

Juan se encontró sonriéndole y describiendo el trono de Salomón en el palacio Magnaura, con sus lámparas doradas; describió cómo el emperador y la emperatriz se elevaban juntos en el diván, vestidos de seda púrpura, coronados con diademas, y cómo sus sirvientes se postraban ante la sagrada majestad del poder imperial.

Dacia escuchaba boquiabierta y los ojos le brillaban de placer.

—¡Oh, es maravilloso! ¡Maravilloso! —exclamó—. ¡Ojalá pudiera verlo! —avergonzada, bajó la mirada y notó que le había arrugado el manto. Rápidamente empezó a alisar la seda con las manos—. Los romanos no son como los hérulos —dijo seriamente, mientras sus manos delicadas acariciaban la seda—. Saben muchas más cosas, saben escribir y hacer cosas hermosas. Tan bonitas, tan... —volvió a levantar la mirada. Sus ojos eran de un azul pálido, enmarcados por pestañas de un dorado oscuro. Juan sintió que le faltaba el aire y se quedó sentado sin moverse. La mano de Dacia dejó la seda y le acarició el rostro—. ¡Sois tan diferentes de nosotros! —dijo con pesar—. Vosotros llegasteis a mi aldea ayer y mañana os iréis de nuevo. Pronto volverás a Constantinopla. ¿Tienes esposa allí?

—No —Juan tomó la mano y la apartó nerviosamente de su cara. Su corazón le martilleaba en el pecho. «No estoy casado, pero ella debe de estarlo —se recordó a sí mismo—. Hermosa, más de veinte años e hija de un jefe: debe de tener un marido noble que ha salido de cacería. Y no sería mucho mejor que fuera virgen: eso ofendería a su padre en vez de a su marido. De todos modos, sólo siente curiosidad».

Sujetó la mano que había cogido la suya y la examinó.

—Esa marca es de la pluma, ¿verdad? —dijo ella, señalando el brillante trozo de piel muerta del dedo medio de la mano derecha—. Enséñame a escribir, por favor.

Juan se relamió los labios, cogió el plumero y el pergamino y escribió el alfabeto. Mientras tanto, ella observaba con la cabeza inclinada sobre él. Juan era dolorosamente consciente de la proximidad del cuerpo de ella, de su piel blanca, de los senos redondos que se oprimían contra la túnica cuando se inclinaba sobre él, del calor de su respiración sobre su brazo. «Soy huésped aquí —se recordó a sí mismo ya desesperado—. No debo hacer nada que los pueda ofender».

—¡Escribe mi nombre! —rogó ella, y él lo escribió. Ella lo contempló atentamente y señaló cada una de las letras a su vez, comparándolas con el alfabeto—. ¿Ahora escribo yo? —preguntó con impaciencia, intentando tomar la pluma.

—Es más fácil con éstas —le dijo entregándole las tablillas de cera y un estilete. Ella las tomó con avidez y copió las letras del alfabeto, torpe y cuidadosamente, preguntando nuevamente los nombres de las letras y pronunciándolas. Cometió un error en la zeta y protestó enojada; Juan tomó el estilete y le enseñó cómo darle la vuelta y corregir el error; guió su mano sobre el resto del alfabeto. Se sorprendió de que su propia mano no temblara al final.

—¡Qué hermoso es! —exclamó otra vez cuando terminó. Tomó el pedazo de pergamino—. ¿Me puedo quedar con esto? Estudiaré las letras.

—Por supuesto. Las tablillas también, si quieres. Tengo más.

—¡Muchas gracias! ¡Muchas gracias! Yo... yo quería... —se interrumpió mirándolo; su hermosa piel se oscureció y adquirió un hermoso rosa oscuro—. Yo pensaba..., es decir, si te gusto...

«¡Si me gusta!», pensó Juan confundido.

—¿Qué quieres decir, señora?

—Si quieres acostarte conmigo —dijo ella, haciendo un gesto desesperado—. Si tú lo quieres, yo también.

Juan sintió que su cara se encendía. Bajó la mirada, miró las manos de la joven asidas fuertemente y respiró hondo para recobrar la calma. Recordó cómo Teodora se había reído de él. Recordó cuando tenía diecisiete años, loco de amor, acostado en su oscura y caliente habitación de Bostra y soñando con el hermoso cabello y los ojos azules de Criseida, a quien jamás se había atrevido a tocar. Y también otras muchachas: admiradas y deseadas, a las que nunca había hablado. Nunca había soñado que algo así pudiera ocurrirle a él, y le parecía mentira.

—Señora Dacia —le dijo, ceremonioso—, me siento profundamente honrado y te estoy muy agradecido por tu invitación, pero soy huésped de tu padre y mi comandante está aquí en misión diplomática. No me atrevo a hacer nada que pueda ofender a tu padre, o si lo tienes, a tu marido... por mucho que yo lo desee.

—Mi marido ha muerto —dijo, y se mordió el labio—. No tengo marido —inmediatamente se alejó y se quedó sonrojada y avergonzada.

—Pero... señora... Dacia —le tomó la mano, y se dio cuenta de que no tenía nada que decirle. Sintió un súbito terror. «No conozco sus costumbres. ¡Dios Todopoderoso, no conozco sus costumbres en este terreno!» Pero no podía hablar ni dejarla irse.

—¿Quieres, pues? —preguntó ella, el rostro nuevamente iluminado.

—¡Sí, sí, claro que sí!

Ella sonrió, se sentó a su lado y lo besó.

—Nos quedamos aquí —dijo—. Será más discreto que en las casas.

Hacer el amor no fue lo que esperaba. Fue un alivio, no el éxtasis; un intenso placer, pero al mismo tiempo aterrador. Su propio cuerpo le pareció algo fuera de su propio control, animal y ajeno, y su mente lo observaba con estupor. Después, sin fuerzas y temblando, se quedó recostado junto a ella en la paja y vio un piojo que se arrastraba por su hermoso cabello, produciéndole una oleada de asco. Se incorporó rápidamente y empezó a ponerse la túnica. «No tiene marido, pero su padre volverá más o menos dentro de una hora. ¡Dios mío, esto podría traer problemas! Y es un pecado... ¡pero qué encantadora es!», pensó con amargura.

Dacia se había incorporado y se estaba poniendo la túnica; sus hombros eran blancos como el mármol, sus pechos redondos y rosáceos. «Como la estatua de Afrodita de Fidias, en la calle Media de Constantinopla», pensó Juan. Ella percibió su mirada y le sonrió.

—¡Qué hermosa eres! —dijo él, devolviéndole la sonrisa, y ella contuvo una risita. Dacia estiró la túnica hacia abajo y se puso de pie, levantando el manto.

—¿No lo digo bien? —preguntó ella.

—Lo dices maravillosamente —la mezcla de asco y ternura era dolorosa, pero ante ella sólo podía sonreír tontamente.

Ella volvió a reírse; iba a decir algo más cuando se oyó el piafar de unos caballos fuera. Rápidamente se echó el manto por los hombros, se lo sujetó y salió velozmente de la cuadra justo cuando la partida de caza entraba en los establos. No bien se hubo ido ella, Juan deseó que jamás hubiera venido.

Aquella noche, durante todo el banquete, estuvo preocupado acerca de las posibles consecuencias de acostarse con la hija de un jefe y decidió finalmente que debía consultar a Narsés. Al eunuco le habían asignado la mejor casa de la aldea y a Juan la segunda mejor; ambas estaban cerca la una de la otra y, según los parámetros de los hérulos, eran muy amplias. Cada una tenía dos habitaciones: una para el señor y la otra para los esclavos y para cocinar. Mientras regresaban del banquete, Juan planteó a Narsés una charla privada, por lo que éste lo invitó a pasar a la oscura habitación del fondo. Narsés encendió la única lámpara colgante y ordenó a sus sirvientes que se retiraran. Se sentó en la cama, con expresión cansada pero tranquila.

—¿Cuál es el problema que me planteas? —preguntó amablemente.

Juan se sonrojó y, tartamudeando por lo avergonzado que estaba, explicó lo que había ocurrido en los establos. Narsés escuchaba pacientemente sin decir nada; un momento en que Juan se detuvo, suspiró.

—Está bien que me cuentes esto. Los hérulos no dan a la castidad la misma importancia que los godos, pero esto podría igual traer problemas. ¿La muchacha era virgen?

—No, dijo que era viuda.

Narsés dio muestras de alivio.

—¡Una viuda! Eso está perfectamente bien. Yo te sugeriría que le hicieras algunos regalos, la trataras con respeto y le ofrecieras recibir a su hijo, si tiene alguno. Indudablemente, lo que quiere es reconocimiento público.

—¿Lo que ella quiere? Yo pensaba...

—Lo que quiere aparte de ti, por supuesto —Narsés le dirigió su sonrisa cortés—. Fue una delicadeza por su parte en dejar el reconocimiento en tus manos. Antes de que este pueblo adoptara la fe cristiana (que fue hace quince años) era costumbre que las viudas se colgaran junto a las tumbas de sus maridos. Una viuda que eligiera vivir era tratada con tanto desprecio como nosotros los romanos trataríamos a una prostituta. La costumbre del suicidio tiende a desaparecer por la influencia de la Iglesia, pero el sentimiento popular aún considera a una viuda como menos que respetable. Para esta muchacha tuya, tener un romance a la vista de todos con un embajador romano, comandante de la guardia personal y primo de la sagrada Augusta, sólo puede favorecerla y en consecuencia aumentar su respetabilidad. Espero que le hayas dicho que eres primo de la emperatriz. Estupendo. Tal vez hasta pueda volver a casarse ahora, aunque sea con un hombre de rango inferior.

—¡Santo Dios! Pobre Dacia —Juan se quedó en silencio por un instante, para después decir—: Así que ella vino al establo pensando en eso.

—Probablemente. ¿Te sientes ofendido?

—No. Pero me confunde —recordó cómo se había sonrojado y sintió que las mejillas le ardían. El acto sexual en sí ya carecía de importancia ante la confusión y lo insólito de los resultados.

—Claro que sí. Si no es inapropiado, por ser yo quien te lo aconseja, sería mejor que evitaras tener este tipo de aventuras en el futuro. Probablemente no pasará nada en este caso, pero otra joven podría estar en circunstancias diferentes y te podría traer problemas a ti y avergonzarnos a nosotros.

—No pretendo repetir el experimento —dijo Juan. «No valió la pena, como tampoco valió la pena todo lo que he pensado en ello. Y es un pecado. Aunque no tanto para ella, no con su familia pensando que estaría mejor muerta como su marido. Entonces por eso se levantó tan rápidamente cuando me dijo que era viuda», pensó—. ¡Pobre muchacha! —dijo nuevamente—. ¡Qué pueblo tan salvaje son estos hérulos! Sergio tenía razón: son el pueblo más repugnante del mundo.

Narsés se encogió de hombros.

—Me recuerdan a los héroes de Homero. Muy valientes, muy independientes y muy dados a vanagloriarse. «Sacrificando a las cabras que balan y a los bueyes de torcidos cuernos que se arrastran».

—Los héroes de Homero se bañaban —dijo Juan con amargura—. Y no obligaban a las viudas a colgarse.

—Probablemente sea más fácil bañarse en Grecia, donde hace calor, que en Mesia. Y los hérulos vienen de Tule, donde hace aún más frío... Dicen que en el invierno, el sol no sale en cuarenta días. Pero los hérulos ya no son lo salvajes que eran antes. Abandonaron lo peor de sus viejas costumbres cuando adoptaron la fe cristiana.

—¿Acostumbraban hacer cosas horribles también?

Narsés no sonrió.

—Practicaban el sacrificio humano. Y si había alguien demasiado viejo o demasiado enfermo como para no poder cuidar de sí, lo mataban.

—¡Santo Dios!

—Era una costumbre cruel, pero había cierta dignidad en ella. Cuando un hombre estaba demasiado enfermo como para levantarse, su familia hacía una pira funeraria y lo llevaba y lo colocaba allí con sus mejores pertenencias. Todos lo besaban y se lamentaban y elogiaban su coraje y generosidad. Luego, dado que estaba prohibido derramar sangre de la familia, un amigo de la familia mataba al inválido con un cuchillo y quemaban el cuerpo. Aún hacen esas cosas a veces, en aldeas que están lejos de las iglesias..., pero no está bien visto.

—¿Y no piensas que son el pueblo más repugnante del mundo?

—No —dijo secamente Narsés—. Le daría ese título a los romanos, que hacen cosas similares, o peores, por dinero. Y diría que los romanos son también el pueblo más noble de todos los pueblos del mundo, que sobrepasa a todos por sus leyes, su arte y su fe. Nuestra ciudad es la gran prostituta de Babilonia, ebria de la sangre de los santos, y es la ciudad colocada en la cima, cuya luz no se puede ocultar. Al menos, eso es lo que yo creo.

—Crees en las contradicciones.

Narsés desplegó una sonrisa absolutamente enigmática.

—Así es.

Juan guardó silencio, considerando las contradicciones de la civilización y la simplicidad del salvajismo; como se hacía tarde, dejó tales consideraciones, desesperado.

—Bien, las camas romanas tienen menos contradicciones que las de los hérulos —dijo alegremente—. Las camas romanas están hechas para que la gente duerma, pero las de los hérulos son para las chinches. De todos modos, haré frente a tal contradicción. Buenas noches, Ilustrísima.

A la mañana siguiente Juan fue al salón del banquete, seguido por sus dos servidores, y preguntó abiertamente por Dacia; eso causó una conmoción bastante grande entre los guerreros, pero finalmente un hombre le indicó la casa de Rodulfo. Dacia estaba sentada en el salón posterior, trabajando en un telar con otras mujeres. Parecía cansada y tenía los ojos rojos, pero su cara se encendió cuando vio a Juan.

—Deseo agradecerte, señora, tu bondad —le dijo Juan formalmente—. Por favor, acepta estos regalos —le ofreció un manto de los usados por la guardia personal que tenía de más y el plumero.

Ella se levantó de un salto, sonrojándose y sonriendo alegremente, y sus amigas o primas se pusieron a comentar entre sí. Ella tomó el manto, acarició los bordes de seda y se lo echó sobre los hombros. Tomó el estuche y lanzó una exclamación de sorpresa, luego arrojó los brazos al cuello de Juan y lo besó.

—Esperaba que no te avergonzaras de mí —dijo con alegría—. Pensé que estabas enojado porque yo era viuda y que por eso no dijiste nada. ¡Qué equivocada estaba!

—Sí, muy equivocada... —dijo. En presencia de ella, la cuestión del amor le seguía pareciendo confusa, pero menos estúpida y desagradable que la noche anterior. Y la extraña mezcla de repulsión y ternura lo volvió a confundir. De repente deseó con todas sus fuerzas largarse de allí. Pero sonrió, le tomó las manos y agregó—: Creo que debo decirte también que si tienes un niño, puedes enviármelo a Constantinopla.

Ante esto, Dacia le dedicó una más amplia sonrisa y lo volvió a besar.

—Y debo atender a tu padre —añadió Juan enseguida—. El ilustrísimo Narsés me está esperando; hay una o dos cuestiones que debemos resolver antes de partir.

La noticia corrió rápidamente por la aldea. Una vez que hubieron resuelto las cuestiones pendientes, hecho el equipaje y, cuando los visitantes estaban saludando a su anfitrión, el jefe, Rodulfo, se volvió súbitamente hacia Juan con una amplia sonrisa y le dijo:

—Me han dicho que mi hija te ha dado una gran bienvenida.

Juan asintió amablemente e intentó disfrazar su vergüenza mirando por encima del hombro de su interlocutor.

—Sí. Tu hija es una dama sumamente encantadora —le dijo—. Y también una mujer muy inteligente: me dijo que estaba muy interesada en aprender a escribir.

Rodulfo lanzó una risotada.

—¿Te dijo eso? ¡Por lo que he oído, no era eso por lo que se interesaba precisamente! No importa, es una buena chica. Pero ¿para qué enseñarle a escribir a una mujer?

Juan olvidó su vergüenza y miró directamente a Rodulfo.

—Es tan útil como enseñarle a un hombre —respondió, sorprendido—. Puede escribir cartas, leer las Escrituras... —Rodulfo miraba condescendiente y poco convencido. Juan recordó la avidez con que Dacia había mirado el plumero y continuó, enojado—: Sé de una joven en Constantinopla, a la que conocí cuando yo trabajaba allí. Su padre está en Egipto; ella administra las propiedades en su ausencia y además envía a su padre todas las novedades de la capital, y así, aunque está del otro lado del Mediterráneo, está tan informado de lo que ocurre en su casa como si viviera en la calle de al lado.

El jefe parecía impresionado por las palabras de Juan.

—¿Acaso todas las mujeres romanas aprenden a escribir? —preguntó.

—Todas las mujeres de rango —dijo Juan firmemente.

—¡Bien! ¡Bien! —dijo Rodulfo, sorprendido.

Narsés le dirigió una sonrisa particularmente misteriosa y se encargó de despedirse correctamente, alabando la hospitalidad de Rodulfo, el coraje de sus guerreros y la fertilidad de sus tierras; Rodulfo respondió con expresiones de lealtad y admiración y las tropas al final pudieron salir de la mugrienta y hedionda aldea y dirigirse a la siguiente.

Cuando estuvieron tranquilos en el camino, Narsés aminoró la marcha de su caballo hasta ponerse a la altura de Juan y le dirigió otra de sus sonrisas.

—Hará que su hija aprenda a leer y escribir —dijo solemnemente.

—Así lo espero —respondió Juan, algo sorprendido del interés del chambelán.

—El ejemplo de la virtuosísima Eufemia sirvió para convencerlo; él querrá que su propia hija le escriba informes sobre su casa mientras esté en campaña. Y la joven lo hará muy bien, si se le encarga una tarea de tanta importancia. Le has hecho un gran favor. Ha estado bien que hayas prestado atención a sus ambiciones... literarias —Narsés se sonrió nuevamente.

«Está contento conmigo. Se sorprendió de que yo hubiera cometido el error de acostarme con una mujer bárbara al principio, pero ahora está contento porque he hecho algo que la ha ayudado. ¿Y por qué le importará tanto?» Al contemplar más tarde tranquilo y satisfecho al eunuco, se dio cuenta: «Está contento porque me aprecia; le importa lo que yo haga; desea que haga las cosas bien y le complace que así lo haya hecho».

Era sorprendente: Narsés, el sirviente de la sacra majestad del emperador, el que no tenía edad ni sexo, lejano e impersonal, siempre le había parecido por encima de cosas tales como la mera amistad humana, pese a su evidente cariño por Anastasio. «Y sin embargo, yo sabía que había algo más en él; es como si me lo hubiera dicho. "Tercer hijo de un pobre campesino armenio", y todo eso. Es exactamente como yo: traza una línea a su alrededor y mira a la gente del otro lado de ella... aunque de un modo u otro ha dejado que la cruzara. ¿Qué he hecho, en nombre de Dios, para merecer su amistad?» Y una parte objetiva de sí observaba, con sorpresa, que se sentía honrado. «Podrá ser un eunuco de baja cuna y un liberto, pero no creo que exista en el mundo otro hombre al que yo respete más».

—¿Fueron los hérulos quienes te enseñaron a sonreír así? —le preguntó alegremente.

Narsés se quedó perplejo.

—¿Así cómo?

—Así —Juan imitó la inescrutable y familiar expresión tan bien como pudo.

Narsés lanzó una carcajada.

—Yo no sonrío así, ¿o sí? No, aprendí a sonreír para ocultar lo que pensaba cuando aún era un esclavo. «Porque la prueba de nuestra fe nos exige paciencia», y la paciencia de un esclavo siempre está puesta a prueba. Pero es muy práctico también con los hérulos.

VII

Bárbaros y romanos

Narsés puso a prueba su paciencia y la de su secretario durante los cuatro meses calculados por el chambelán, pero a finales del mes de octubre, reunió un ejército de cuatro mil hérulos en Singidunum, la mitad formada por la caballería ligera por la cual era famosa la nación. Se la distribuyó en compañías, se la avitualló y se la preparó para partir.

—Muchos menos de los que hubiera deseado —se quejó Narsés—. Es la inseguridad del rey lo que ha contribuido a conseguir tan bajos números. Siguen esperando el regreso de la embajada de Tule.

Las demás disposiciones relacionadas con las tropas se efectuaron por escrito. Belisario estaba en Italia con sólo cuatro mil hombres, sin poder hacer nada contra los godos que sitiaban la guarnición de Roma. En cambio la tregua con Persia se mantenía y Justiniano había logrado desplazar seis mil hombres más desde el este y enviarlos a Dyrrachium, pero para distribuir la carga de alimentos con mayor equidad debían pasar el invierno en Sérdica, donde Narsés tenía preparado el avituallamiento.

En conformidad con estos planes, mientras en los campos ya sumidos en sombra se terminaba de recolectar la cosecha, el ejército partió de Singidunum, retrocediendo por la carretera seguida antes por las fuerzas menos numerosas. Juan lamentaba abandonar la capital. Habían contado con una semana para la preparación de las tropas antes de emprender la marcha, y con dos baños diarios y la aplicación de varias pociones repugnantes suministradas por el médico había conseguido por fin despiojarse, aunque sospechaba que volvería a cogerlos en el viaje a Sérdica.

También Jacobo dejó escapar un suspiro cuando dejaron atrás las murallas de la ciudad. El muchacho cabalgaba ahora al frente de la comitiva entre los dos servidores vándalos. Había logrado persuadir a uno de ellos que le enseñara a manejar la lanza y Juan había accedido a que pasase a ser el tercero de los servidores, siempre que realizara su trabajo como antes.

—¿Lamentas regresar a Constantinopla? —le preguntó Juan.

—¡De ningún modo, señor! —replicó Jacobo—. Sólo desearía poder dejar a los hérulos.

—¡Hemos venido para llevarlos! —señaló Juan—. Pero te comprendo muy bien.

Había unos trescientos kilómetros de Singidunum a Sérdica y el viaje de once días era una pesadilla. Se registraron cuatro casos de robo de ovejas, tres robos de otro ganado, cuatro robos menores y dos casos de violación. El comandante de la guardia de palacio, Artemidoro, consideró desde el principio que cualquier intento de controlar a aquel ejército primitivo estaba condenado al fracaso y, acompañado por sus hombres, se limitaba a observar, como quien dice «¿Qué otra cosa cabría esperar?», a la compañía de caballería hérula que robaba ovejas delante de sus propias narices. Era difícil castigar a los responsables de estos ultrajes sin provocar la deserción del resto. Lo único que podía hacer Narsés eran promesas y amenazas hasta obtener una restitución parcial, recurriendo a Juan y a la guardia personal para que vigilaran tanto a los hérulos como a la propia guardia de palacio.

Sin embargo, en Sérdica la delegación de Narsés registró un éxito al recibirlos con todo perfectamente preparado. Había cuarteles para los hérulos, establos para los caballos, ropas y armas suplementarias y abundantes vituallas. Se había elaborado un programa de marchas, torneos, caza y competiciones con objeto de evitar tropelías entre los bárbaros, de modo que a finales de noviembre y con las primeras nieves, Juan empezó a abrigar esperanzas de tener un invierno tranquilo.

A principios de enero un superviviente todo harapiento llegaba a galope tendido desde la guarnición de Oescus, en el Danubio, hasta Sérdica, e informaba que una descomunal fuerza de bárbaros eslovenos había invadido Tracia.

Narsés se había instalado con su séquito en el palacio de la prefectura y convocó al concejo para transmitirle la noticia. Era un día triste y frío, de modo que en la inmensa sala del concejo, calentada sólo por unos pocos braseros, hacía un frío glacial. Los gruesos postigos ajustados los protegían del viento y las escasas lámparas del recinto proyectaban sombras vacilantes sobre las manchas de humedad de las paredes pintadas. Narsés ocupaba la cabecera de la mesa del concejo, envuelto en su manto blanco y púrpura, y escuchaba al mensajero con las manos entrecruzadas. Su rostro quedaba oculto por las sombras. El gobernador de Dacia, un incompetente al que le ofendía la intrusión del eunuco en su provincia, estaba sentado a su derecha con expresión ansiosa. Los otros comandantes del ejército y los funcionarios con altos cargos de la provincia estaban diseminados en torno a la mesa sin disimular su malestar. Juan estaba algo apartado de ellos, bajo una lámpara de pie, tomando notas. Ya tenía los dedos entumecidos de frío cuando apenas había escrito media página.

—El río tiene una gruesa capa de hielo —informó el mensajero—. Este año ha hecho mucho frío, impropio de esta época. La cosa es que los bárbaros arrastraron unos botes hasta el centro del río y esperaron a que se congelase el agua alrededor y apilaron troncos sobre ellos hasta levantar un puente de suficiente solidez como para soportar el paso de las carretas. Al atravesarlo, hallaron a algunas personas de Oescus recogiendo leña. Las mataron y, ocupando su lugar, se metieron en la ciudad tras derribar las puertas.

—Deberíais haber destruido el puente antes de que lo terminaran —sentenció bruscamente el gobernador.

—¡Hay miles de bárbaros! —replicó el mensajero—. ¿Cómo podríamos detenerlos? ¡Teníamos tan sólo doscientos hombres en Oescus, algunos centenares de aliados y la milicia, que resultan inútiles en invierno! Pues bien, se llevaron todas las provisiones de la ciudad, mataron a todos los hombres y se llevaron a las mujeres y a los niños como esclavos. Después se alejaron río abajo, en dirección a Novas.

—¿Cuántos miles calculas? —preguntó Narsés con voz tranquila.

—Calculo treinta mil o cuarenta mil —respondió el hombre sin titubear—. No puedo ser más preciso, pero lo cierto es que invadieron la ciudad.

—¿Los viste?

—Sí, ilustrísimo señor. Estaba de guardia en la torre lateral que da a la costa. Al ver que se apoderaban de la ciudad, salí por la puerta trasera para ocultarme. Esperé a que se fueran; y para eludirlos, robé un caballo y vine hasta aquí.

—¿Cómo iban equipados?

—Demasiado bien —explicó el mensajero con amargura—. En general los eslovenos suelen pelear con lanza y escudo, o tal vez con arco de madera y algunas flechas. Aproximadamente la mitad eran de caballería y la mayoría llevaba armadura.

—Han imitado a los romanos —sentenció Narsés—. ¿Tenían muchos arqueros?

—¿Arqueros? No lo sé. No vi que la caballería disparara flechas. ¿Podrá ayudarnos, señor? He oído decir que Vuestra Ilustrísima estaría allí con numerosas tropas, y yo esperaba que acudierais de inmediato a detener a los bárbaros antes de que hagan mayores daños.

—Tenemos menos de ocho mil hombres —repuso el comandante de la guardia de palacio, Artemidoro— y casi todos son bárbaros salvajes. Tendremos que pedir refuerzos.

—Para cuando lleguen, los eslovenos habrán saqueado la mitad de Tracia y regresado a su casa —se lamentó el gobernador—. ¿Qué ocurrirá si vienen hacia aquí?

—¿Cuánto tiempo has tardado tú en llegar hasta aquí? —preguntó Narsés al mensajero, que contemplaba atónito a Artemidoro. Evidentemente le habían dicho que el ejército de hérulos era mucho más numeroso.

—Tres días, Ilustrísima —el mensajero volvió a mirar al comandante, hosco de desesperación—. No me atreví a robar otro caballo y los caminos están muy malos.

—Los eslovenos avanzarán despacio y cuentan con saquear —comentó Narsés, pensativo—. Con todo, será demasiado tarde para salvar Novas, a menos que pueda resistir un asedio. Pero es posible que se vuelvan hacia el sur, a Nicópolis.

—Llevará un mes traer a las tropas desde Dyrrachium con este tiempo —dijo Artemidoro moviendo la cabeza con aire de duda—. No hay nada que podamos hacer.

—Me permito disentir, comandante —observó Narsés con cortesía—. Podríamos derrotarlos.

Artemidoro lo miró escandalizado y el mensajero palideció.

«No se atreve a creer que Narsés sea capaz de hacer algo», pensó Juan y a su vez sintió que le latía el corazón.

—Esto es lo que sugiero hacer —Narsés separó los dedos con los que formaba una especie de cúpula y se inclinó sobre la mesa. La luz iluminó su cara serena y plácida—. Llevaremos al ejército con la mayor rapidez posible a Nicópolis, por la carretera que atraviesa Melta. Yo mismo encabezaré el grupo de arqueros y de todos los hombres de Sérdica, Melta y Nicópolis capaces de tirar con honda. En Nicópolis trataremos de ver dónde están los bárbaros. Si están sitiando Novas, avanzaremos y los atacaremos por la retaguardia. Si se desplazan hacia algún otro punto, ocuparemos ese terreno antes que ellos y los obligaremos a atacarnos como más nos convenga.

—¡Señor! —exclamó Artemidoro horrorizado—, no puedes estar pensando en atacar... ¡Tenemos sólo ocho mil hombres!

—Belisario ocupó África con veinte mil e Italia con quince mil. Yo diría que podremos arreglarnos frente a los eslovenos.

—¡Belisario tenía tropas profesionales y además su propio ejército privado! ¡Nosotros no disponemos más que de ocho mil hérulos, de los que no podemos estar seguros de que no se unan al enemigo!

—Los eslovenos son una nación enteramente distinta de los hérulos —señaló Narsés con calma—. Su idioma y sus costumbres están bien definidos y en el pasado han librado guerras entre sí. Creo que nuestras fuerzas estarán contentas de luchar ahora contra ellos. Mi respetado Artemidoro, no podemos aceptar quedarnos mano sobre mano y entregar una provincia romana al saqueo de los bárbaros. Si los eslovenos no encuentran resistencia este año, volverán a atacarnos el próximo... y el año próximo ya no contaremos con fuerzas armadas en la región. Debemos mantener tropas en el este y cumplir grandes compromisos con Italia y África. Será, pues, imposible organizar otro ejército para defender Tracia. A menos que actuemos ahora, dejaremos abandonada la región en los próximos diez años. Sospecho que aventajamos al enemigo en cuanto a organización y pertrechos. Si nuestros oficiales conducen debidamente a la tropa, no hay razón para suponer que la victoria no sea nuestra.

—Tú no eres Belisario —intervino Artemidoro.

—Eso no es motivo para que no hagamos nada. Juan, ¿con cuánta celeridad podemos ponernos en marcha?

—¿Mañana por la mañana va bien, señor? —propuso Juan, con fingida serenidad.

—Mañana por la mañana —asintió firmemente Narsés—. Empecemos a movernos ya.

Ya había transcurrido buena parte de la mañana, si bien aún faltaba para el mediodía, cuando el ejército abandonó Sérdica. No llevaban carretas con carga pesada ni a la mayoría de los esclavos, sólo un número suficiente para manejar los pocos caballos de tiro con provisiones de pan, cecina y forraje para dos semanas. Era una mañana fría y luminosa y el sol dibujaba las sombras azuladas de los hombres sobre la espesa capa de nieve. El aliento de hombres y animales era una nube blanca en aquel aire cortante. Armaduras y arneses resplandecían como espejos. Los hérulos, llenos de regocijo frente a la perspectiva de luchar contra los eslovenos, comenzaron su marcha con gran estrépito de lanzas y escudos y gran griterío.

Juan, desde la retaguardia con veinte soldados de la guardia personal, era el encargado de mantener la unidad del ejército. Tenía distribuido al resto de sus hombres entre las compañías de reclutas para mantener el orden. Había permanecido en vela casi toda la noche disponiendo las vituallas y las cabalgaduras para el viaje y escribiendo cartas que debían enviarse por adelantado a Melta y Nicópolis. En esta mañana diáfana tenía un aspecto casi febril y pensaba, repasando mentalmente los cálculos de provisiones: «Necesitaremos un día para atravesar las montañas, dos para llegar a Melta, con suerte, y luego dos o tres a Nicópolis; allí podemos aprovisionarnos nuevamente, si hace falta... ¿Y después, si estuviesen allí los bárbaros? ¡Tal vez estemos frente a frente dentro de una semana!».

Tenía la garganta contraída por una mezcla de exaltación y terror y el brillo del sol le parecía casi doloroso, reflejado desde la nieve como si partiese de pedazos de vidrio. Pensó: «Todo se quiebra *ante la inminencia de la muerte*». Tiró del barboquejo de su casco y palpó la bolsa que contenía las cuerdas para su arco, que le colgaba del pecho bajo la túnica para mantenerlas calientes y flexibles. «Ojalá supiese manejar la lanza. Debería haber practicado más estas últimas semanas... pero he estado ocupado, tratando de mantener el orden entre los hérulos».

Artemidoro apareció súbitamente, su caballo llevaba un lento trote a lo largo del camino. Al ver a Juan se detuvo antes de ponerse a su lado, con su caballo inquieto por el frío y tascando el freno.

—Mis saludos, honorable Juan —dijo, mirándolo con recelo.

—Mis saludos —replicó Juan y esperó a oír lo que deseaba comunicar el jefe de la guardia de palacio.

Artemidoro no tenía prisa. Por un momento guardó silencio, sus manos recogidas debajo de la capa, miró a la guardia personal y seguidamente hacia el frente del ejército.

—No tenemos suficientes hombres —dijo por fin.

Juan se encogió de hombros y replicó:

—En el pasado los ejércitos romanos derrotaron a los bárbaros en circunstancias más adversas.

—Los ejércitos romanos, sí —concedió Artemidoro—. Pero es ridículo calificar a esta banda de salvajes harapientos de ejército romano. Si yo tuviese la totalidad de la guardia imperial aquí no me importaría lanzarme contra los bárbaros... ¡Pero estos hérulos! Huirán como ratas tan pronto como vean el número de enemigos. No están en juego sus tierras y no se dejarán matar en un ataque a cuarenta mil eslovenos.

—Por cierto, que cuarenta mil no es un número del todo correcto —replicó Juan cortésmente—. El cálculo se realizó por arriba, y los cálculos casi siempre sobrestiman las cifras. Probablemente haya treinta mil eslovenos, si los hay.

—¡Tampoco se dejarán matar por atacar a treinta mil eslovenos! —arguyó Artemidoro con vehemencia—. Huirán y esto nos dejará con... cien de la guardia personal, cien de la guardia de palacio y un viejo servidor de palacio con veinte servidores, luchando solos contra una horda de bárbaros. Será suicida. Tú tienes cierta influencia sobre el ilustrísimo Narsés. Úsala, por favor; hazle ver que tiene que ser un poco más cauteloso. Muy bien, tendremos que marchar a caballo y observar al enemigo, pero una vez que lo hayamos hecho, sería una gran locura atacar. Hazle ver esto.

—No creo que los hérulos retrocedan ni tampoco que huyan —manifestó Juan—. Si hay algo que no son es cobardes. Tienen confianza en nosotros y en el ilustrísimo Narsés y están dispuestos a luchar. Tendremos ciertas ventajas sobre los eslovenos. Vamos a elegir el momento y el lugar de la batalla, podemos conseguir guías que conocen el terreno y, si lo consideramos oportuno, retirarnos a las ciudades fortificadas. Las probabilidades no son tan escasas como das a entender. Este ataque implica un riesgo, pero no una locura..., estimado Artemidoro —el tono empleado era desenfadado y le hizo sonreír—. Además, como ha dicho el ilustrísimo Narsés, no podemos entregar una provincia romana al saqueo. Estamos aquí y debemos prestarles ayuda.

Artemidoro frunció el ceño. Movía los labios al maldecir entre dientes.

—¡Muchacho necio! —exclamó—. El ilustrísimo Narsés es un... un funcionario, criado en palacio... ¿Qué sabe de guerra? La única vez que tuvo mando fue un desastre y lo retiraron. Tampoco tú has ido a la guerra antes e imaginas que no es más que una gran carrera de caballos, donde ganas renombre si triunfas, pero cuando pierdes, es una lástima; pero llegarán días peores. Podrían matarte. No tienes una dispensa especial del destino por ser primo de la Augusta. Y cuando te metan una lanza en las tripas te quedarás tan muerto como cualquier hérulo bastardo. Las heridas serán tan dolorosas como las de cualquiera y ser lisiado será igualmente humillante. Nadie te culpará a ti ni a Narsés porque volvamos para pedir refuerzos. No sufrirá tu carrera ni tu reputación.

Juan se echó a reír y citó:

> Si desertando de la guerra
> nos libráramos de los años y la muerte,
> ni lucharía yo entre los valientes
> ni te empujaría a la batalla portadora de gloria.
> Mas como diez mil formas de muerte nos rodean
> y no hay mortal que las eluda o escape a ellas
> dejemos que los dioses canten la victoria,
> sea nuestra o del enemigo.

Artemidoro parecía un perro rabioso.

—¡Espléndido! —ladró—. ¿Alguna vez pensaste en cuántos oficiales debió de matar esa cita de Homero?

—¿Alguna vez pensaste en el número de campesinos que podrían matar los eslovenos si no los detenemos?

—¡Eres un presuntuoso, un imbécil! —replicó Artemidoro—. ¡Y espero, para bien de todos, que tengas razón! —apartando su caballo, picó las espuelas y se alejó al galope por un flanco del ejército hacia el sector de vanguardia.

Juan se quedó mirándolo al tiempo que volvía a palpar la cuerda de su arco. Uno de la guardia personal que había oído el diálogo se adelantó en su cabalgadura.

—No creerás que habla con sensatez, ¿verdad? —preguntó, preocupado.

—No me parece que sepa de guerra más que nosotros —respondió Juan sin inmutarse—. Nunca he oído comentar a nadie que hubiese participado de verdad en ninguna batalla.

—Es verdad —admitió el de la guardia personal, pero seguía intranquilo; Juan le dirigió una sonrisa. Sonreír era sorprendentemente fácil.

—Tampoco creo que sea una locura —insistió—. Es un riesgo calculado y, en cuanto a que nos maten, también es igualmente fácil perder la vida en una batalla que demos por ganada, y no por eso nadie nos aconsejaría evitarla. Como también es posible sobrevivir a las batallas perdidas. Vamos, no dejemos que los hérulos nos vean preocupados.

Si consiguen que nos preocupemos, entonces será cuando hayamos perdido la batalla.

Sin embargo, aquella misma noche, cuando estaba con Narsés tratando de imponer cierto orden en las disputas de los hérulos por la ubicación de las tiendas, Juan preguntó en voz baja:

—¿Qué sucedió cuando te enviaron a Italia?

Narsés levantó la vista y respondió sin dejar de guardar sus plumas de escribir.

—¿Era esto de lo que hablaba Artemidoro esta mañana?

Juan se encogió de hombros.

—Aludió al tema, pero lo que deseaba especialmente era que yo intentase disuadirte de hacer esta expedición.

—¿Y piensas intentarlo? —Narsés cerró su estuche de plumas y miró a Juan divertido y en actitud expectante.

—No —Juan miró fijamente a su comandante. Artemidoro había comenzado la frase para cambiarla luego: «Es un... un funcionario». ¿Qué había querido decir? ¿Un eunuco? ¿Un esclavo? «No un cobarde. Ni siquiera Artemidoro podría nunca tildar de eso a Narsés. Ni cobarde ni tonto», pensó Juan. Con mucha cautela, prosiguió—: Sé que nos arriesgamos, pero estoy seguro de que sabes lo que haces. Tengo total confianza en tu criterio.

Las palabras de Juan provocaron la sonrisa de Narsés.

—Gracias —asintió el eunuco—. Supongo que la merezco. Mi propia experiencia militar es casi tan mala como la de Artemidoro. Me mandaron a Italia hace siete años, en buena parte como asesor financiero y administrativo de Belisario. El conde es sin duda un general incomparable, pero la administración de los territorios que conquista tiende a ser desastrosa. Comprende la necesidad de impedir que sus soldados y oficiales se dediquen al saqueo, pero cuando ellos están fuera de su alcance, no consigue hacerse obedecer. Estuve además a cargo de unos refuerzos que habíamos reclutado, en su mayoría hérulos. Ya conoces la opinión de los hérulos sobre nuestro distinguidísimo conde. Antes de terminar nuestra misión nos puso muchas trabas.

»Bien, llegamos a Italia y comprobamos que Belisario se llevaba mal con la mitad de sus generales. Es un acérrimo partidario de la disciplina, pero carece de tacto y tiende a tener discrepancias con sus subordinados. Por otra parte, un amigo mío con tu mismo nombre, Juan, sobrino de Vitaliano, había conseguido que le dieran un puesto de responsabilidad en Auximo cuando he aquí que desobedeció unas órdenes. Había distintas opiniones sobre la conveniencia de relevarlo o no. El prudentísimo conde se inclinaba por retenerlo, puesto que era esencial un avance masivo sobre el territorio en manos del enemigo; yo también creía que valía la pena a pesar de los riesgos que suponía. Nos faltaban hombres y no podíamos permitirnos el lujo de perder los que estaban sitiados. Además una victoria total en este punto podría tener un gran efecto sobre el apoyo que estábamos recibiendo de los italianos, mientras que una victoria de los godos elevaría enormemente la moral del enemigo. Me pronuncié en estos términos y tuvieron mis consejos unos resultados mucho mejores aún de lo que cabía esperar.

»No obstante, al ver esto, los generales, insatisfechos con el mando de Belisario, recurrieron a mí y expresaron que me preferían a mí como general antes que al conde. Claro, dado que me habían enviado como consejero suyo, al principio traté de mantenerme en dicho papel. El conde no siguió mis consejos. Disentíamos en cuanto a prioridades y métodos. Mi deseo era que las tropas ocupasen un territorio mayor de lo que él consideraba prudente. Todo mi interés estribaba en salvaguardar a la población, él, a los hombres, y cosas por el estilo. Y yo estaba, por último, encantado con mi éxito en Auximo y la proposición de los generales me llenaba de alegría. Soy un hombre ambicioso, amigo mío, especialmente cuando se trata de la gloria militar —en este punto el eunuco vaciló, contempló su estuche de plumas y añadió en voz baja—: Por ridículo que parezca en el caso de un hombre como yo. Y aunque cabe avergonzarse de desear algo tan inútil y pasajero, que se adquiere matando a nuestros semejantes y considerado por la Iglesia como moralmente cuestionable en el mejor de los casos. Pero aun hoy, si me diesen a elegir entre ser un santo o un héroe, yo optaría sin vacilar por lo segundo —Narsés suspiró y se encogió de hombros—. Para descrédito mío, permití a los oficiales insubordinados que se unieran a mí y los dirigí según lo que consideraba mejor, iniciando una campaña muy diferente a la del conde. El resultado fue, claro está, el caos. El comando se dividió, pero nadie sabía lo que hacían los otros y las órdenes no llegaban a destino. Pero yo estaba satisfecho porque mi política parecía eficaz. Entonces Belisario ordenó a mi amigo Juan, el sobrino de Vitaliano, liberar la guarnición que defendía Mediolano contra el asedio de los godos. Juan se negó a aceptar órdenes de nadie que no fuera yo. Belisario me escribió y yo transmití la orden a Juan. Pero cuando aceptaron obedecer, los godos ya se habían apoderado de Mediolano.

Narsés calló, con expresión adusta y la mirada perdida.

—Mataron a todos los hombres adultos de la ciudad —dijo por fin—. A miles... Dios sabe cuántos murieron, ya que nadie tiene certeza de lo que sucedió con las mujeres y los niños. Los godos los tomaron como esclavos y los vendieron a los burgundios. No pudimos prestarles la menor ayuda, ni siquiera pudimos rescatar a los sobrevivientes. Fue una catástrofe que nos dejó anonadados y a la vez nos devolvió el sentido común... aunque demasiado tarde.

»Entregué mi mando a Belisario y ordené a la junta de generales obedecer. En la primavera el Augusto me mandó regresar a Constantinopla. Los hérulos que traía conmigo se negaron a permanecer bajo el mando de Belisario y se marcharon a casa después de vender casi todos sus pertrechos al enemigo. El conde me acusó también de este hecho, aunque yo juré haber insistido tanto como me fue posible en que se quedasen —Narsés hizo un gesto—. Y esto fue lo que sucedió en Italia.

—Por Dios —declaró Juan y, tras una breve pausa, añadió—: No dice nada en favor de tu capacidad como general.

—No, sólo sobre los peligros del pecado de soberbia —el eunuco suspiró—. Todas las noches pienso en Mediolano. ¡Bien, Dios quiera que podamos salvar Nicópolis de parecida suerte!

Tardaron seis días de dura marcha a caballo con un tiempo inclemente en llegar a Nicópolis. El ejército se encontró ante una ciudad cerrada a cal y canto, y llena de campesinos de los campos vecinos. Narsés necesitó algún tiempo para convencer a la suspicaz guarnición de que les abriesen las puertas.

Al parecer, los eslovenos habían sitiado Novas pero, al no obtener ningún resultado, se pensaba que se volverían al sur en cualquier momento. En verdad quizá estuviesen ya en camino hacia Nicópolis.

—Son miles y miles —alegó el comandante de la guarnición a Narsés con voz melancólica, cuando se comprobó la identidad de las tropas antes de admitirlas y alojarlas—. Son peores que los búlgaros hace cinco años. Son más y están hambrientos como lobos.

—¿Qué cantidad? —preguntó Narsés.

—Unos treinta mil —respondió el segundo comandante sin titubear— si hacemos caso a los informes de mis espías.

—Gracias —el eunuco le sonrió—. ¿Cómo están equipados? ¿Tienen muchos arqueros?

—Cuentan con un número sorprendente de tropas de caballería —repuso el oficial—. Tal vez un tercio del total y entre la cuarta y la tercera parte disponen de armaduras. Pero mis espías no están seguros y la mayoría de los informes que he recibido puede que exageren. El resto de los caballeros parecen haber reemplazado sus arcos por lanzas, al estilo de los godos. La infantería tiene sólo el equipo tradicional: arcos ligeros, lanzas cortas y armaduras poco consistentes.

Narsés hizo un gesto de asentimiento.

—Gracias por esos datos tan precisos. Me gustaría hablar con tus espías. Quiero determinar cuál es el mejor lugar para entablar la batalla si los eslovenos vienen hacia Nicópolis. Juan, ocúpate de que los hombres tengan raciones suplementarias y de que no beban. Quiero partir mañana por la mañana.

El segundo en el mando y Juan salieron juntos del despacho del comandante.

—¿Realmente hay voluntad de luchar con ellos? —le preguntó el segundo en el mando—. Tenéis menos de ocho mil hombres.

Juan hizo una buena imitación de la sonrisa de Narsés.

—Oh, sí. Realmente lo vamos a intentar. Por eso tenemos que conocer el terreno que pisamos.

El segundo en el mando en Nicópolis se quedó mirándolo y Juan le aguantó la mirada.

—Bueno —exclamó el otro hombre—, ¡y yo que pensaba que todos los eunucos eran cobardes! ¡Buena suerte!

En el momento preciso en que abandonaban Nicópolis a la mañana siguiente, otro espía se acercó galopando en un jamelgo, portando la noticia de que los eslovenos habían abandonado el asedio de Novas y habían partido hacia el sur la tarde anterior.

—Entonces podríamos cruzarnos con ellos hoy mismo —aconsejó Narsés con tranquilidad—. Comandante de guarnición, vigila bien esta parte. Espero que no tengamos que volver en retirada, pero siempre es una posibilidad —hizo un gesto al trompetista para que diera la señal de salida y una vez más el ejército salvaje se puso en marcha hacia el norte por la carretera.

Esta vez enviaron pequeños grupos de jinetes hérulos como avanzadilla, seguidos por un grupo mayor bajo las órdenes de Filemut, para reconocer el lugar. El grueso del ejército los seguía más lentamente, inspeccionando el terreno mientras avanzaban, revisando los diferentes lugares que los espías de Nicópolis habían sugerido como convenientes para la batalla. Alrededor del mediodía, Narsés encontró un sitio que era satisfactorio. La carretera que descendía desde Nicópolis hacia el Danubio caía hacia el noroeste en una larga curva antes de seguir el curso del río; hacia el noroeste corría una cadena de montañas cubiertas de árboles. Narsés dio orden a las tropas de montar el campamento detrás de una colina.

—Pero dejad que los esclavos monten las tiendas y decid a los hombres que vengan aquí. Quiero que se abran dos trincheras que corran en ángulo recto hacia la carretera y que hagan una curva hacia el norte y luego se alejen de ella. Y quiero que taléis todos esos árboles. Los fijaremos en el suelo a modo de estacas ante las trincheras, en dirección al frente enemigo.

—El suelo está helado —señaló Filemut—. Las azadas no podrán cavar las trincheras.

—Entonces tendremos que usar picos —dijo Narsés con serenidad—. Pero cavaremos las trincheras.

Acababan de delinearse las trincheras cuando volvieron las partidas de avanzada para anunciar que los eslovenos estaban a menos de veintitrés kilómetros, yendo por la carretera.

—Son muy numerosos —informó el capitán hérulo—. Tienen mucha carga por los saqueos que hicieron, muchos carros. También vacas, ovejas, mujeres y niños. Avanzan lentamente, sin mirar adónde van. Creo que no nos han visto.

—Gracias —le dijo Narsés—. Alvit y Faniteo, llevad vuestros hombres hacia el norte y vigilad a los eslovenos; enviadme a alguien cada hora para informarme. El resto de vosotros quedaos aquí y empezad a cavar.

Cuando comenzaron la labor, la guardia personal y la de palacio se quedaron a un lado mirando, considerando que sin duda una tarea tan digna de un esclavo no era para ellos. Narsés recorrió las largas filas de hérulos que cavaban, confirmando la línea de la trinchera, y se detuvo al frente de las dos unidades de guardias imperiales, que estaban juntas al lado de la carretera. Los miró largamente, sin abrir la boca siquiera; desmontó de su yegua blanca, se quitó el manto de púrpura de los hombros, tomó una azada, ya que no quedaban más picos, y empezó a cavar. La guardia personal y la de palacio se miraron, para finalmente acercarse a la línea de la trinchera y unirse al trabajo.

Cuando terminaron las trincheras y los hombres se disponían a calentarse en las fogatas sus manos llenas de ampollas, los eslovenos estaban a la vista abajo en el valle. Ya estaba cayendo la tarde y el temprano crepúsculo invernal daba un color pizarra a los bosques y a los campos desiertos. Los eslovenos parecían no haber visto a los romanos hasta que divisaron la luz de las fogatas que despedían su tenue luz dorada sobre ellos. Entonces se detuvieron, empezaron a moverse por todas partes y a instalar su propio campamento, manteniendo cuidadosamente el grueso del ejército de pie en la línea de fuego. Unos pocos grupos de jinetes eslovenos subían a medio galope el cerro, avistaron a las tropas hérulas de avanzada, que ahora montaban guardia, y se retiraron.

Al oscurecer, un grupo de eslovenos apareció trepando la colina, con ramas de abedul y estandartes blancos pidiendo una tregua. Narsés convocó a toda la guardia imperial, a Filemut y a otros hérulos seleccionados y montó otra vez a caballo. El grupo seleccionado se dirigió al centro de la carretera, llegaron a las trincheras y allí esperaron a los eslovenos. Los miembros del séquito de Narsés llevaban antorchas atadas a sus lanzas, que proyectaban una luz rojiza y vacilante sobre la reluciente masa de los hombres armados y los caballos. El mismo viento que hacía parpadear las antorchas y agitaba los estandartes con sus dragones hacía refulgir el lábaro cristiano sobre los escudos de los miembros de la guardia.

Al trepar la colina y ver a los romanos, los eslovenos se detuvieron un instante, pero mantuvieron levantados sus símbolos de tregua y avanzaron sin detener sus cabalgaduras hasta estar a unos metros de distancia. Eran hombres altos, en su mayoría rubios, pero más morenos que los hérulos. Los largos bigotes se mezclaban con las barbas y vestían largas túnicas forradas con piel. No eran más limpios que los hérulos y Juan observó con interés que los más apuestos llevaban armaduras y joyas de manufactura romana.

—Soy el emisario de Zabergán, rey de los eslovenos y los búlgaros —dijo su jefe, expresándose en un griego fluido, aunque con un marcado acento extranjero—. El gran rey desea saber quién es el que osa impedirle el paso.

—¿El gran rey? —repitió Narsés con su voz aguda y amable, propia de un niño—. ¿Sirve tu rey al rey de Persia?

Los romanos se echaron a reír y el emisario de Zabergán se mostró irritado.

—¡Mi señor no sirve a ningún hombre vivo! —exclamó—. Lo llamo grande por su propio derecho a serlo. No he venido a hablar con eunucos, sino con el comandante de este ejército. ¿Dónde está tu señor?

—Mi señor es el emperador Justiniano, vándalo, gótico, piadoso, afortunado, glorioso, triunfante, siempre victorioso, siempre Augusto, dueño del mundo. Y yo soy Narsés, chambelán de su sacra Majestad, oficial de sus ejércitos en Tracia e Iliria y comandante de éste. ¿Qué desea Zabergán en mi territorio?

El enviado de Zabergán miró despectivamente a Narsés.

—El emperador de los romanos debe de estar escaso de generales para enviarte a ti.

—¿Hay algo más que quisieras decirme? —preguntó Narsés en tono cortante.

—Tenía algo que decirle a un hombre, no a ningún esclavo del gineceo.

Uno de los armenios de Narsés avanzó unos pasos montado en su caballo y bajó su lanza, con antorcha y todo, hasta quedar su punta dirigida a la garganta del emisario. Sin mirar al hombre, Narsés hizo chasquear sus dedos y señaló las filas. La lanza se levantó y el armenio retrocedió silenciosamente hasta volver a la fila. El emisario esbozó una sonrisa de desdén.

—Nos veremos otra vez, eunuco —declaró, tirando de las riendas—. Mañana, cuando haya luz para luchar. Tal vez mi señor Zabergán vuelva a venderte a Justiniano Augusto. O tal vez se quede contigo. Necesita un esclavo para ordenar las ropas de la reina.

Dicho esto, el emisario volvió grupas y se alejó colina abajo, seguido por sus subordinados.

Narsés sonrió.

—Bien, caballeros, creo que tenemos una batalla lista para mañana. Venid a reuniros conmigo en la tienda, para discutir la forma de dar a Zabergán y sus emisarios una lección de buenos modales.

Los armenios le dispensaron una gran ovación y los hérulos los imitaron. Pasados unos segundos los romanos lo vitorearon a su vez. Con otra sonrisa Narsés los despidió y regresó al campamento.

En realidad no hubo mucho que discutir en la reunión que los oficiales mantuvieron en la tienda de Narsés. En cambio, sí hubo una serie de instrucciones emitidas rápidamente por el comandante.

—El plan es el siguiente —expuso Narsés, trazando un mapa con un dedo mojado en vino sobre la mesa—: replegaremos nuestra caballería detrás de las dos trincheras, tú en el oeste, Filemut, y tú, Alvit, en el este. En los extremos más alejados de las trincheras necesito a todos los hombres capaces de luchar a pie y a todos los que estén armados con lanzas largas y con escudos pesados. Cubriendo las trincheras hacia el centro, estarán todos los hombres diestros en el manejo de hondas y todos los arqueros de que podamos disponer, no sólo los que provengan de las fortalezas. Si un hérulo sabe disparar un arco, prefiero que lo haga en lugar de combatir a caballo. Tú mandarás los del este, Faniteo, y tú, Artemidoro, los del oeste, con la mayor parte de la guardia personal y la totalidad de la guardia de palacio. Yo, seguido por mis hombres y por algunos más de infantería, caballería y arqueros elegidos por mí, ocuparé un lugar en el centro. Dejaremos que los eslovenos realicen el primer movimiento. Estoy seguro de que atacarán nuestro centro con su caballería pesada y me propongo rechazarlos con las lanzas, las hondas y los arcos. Es casi seguro que intentarán atravesar el extremo de la trinchera, por lo que nosotros nos veremos en la necesidad de disparar sobre ellos y mantenerlos con ayuda de nuestros hombres con lanzas cortas hasta provocarles una confusión total. Cuando su caballería retroceda en desorden, yo daré la orden a nuestra caballería de avanzar rodeando las trincheras para intentar llegar al enemigo por el flanco. Mi señal será de dos toques de trompeta. No se moverá nadie antes de dar esta señal y personalmente dispararé contra cualquier hombre que ataque al enemigo antes de que yo lo ordene. ¿Alguna pregunta?

—¿Dónde estaré yo? —preguntó Juan.

Narsés respiró profundamente sin apartar los ojos del mapa.

—Esta noche te envío de regreso a Nicópolis. Quiero que alguien lleve un informe confidencial al emperador, por si la batalla no resulta tal como deseo.

Instintivamente Juan experimentó un escalofrío, seguido por una sensación de incredulidad y por último lo asaltó una furia implacable, enfermiza. Tenía las manos frías y pálidas y se las frotó en los muslos, sin osar despegar los labios. «¡Pero yo creía que me apreciaba!», protestó con cierta angustia en su fuero interno. Sentía que todos lo miraban, a pesar de tener él los ojos fijos en Narsés.

—¿Crees —dijo por fin— que mi conducta en la batalla será un deshonor, ilustrísimo señor?

Los hombros de Narsés se encorvaron ante la intensa mirada de Juan, pero no se volvió.

—No tengo ninguna duda de tu valor. Pero necesito a alguien que lleve un informe confidencial y confío en ti. Mi informe señalará con la mayor claridad que éste es mi motivo.

—¿Quieres decir que no confías en estos excelentes comandantes aquí presentes? Artemidoro tiene mayor rango que yo y es un emisario mucho más indicado para el Augusto. ¡Seguramente podrías enviarlo!

—Podrías hacerlo, sí. Soy su superior —señaló Artemidoro.

—Deseo enviar a Juan —insistió Narsés, posando sobre el comandante de la guardia de palacio una mirada más sombría que la de un jefe de bandidos—. El asunto está zanjado.

—¡No está zanjado! —protestó Juan con vehemencia—. Nadie, salvo tú, ilustrísimo señor, ha trabajado en este ejército más duramente que yo. No puedes mandarme a casa ahora, cuando estamos ya ante el grito de guerra. ¡No tienes derecho a alejarme de esta batalla!

—Soy tu comandante y tengo derecho a ordenarte lo que se me antoje —bramó Narsés, los ojos fijos ahora en todos los oficiales—. Y yo te ordeno que partas.

—No iré —replicó Juan—. ¡Por Dios! No soy un cobarde, no me volveré para huir y puedo mantener mi puesto en la línea de combate tan bien como cualquiera de los demás hombres, no importa lo que tú pienses. Y me niego a dejar que me señalen como un cobarde a pesar mío, ni tú, ni ningún otro ser en la tierra. Me quedaré y combatiré como soldado raso.

Con un hondo suspiro Narsés habló:

—Esperad aquí, caballeros. Juan, ven conmigo.

Una vez fuera de la tienda se dirigió al campamento principal. Sus hombres, sentados en torno a la gran hoguera, se pusieron de pie al verlo aproximarse. Narsés pronunció unas palabras breves en armenio y los hombres se retiraron tras hacer una reverencia. El eunuco permaneció inmóvil un instante, contemplando fijamente las brasas, y se sentó pesadamente sobre un tronco de leña. Juan se apostó detrás de él. Tenía las piernas temblorosas de furia, pero esta furia misma le hacía permanecer erguido.

—Juan —dijo Narsés y, en un rápido susurro, prosiguió—: Piensa en lo que puede suceder mañana. Contémplalo desde mi punto de vista. Libramos una batalla, y tanto la podemos ganar como la podemos perder. Supongamos que muero luchando por mi emperador, o que logro una gran victoria y la ofrezco a sus sagradas Majestades, ellos me saludan y lo celebran con gratitud y honores. Tú compartes el éxito de la victoria o escapas a la derrota. Bien, considera que te doy el lugar que te corresponde, luchando a mi lado, y te matan. Yo muero, o alcanzo la victoria. Vuelvo a sus sagradas Majestades y digo: «He vencido en tu nombre a los eslovenos, Justiniano Augusto, pero lamento mucho decirte, Teodora Augusta, que el joven Juan, de quien te satisfizo decir que provenía de Beirut, aunque no era verdad, tu único hijo, al que amabas y por el que abrigabas ambiciones... Lamento decir que ha muerto». ¿Crees que a tu madre le hará feliz mi victoria?

—Dios mío —se sonrojó Juan y cayó de rodillas frente a Narsés. El eunuco lo miró por fin con una expresión firme y sincera—. ¿Cuánto hace que lo sabes? —preguntó en voz baja.

—Desde el principio, desde luego. Yo oigo cosas. Lo oigo todo. Un joven llamado Juan, árabe, se ganó la benevolencia de la Augusta y lo recibió cuando afirmó que era su hijo. Se comentó que ella dio orden de azotarlo y encarcelarlo. Hay aquí algo desconcertante. Ella podría haber castigado a un mentiroso que la hubiese insultado, pero no enviarlo a prisión. Y yo no creía, como otros, que lo encarcelase si no mentía. ¿Y por qué se tomó el trabajo de destinar a Calcedonia a los guardias que lo admitieron? Pocos días después la Augusta me presenta a otro joven, también llamado Juan, nacido en Beirut, vástago de respetables padres de clase media que está, según me aseguran, desde hace semanas en Herión. El supuesto sirio habla con fluidez el árabe y el persa y cuando se le solicita que escriba en sirio, lo hace evidentemente mediante la trasliteración del arameo. No fue muy difícil para mí adivinar que en realidad es un árabe e idéntico al primer joven. Pero ¿quién soy yo para revelar los secretos de mi señora? Si te preocupa que otros lo hayan adivinado, puedo decirte que yo no lo creo. Están más dispuestos que yo a creer peores cosas de la Augusta.

—Sergio y Diomedes me dijeron que siempre lo descubres todo —repuso Juan—. Estaban en lo cierto —por un momento permaneció silencioso, mirando fijamente a su comandante, y exclamó luego en voz baja—: Debes permitir que me quede.

—No deseo tener a tu madre como enemiga.

—¡Ella lo comprenderá!

—¿Sí? Entiendo poco de amor y menos de lo que significa tener hijos. Pero sé que los que sufren estas experiencias no son racionales frente a ellas. Hasta los mejores enloquecen con estas pasiones. Cada vez que la Augusta me viese, pensaría: «Mi hijo murió bajo su mando», y me detestaría. Y quizá con razón. Es mi deber defender a mi señor, a mi señora y a sus hijos. No actuaría como fiel servidor si te condujese a esta batalla.

—Debes dejar que me quede aquí. No tengo mayores probabilidades de morir que el resto —insinuó Juan—. ¡Te lo ruego, señor!

Narsés movió la cabeza con la mirada fija en el fuego.

—Escúchame un instante —insistió Juan—. ¿Sabes lo que significa crecer como el bastardo de un hombre respetable en una pequeña ciudad respetable, entre gente enterada de que tu madre era una ramera mantenida por tu padre cuando era un estudiante? ¿Que todos te señalen, te consideren, convencidos de que lo eres, venal, débil, tímido y desvergonzado, aun antes de que digas una palabra? Creo que lo sabes. Me imagino que debe parecerse mucho a ser eunuco.

Con un estremecimiento Narsés levantó la vista y la fijó en Juan, sin mediar palabra.

Juan prosiguió, en un murmullo:

—Y te dices: «¡Si sólo pudiese probarles que soy un hombre tan digno como cualquiera de ellos!». Y sabes muy bien que la única prueba capaz de convencerlos, la única prueba que te convencerá a ti mismo, puesto que necesitas convencer, es demostrarles que tienes valor en la guerra. La prueba de la vida y la muerte. Ahora tienes esa prueba en tus manos, ahora estás preparado, con los nervios templados y consagrados a este fin. Yo también lo estoy. Y que me priven de esta prueba porque la misma ramera que me abandonó cuando tenía tres meses quiere reconquistarme ahora... ¡Te lo ruego, ilustrísimo señor! Sé que no debería hablar así de ella, pero toda mi vida fui propiedad de alguien; antes esclavo de mi padre y ahora de ella. El hecho es que existo, que soy yo, no ella. ¡Mi vida me pertenece y quiero arriesgarla! ¡No me quites la oportunidad!

Narsés se cubrió los ojos con una mano y por un instante no se movió. En el silencio, el fuego chisporroteaba ruidosamente.

—Muy bien —dijo por fin—. Aunque debo advertirte que la guerra no prueba lo que vales. El mundo seguirá llamándote como le parezca y a veces tu espíritu se humillará y estará de acuerdo.

—Gracias. Nunca lo olvidaré.

—Mientras vivas —añadió lacónicamente Narsés—. Muy bien. Hecho ya el discurso relativo a este informe, creo que deberé despacharlo y enviar a Artemidoro. Bien, al menos no perdemos mucho con su partida.

El día de la batalla amaneció nublado y amenazando lluvia. Soplaba un viento helado del este por la ladera de la colina, que derribaba los estandartes y cortaba el aliento de hombres y caballos, en la dirección de los eslovenos, donde ondeaban las banderas de la tregua. Los hérulos palmeaban a los caballos y lanzaban miradas de ansiedad al valle, donde la luz dejaba ver al enemigo ocupando todo el llano con sus lanzas.

Narsés se levantó temprano para inspeccionar una vez más las trincheras y controlar el despliegue de sus tropas. Al advertir un ambiente de incertidumbre, hizo fijar en el lábaro la imagen de la Virgen que había traído de Constantinopla y de Sérdica.

—Los eslovenos son paganos —dijo a sus oficiales—. Dios está de nuestra parte.

Los hérulos recobraron el ánimo al contemplar la tierna sonrisa de la Madre de Dios. Las tropas romanas eran más suspicaces. Pero a pesar de su suspicacia se dispusieron a esperar.

Juan ocupaba el lugar inicialmente asignado a Artemidoro, en el extremo occidental de la trinchera. A su izquierda, en una larga columna de a tres que se prolongaba partiendo en ángulo recto desde el extremo de la trinchera, curvándose en una medialuna hacia el centro, estaba la fuerza de seiscientos lanceros, la mayor parte de la guardia personal y la de palacio y dos compañías de hérulos. A su derecha, en una fila desplegada detrás de la trinchera misma, había otros ciento cincuenta, un grupo heterogéneo de arqueros de las guarniciones de Sérdica, Melta y Nicópolis, junto con otros miembros del ejército capaces de manejar hondas y unos pocos arqueros hérulos con sus rústicos arcos de madera. En el ángulo entre los dos grupos alguien había encendido una hoguera, en la que unos esclavos calentaban agua para mezclar el vino endulzado con miel y reparaban los arcos que sobraban.

Juan había distribuido a los hombres que debían transmitir las órdenes y no quedaba otra cosa que hacer, salvo esperar. Revisaba sus propias flechas y miraba las cabalgaduras inmóviles a sus espaldas. *Maleka* estaba ya ensillada, por si acaso. Jacobo esperaba junto a ella, espada en mano, con expresión ansiosa. «Quiere salvarme la vida en la batalla y después emanciparse y ser oficial. Tal vez le dé la manumisión. Ofrenda de gratitud a Dios por la victoria», pensó Juan con afecto.

Miró nuevamente a su derecha. Sobrepasando la posición de sus propios hombres detrás de la trinchera, estaba la gran masa de caballería comandada por Filemut y lejos en la distancia, en el centro de la carretera, divisó el resplandor dorado del sagrado lábaro. Distinguía claramente la diminuta figura de Narsés con su capa blanca sobre la blanca cabalgadura. Sus veinte oficiales y algunos arqueros más de la guarnición esperaban delante de él con sus arcos desplegados pero sin armar y le rodeaba lo más selecto de la infantería. A pesar de este séquito, su persona era muy visible y vulnerable. Con un suspiro Juan se sopló los dedos antes de palpar nuevamente las cuerdas del arco.

Los eslovenos se habían concentrado en una extendida serie de rectángulos, con la caballería pesada al frente, la infantería en el centro y en la retaguardia. Se movían sin cesar, gritando, galopando de un lado a otro, corriendo en la dirección de las fuerzas romanas para retroceder otra vez. Una figura con una armadura dorada y montada en un magnífico potro bayo se abrió paso lentamente entre la horda de vanguardia y los eslovenos entrechocaron sus escudos entre aullidos ensordecedores. La figura se detuvo frente a su ejército, observando la carretera donde el sol mostraba claramente la debilidad de las fuerzas contrarias. Se volvió y levantó el brazo varias veces, golpeando el aire, dirigiendo a su gente palabras inaudibles. Luego se volvió nuevamente y algo atenuada por la distancia, pero terrible siempre, se elevó una orden espantosa, acogida con vociferante entusiasmo. La caballería eslovena rugió y comenzó a avanzar, primero al trote, en dirección a la colina por los campos blanquecinos, moviéndose ahora con mayor rapidez, a medio galope, en medio del entrechocar de los cascos como una marejada bajo los alaridos y los gritos de guerra.

Rápidamente Juan colocó la cuerda en su arco y levantó una flecha. Tenía las manos entumecidas y pálidas pero firmes.

Los eslovenos atacaban el centro y cayeron bajo una repentina lluvia de flechas y proyectiles de las hondas. Algunos jinetes, al chocar con sus camaradas caídos, encontraron una cortina de flechas y cayeron, algunos en la trinchera, ensartados por los árboles o por las lanzas de las huestes de la caballería. La carretera se transformó en una masa infranqueable de jinetes caídos y caballos encabritados. La caballería entonces cambió de rumbo, desviándose a derecha e izquierda, galopando en medio de gritos de furia a lo largo de la trinchera y desplegándose en abanico al aproximarse. Unos pocos disparaban flechas al estilo de los hunos, pero la mayoría sólo contaba con lanzas, inútiles a esa distancia. Juan tomó la flecha y tensó la cuerda. Sentía la tensión de los músculos de sus brazos contra la rigidez de la cuerda ya tensa y trató de respirar pausada y regularmente. «Están ahora casi en línea con mis arqueros —pensó—. ¿Por qué no dispara alguien?» Estaba pensando en esto cuando cayó el primer jinete, derribado de su caballo por el impacto de un proyectil de honda invisible. El espacio se oscureció de flechas. El chirrido continuo de las hondas y el silbido de las flechas al saltar del arco se mezclaban con los gritos de dolor. La caballería seguía avanzando. Un esloveno montado en un tordillo careto galopaba a la cabeza del resto. Su casco brillaba con sus adornos de oro. Juan apretó los dientes y esperó, la cuerda del arco contra la mejilla, los oídos zumbando por la presión de la sangre. El esloveno se volvió con una ancha sonrisa al ver el final de la trinchera. El mundo entero pareció reducirse a la cabeza y al torso del jinete y Juan disparó la flecha. Cayó el hombre herido en la garganta y fue derribado del caballo. De inmediato Juan extrajo otra flecha y volvió a disparar. Más soldados saltaban o se desviaban del obstáculo de los primeros caídos. «Corresponde a los lanceros rematarlos», pensó, escudriñando la trinchera en busca de otros blancos, hasta que encontró uno.

—¡Seguid disparando! —gritó a sus otros arqueros, mientras soltaba su propia flecha.

La caballería se lanzó sobre los lanceros como piedras caídas desde un brocal: primero, unas piedras aisladas, luego el ruido seco de la roca. Hubo otro ruido de espadas eslovenas sobre los escudos de los lanceros. Un gemido horroroso de dolor, seguido de gritos, lamentos y entrechocar de cascos.

Ya no galopaba la caballería desde la trinchera. Juan se volvió para mirar con ojos muy abiertos, sin poder moverse, y la larga columna de lanceros vacilaba ante la fuerza masiva de la caballería. Un caballo atravesado por una lanza sangraba copiosamente sobre el hombre que había atravesado al animal. Jacobo corrió esgrimiendo su espada y atacó al jinete caído. «Voy a vomitar —pensó Juan horrorizado—. ¡Dios mío, no permitas que me vean! ¿Dónde están mis flechas?»

De repente volvió a reinar el silencio, sólo roto por gemidos aislados. Juan miró a su alrededor, algo aturdido. Ya no se aproximaban jinetes. Corrió para observar la trinchera en toda su longitud. El enemigo había retrocedido y una masa enorme de más de un millar se reagrupaba al pie de la colina. Al borde de la trinchera el suelo estaba cubierto de cadáveres y de jinetes heridos. Algunos de los hérulos avanzaban con sigilo, sonrientes, impacientes por iniciar el saqueo.

—¡Todavía no! —gritó Juan, obedeciendo a un instinto aguzado durante la marcha desde Singidunum—. ¡Volverán enseguida! Desplazad a los arqueros hacia este extremo de la trinchera. ¡Hacedlos trepar! ¡Dios eterno! ¡Que alguien me dé más flechas!

Jacobo se acercó corriendo con más flechas y siguió corriendo para ayudar a los otros esclavos a auxiliar a los heridos. Con suma celeridad dispuso a los arqueros de manera que contasen con más campo libre para disparar y seguidamente fijó su atención en los eslovenos. Además de los jinetes que se reagrupaban al pie de la colina, una fuerza más numerosa se arremolinaba en la carretera frente al centro romano. La figura con armadura dorada parecía estar pronunciando una nueva arenga y varias veces señaló la carretera en la dirección de Narsés. Juan no tuvo tiempo para preocuparse, los jinetes ya se lanzaban entre gritos por la colina para hacer otra carga.

—¡Espera! —gritó dirigiéndose a un soldado que en su entusiasmo malgastaba sus proyectiles de plomo estando los eslovenos todavía lejos del alcance de la honda—. ¡Espera hasta que puedas matarlos!

La segunda carga de los eslovenos fue más fácil de contener que la primera. El enemigo veía su avance obstaculizado por montones de sus propios muertos y hubo tiempo de disparar a discreción antes de sufrir un violento impacto sobre los lanceros. El choque en sí terminó pronto y el enemigo se replegó casi tan rápido como había llegado. Estaba Juan tomando nuevamente aliento cuando oyó el estruendo de cascos a sus espaldas y al volverse vio que Filemut y sus hérulos se aproximaban al galope tendido a atacar al enemigo.

—¡Pero si no se ha dado orden alguna! —gritó, y en ese instante alguien lanzó un grito de horror.

—¡El comandante!

Al mirar, Juan vio que la figura sobre el caballo blanco no estaba allí.

—¡Madre de Dios! —exclamó, y apartando con esfuerzo los ojos del lugar vacío antes ocupado por Narsés, los dirigió hacia los hérulos que corrían al extremo de la trinchera. En la parte baja de la colina los eslovenos volvían a reagruparse y más lejos la carretera hervía de hombres. Pensó: «Es demasiado pronto. Filemut se dirige al centro para atrapar al rey esloveno, pero debemos quitar primero del camino a la caballería o nos harán pedazos. Estos malditos hérulos sólo están locos por vengarse. ¡Son salvajes, desenfrenados, poco fiables! Debo detenerlos». Seguía pensando en ello cuando corrió a montar su caballo.

De inmediato sus hombres corrieron también a sus cabalgaduras y debió detenerse para gritarles que volviesen a sus lugares y matasen eslovenos como se les había ordenado. Al ver a Hilderico el Vándalo, le indicó velar por el cumplimiento de la orden.

—¡Voy a detener a esos idiotas de los hérulos! —gritó—. ¡Quédate aquí si no quieres que los mate a todos! ¡Jacobo, dame más flechas! —había montado ya sobre *Maleka* y Jacobo le entregó otro haz de flechas, que metió en el carcaj junto al arzón antes de lanzar la yegua al galope—. ¡Vuela! —le dijo en árabe y el animal obedeció, corriendo detrás de los hérulos como un ser alado.

Al pasar junto al borde de la trinchera, oyó el trotar de más caballos. Volviendo la cabeza, vio la masa confusa de eslovenos trepando por la colina hacia él y se inclinó sobre el pescuezo de la yegua. Las lanzas se hundían con un ruido sordo a su derecha y tuvo la visión horripilante de morir con el cuerpo destrozado por varias heridas. Pensó: «Es la próxima carga, ha comenzado ya y estoy atrapado». Por un instante sintió un terror tan intenso que estuvo a punto de desmayarse. «¡Cobarde!», observó con disgusto una parte de él y como un eco oyó la voz de Bostra: «¿Qué puedes esperar del hijo de una prostituta?».

—¡No soy un cobarde! —replicó a gritos y palpando encontró una flecha y la colocó en el arco. «El tiro de los partos. Es fácil». Se volvió a la vez que distendía el arco y vio que el primer esloveno le seguía a tan sólo cien pasos de distancia. Disparó y cogió otra flecha. *Maleka* galopaba a toda velocidad, resoplando aterrada por el olor a sangre y por el miedo. Juan volvió a disparar. Los eslovenos le gritaban en su idioma. Algunos arrojaron lanzas que no dieron en el blanco, desviadas por el galope enloquecido. Juan encontró otra flecha, la disparó, luego otra, y otra, y otra, hasta no hallar ninguna al volverse para mirar, pues el carcaj estaba vacío. Al levantar la vista vio más jinetes frente a él, y apretó la cabeza contra el pescuezo de la yegua. «Volamos, volamos hacia la muerte». La certeza de la muerte no lo aterraba, pero la posibilidad de que ocurriera sí.

Los jinetes que estaban frente a él se desplegaron, gritando su nombre. Al erguirse sobre la silla de montar vio que eran hérulos. A sus espaldas comprobó que los eslovenos que lo habían perseguido se alejaban al galope. Tiró de las riendas y *Maleka* se detuvo, con las patas temblorosas y echando espuma por la boca. Los hérulos se habían detenido también y se amontonaban en torno, gritando y riendo. Filemut apareció desde el centro, desplegando una amplia sonrisa.

—¡Nunca vi nada semejante! —dijo—. Vemos que nos siguen, luego te vemos a ti. Nos detenemos y esperamos. ¡Qué espectáculo! ¡Esa yegua sabe correr, y tú sí que sabes disparar!

—¡En nombre de todos los santos del cielo! ¿Qué estás haciendo aquí? —preguntó Juan, furioso.

Filemut dejó de sonreír.

—¡Se te dijo que esperases la señal! —gritó Juan, temblando de furia y alivio—. El comandante te dijo que te mataría si no esperabas. Te mataría yo mismo si me quedara una flecha. ¡Vuelve inmediatamente a tu puesto!

—¡Ha muerto el comandante! —dijo Filemut indignado, señalando la carretera—. Nosotros no nos quedamos quietos esperando mientras matan a nuestros jefes. ¡Somos guerreros!

—¡Sois soldados romanos y los soldados romanos obedecen las órdenes! ¿Cómo sabes que está muerto? ¡Vamos, volved! —al tirar de la rienda la cabeza de *Maleka* se movió—. ¡Volved! —gritó a los hérulos en su propio idioma. Tomó entonces la rienda del caballo más próximo y la movió de un lado a otro. Con aire sorprendido el jinete miró hacia la colina. Juan llevó a *Maleka* al trote y regresó a la trinchera sin mirar atrás, furioso contra Filemut. Pensó, lleno de incredulidad: «Casi me mato, y todo por culpa de ese imbécil que no obedeció las órdenes... ¡Bárbaro bruto y mugriento! ¡En toda esta nación no hay un mínimo de disciplina!».

La caballería de los hérulos lo siguió como un rebaño de ovejas.

Cuando volvieron a la trinchera, los hérulos comenzaron a gritar de alegría al señalar la carretera. La figura envuelta en un manto blanco estaba nuevamente allí, inmóvil como siempre, montada en un caballo castaño. Filemut se acercó y tomó a Juan del brazo, radiante de alegría. Olvidado ya su enojo, Juan sonrió a su vez.

—Fue sólo el caballo —dijo Filemut sonriente—. Bien. Voy a esperar ahora la señal.

Juan asintió.

—Y yo seguiré en mi puesto —respondió.

En el extremo de la trinchera, bajó de la yegua y con piernas inseguras se sentó en el suelo, tiritando de frío, entre sus hombres.

—¿Volvieron a atacar? —su pregunta fue hecha al azar. A su lado, Jacobo lo cubría con una capa.

—No, amo. Estaban todos persiguiéndote a ti.

Juan hizo un gesto, aunque en realidad no había comprendido del todo. Con un esfuerzo se levantó y se acercó a la trinchera, donde vomitó. Sobre su cabeza dorada como el trigo, resonó la trompeta con dos fuertes toques.

Por lo que a Juan concernía, aquél era el fin de la batalla. En el este, donde el abrupto borde de la colina había detenido a los atacantes, el combate nunca había sido tan duro ni había durado tan poco tiempo. En el oeste, según comprobó Juan, la caballería eslovena había caído en una confusión fatal con la inútil persecución del propio Juan.

—Al principio eran unos pocos los que te perseguían —le dijo más tarde Hilderico el Vándalo, con una gran sonrisa—. Pero al alcanzar a su jefe con tu flecha, toda la tropa se alejó para vengarse en vez de atacarnos; tu yegua corría tanto que se dispersaron todos por la colina hasta que se encontraron con los hérulos encima. Los hérulos se habían detenido para ver el espectáculo. Estaban, pues, todos en la línea de batalla. El enemigo sabía que no estaban en condiciones de luchar contra los hérulos por encontrarse desorganizados y no tenían un jefe que les diese órdenes, de modo que los que se salvaron dieron media vuelta y huyeron. Entonces todo lo que le tocó hacer a nuestro ilustre general fue esperar a que los hérulos estuviesen otra vez en sus puestos y dar la señal de entrar a la carga.

—Estaba esperándolos, ni más ni menos. No era necesario decirles que volviesen.

—No... En verdad, no —dijo Jacobo, que estaba junto a Hilderico—. Pero lo habrías hecho si no te hubieses ido.

Una vez efectuada la carga, la caballería hérula había avanzado velozmente sobre el flanco esloveno e irrumpido en medio de la infantería, que carecía de la protección, como los romanos, de las trincheras, los proyectiles y las lanzas.

Al ver esto, el rey de los eslovenos renunció a atacar a Narsés y galopó para prestar ayuda, para acabar encontrándose rodeado. La carnicería fue terrible. Cuando en la tarde del mismo día Juan recorrió el valle a caballo, encontró la carretera teñida de sangre y llena de cadáveres a lo largo de un kilómetro. Con todo, el rey había logrado escapar finalmente, con muchos de sus propios hombres, pero fue necesario abandonar todo el botín.

Mientras los hérulos seguían matando eslovenos, llegó un mensajero de Narsés instando a Juan y a sus hombres a dirigirse al centro. En la carretera Juan halló al comandante tendido en la nieve. Un médico extraía del muslo astillas ensangrentadas. El eunuco estaba muy pálido, destacándose tan sólo los labios y las sombras de los ojos azulados. Su férrea impasibilidad no había desaparecido.

—Juan —dijo Narsés al ver a su subordinado—, me alegro mucho de no haber presenciado tu travesura. Bien. ¿Te has convencido?

Juan lo miró un instante, sin comprender.

—Creo que sí —dijo por fin—. Pero no quiero volver a hacer lo mismo otra vez.

—No —convino Narsés. Su sonrisa era forzada—. Alinea a tus hombres y hazlos prepararse para apoyar a la caballería si fuese necesario. ¿Tienes muchas bajas?

El recuerdo de las pocas horas que siguieron hizo pensar a Juan en un sueño, aunque entonces parecía natural enviar a Jacobo nuevamente a su tienda en busca de las tablillas, las plumas y el estilete. El trabajo de detallar las bajas, de asignar a algunos hombres el cuidado de los heridos y a otros el entierro de los muertos y el nombramiento de mensajeros que llevasen la noticia a Nicópolis y solicitasen más provisiones y alojamiento era en conjunto muy similar a la rutina de cómo dirigir un ejército. En un santiamén, Juan se encontró registrando un mensaje en taquigrafía, con el carcaj colgando aún a la espalda y el casco puesto, mientras Narsés dictaba desde unas angarillas, interrumpiéndose una o dos veces para contener los gritos de dolor cuando le cauterizaban la herida; mientras tanto, en el valle los eslovenos huían de los hérulos victoriosos. Narsés tenía una herida de flecha por encima de la rodilla, que había atravesado la parte más musculosa del muslo antes de clavarse en el caballo. La yegua blanca persa había tratado de aliviar su dolor revolcándose sobre la herida, pero al quebrarse, la flecha se había hundido aún más en el cuerpo. El escudero mató al animal, pero llevó algún tiempo desmontar a su jinete, que había perdido gran cantidad de sangre cuando pudieron socorrerlo. El jinete había insistido en montar nuevamente para tranquilizar a los hérulos, pero el médico mostró su profundo desagrado.

—¡Si te hubieses quedado sentado y quieto, podríamos haberte extraído la flecha entera! —dijo a su comandante en tono de reproche una vez que terminó de sacar fragmentos de madera de la herida que había cauterizado—. ¡Mira esta herida! ¡Pasarán meses antes de que vuelvas a caminar, si tenemos la suerte de que no se infecte!

Narsés se limitó a hacer un gesto impaciente y pidió noticias de lo que hacían los hérulos en aquel momento.

—Se apoderan del botín reunido por los eslovenos —le informó uno de los miembros de su guardia personal.

—¿Y los eslovenos?

—Se fueron hacia el norte, señor.

—Manda a Alvit y a Faniteo a perseguirlos. Diles que mantengan las distancias y que eviten tomar contacto, pero deben observar adónde se dirigen. Juan, ve con ellos y asegúrate del botín en mi nombre. Promete a los hérulos una buena recompensa, elógialos hasta las nubes, señala que las cosas deben repartirse con equidad y asegúrate de quitárselo todo. Esas mujeres y niños son romanos de Oescus y del campo. Han sido violados y maltratados por los eslovenos y no es justo entregarlos a los hérulos. Mándalos a Nicópolis. ¿Qué hora es?

—Unas dos horas antes de anochecer, señor.

—Entonces Nicópolis queda demasiado lejos. Bien, instálalos en el campamento, pues —inesperadamente Narsés se interrumpió y contuvo el aliento en un gemido ahogado. El médico acababa de limpiar la herida con una solución de hierbas y vinagre.

—Los mantendré vigilados por la guardia de palacio —dijo Juan, cerrando las tablillas—. ¿Hay algo más que sea urgente?

Narsés negó con la cabeza, parpadeando para contener las lágrimas de dolor.

—Bien, ilustrísimo señor. ¿Por qué no descansas ahora? El médico te dará algo para aliviar el dolor y no hay motivo para no probarlo. Después de una victoria tienes derecho a dormir.

Narsés sonrió débilmente pero sin la menor ambigüedad.

—¿En qué código legal has leído *eso*? Vete, entonces. Y si encuentras a ese emisario... —Narsés calló un instante—... aconséjale que su reina busque a otra persona que cuide de su guardarropa.

VIII

Cruel como la tumba

El resto del invierno fue una larga serie de desengaños. Tan pronto como los eslovenos volvieron a cruzar el Danubio y quemaron el puente tras de sí, Narsés intentó negociar con ellos. Sus mensajeros fueron bien recibidos y tratados con cortesía, pero volvieron con las manos vacías. No se hicieron promesas de paz. Las otras tribus de la región mostraron gran regocijo ante la visita de un ministro imperial de tan elevado rango y la victoria los impresionó profundamente. Todas enviaron embajadas a su vez y presentaron varias disputas para someterlas al arbitraje de Narsés, pero no tenían la menor disposición en aceptar tratados que las convirtiesen en parapetos de los enfrentamientos con los eslovenos, aun cuando las acompañasen tentadoras ofertas de tierras y subsidios. Las defensas de Tracia, destruidas en Oescus, se desmoronaban por todas partes. Narsés luchaba con infinitas dificultades para volver a levantarlas sin ayuda de los bárbaros, pero las provincias estaban demasiado castigadas y exhaustas para contribuir a su propia defensa y el resto del imperio no contaba con ningún medio para socorrerlas.

La peor de las frustraciones, no obstante, se produjo antes del momento fijado para la marcha del ejército hacia Dyrrachium para emprender viaje a Italia. Las tropas habían retornado a Sérdica tan pronto como resultó evidente que la invasión eslovena había terminado por el momento. Narsés recorrió la frontera durante los meses de febrero y marzo transportado en una litera tirada por caballos, por no poder todavía caminar ni cabalgar, pero los hérulos permanecieron en sus cuarteles. En abril, poco después de su regreso, Filemut y los otros comandantes hérulos llegaron juntos al cuartel general de Narsés y solicitaron formalmente una entrevista.

Cuando llegaron los hérulos, Narsés y Juan estaban revisando las disposiciones para la marcha en el despacho del comandante. El eunuco estaba sentado en un diván con una pierna levantada, estudiando una pila de documentos a su lado. El sol primaveral entraba tibio por las ventanas abiertas con el grato aroma de las flores del patio. Juan estaba sentado ante el escritorio intentando escribir una carta a un funcionario de trato difícil en Dyrrachium y le costaba mucho concentrarse. «En primavera, los membrillos de Cydonia beben... —no se apartaba de su mente y sus pensamientos lo llevaban de continuo a Constantinopla—. Me pregunto cómo habrá interpretado Teodora el informe de Narsés. Estará satisfecha, pero ¿qué sucederá? ¿Tendrá que volver Narsés, dejando a otro para conducir el ejército a Italia? ¿Y qué rango tendré yo?

»Me pregunto cómo se llevará Eufemia con Sergio —con una sonrisa dejó su pluma y contempló las sombras de las hojas que se agitaban suavemente sobre la pared soleada—. ¡Cuánto me gustaría verlos! Yo apostaría por Eufemia. Sergio es tortuoso, pero no tiene la mitad del seso de ella. Seguramente la habrá ofendido y ahora ella tratará con Anastasio».

Cerrando los ojos, imaginó a Anastasio y Eufemia en el cuarto de ésta, inclinados y cambiando impresiones sobre las audiencias habidas mientras la acompañante de Eufemia trabajaba silenciosa en su telar. Seguramente florecía la vida en las enmarañadas enredaderas del patio y el poco caudal de agua en la fuente rota sería verdoso. Pensó: «Se entenderán. Se parecen. Ambos van directamente a lo que quieren y son eficientes. Querría saber por qué...»

El escriba del despacho golpeó la puerta con los nudillos y anunció a los comandantes hérulos.

Juan se levantó sonriendo y se les acercó para estrecharles la mano. Había quedado como gobernador de Sérdica cuando Narsés tuvo que viajar y creía conocer bien a los comandantes. Sin embargo, antes de cruzar la sala hacia ellos, Filemut, seguido de los otros, le hizo una profunda reverencia con muestras de impaciencia. Juan se detuvo y se inclinó a su vez. Pensó: «Algo anda mal. ¿Habrá habido otro asesinato en la tropa?».

—Estimadísimo e ilustrísimo general —exclamó Filemut, con una reverencia mayor aún ante Narsés.

Narsés se irguió, moviendo con gran cuidado su pierna, e inclinó la cabeza. Juan tuvo la impresión de que había envejecido algo después de los acontecimientos invernales. La herida le había hecho adelgazar aún más y en el pelo sedoso se advertían más canas que cabello oscuro. Su energía, en cambio, no había disminuido.

—Estimadísimo Filemut... y vosotros, muy honorables comandantes —respondió—, ¿en qué puedo serviros?

Filemut carraspeó y los otros dieron unos pasos, nerviosos.

—Como sabe mi distinguido comandante, fui enviado según tu encargo a reclutar a algunos hombres de mi país para luchar por la sacra Majestad del emperador Justiniano Augusto —comenzó diciendo en tono formal y luego calló.

Narsés hizo un gesto cortés y esperó.

—Y como ya sabes, ilustrísimo señor, hemos combatido por el emperador, hemos sufrido un cruento conflicto en pleno invierno y hemos logrado una gran victoria, imperecedera —Filemut volvió a callar, como si hubiese olvidado el renglón siguiente de su discurso—. A pesar de eso, Vuestra Solicitud desea ahora que vayamos a Italia a luchar por Belisario, mientras tú vuelves a Constantinopla. Belisario nunca fue amigo de mi pueblo. A los que luchamos por él en el pasado nos trató con mucha crueldad y de manera radicalmente opuesta a nuestras costumbres. No aceptaremos estar bajo su mando.

Narsés suspiró.

—Comprendo tu preocupación por tu pueblo, nobilísimo Filemut. Con todo, aunque debo dejarte en Dyrrachium, no estarás directamente bajo la autoridad del distinguido conde Belisario. He recibido la confirmación de que estarás bajo el mando de nuestro común amigo Juan, en quien sé que confías tanto como yo mismo.

Narsés dirigió su sonrisa a Juan, quien sólo atinó a mirarlo boquiabierto. Atónito, pensó: «¿Yo solo? ¿Comandante supremo, no el subordinado de nadie? ¡Santo Dios!».

Filemut le sonrió, nervioso, pero se limitó a decir:

—Realmente estimamos a Juan, pero no deseamos luchar en una guerra conducida por Belisario.

—Aceptaste eso, ni más ni menos, en Singidunum —señaló con suma paciencia Narsés—. ¿Qué garantías pretendes, entonces?

Uno de los otros comandantes se aclaró la garganta antes de hablar.

—Ilustrísimo señor, hemos cumplido ya nuestros contratos luchando por ti contra los eslovenos. Deseamos volver a nuestra patria.

La sonrisa cortés de Narsés se esfumó. Después de mirar a otro de los comandantes, apartó el montón de documentos.

—¿Qué ha sucedido? —preguntó.

Los comandantes tenían la vista fija en el suelo.

—Estamos cansados de luchar contra extranjeros —dijo con voz insegura—. Deseamos volver a Singidunum, a nuestro hogar, con nuestras esposas.

—Se trata de la embajada de Tule —corrigió Narsés duramente—. Ha vuelto, ¿no? Ha encontrado un rey del linaje real de los hérulos. Es por eso por lo que queréis regresar.

Hubo un momento de absoluto silencio. Desde el patio llegaba el canto de un pájaro.

—¿Estoy en lo cierto? —preguntó Narsés.

Lentamente Filemut asintió.

—Nos han encontrado un rey —dijo—. Ilustrísimo señor, te ruego que comprendas. La embajada ha encontrado un hombre, Dacio, hijo de Aordo, hijo de Oco, hijo de los hijos de los dioses, de línea agnada real de los hérulos. Pero Justiniano Augusto defenderá al rey Souartouas porque él lo nombró y está seguro de su lealtad. Souartouas ha sido mi amigo, pero no tiene más derecho a ser rey que yo mismo, y ni yo ni el pueblo podemos apoyarlo contra el rey Dacio. Habrá pues hostilidad entre nosotros y los romanos y de ningún modo iremos a Italia, ni siquiera por ti, ni siquiera bajo el mando de Juan.

—Has hecho un juramento —afirmó Narsés.

—Juramos luchar por ti. Lo hemos cumplido.

—¡Juraste obedecerme! Cristo, que todo lo ve, sabe que yo he cumplido con mi parte del acuerdo y no te he defraudado en nada. Aceptasteis dinero de mí.

—Devolveremos el dinero, ilustrísimo señor. Pero no podemos ir a Italia ahora.

Narsés lo miró fijamente durante un minuto y luego hizo lo mismo con cada uno de los demás comandantes.

—¿Sabéis lo que dicen los romanos de vuestra nación? —preguntó furioso—. Que sois una raza de embusteros, traidores, perjuros e inconstantes. Que os dais a la violencia, a la bebida y a la fornicación. Que sois los peores hombres de toda la tierra —los oficiales lo miraron a su vez, al principio perplejos, luego furiosos. Uno de ellos, Alvit, se llevó la mano a la espada.

—Ni siquiera los romanos —vociferó Alvit— dicen que somos cobardes. ¡Han sido testigos de mucho de nuestro valor en el pasado!

Narsés lo miró furioso.

—Siempre defendí el nombre hérulo —dijo amargamente—. ¿Qué diré ahora en Constantinopla? ¿Que mis fieles hérulos no sólo se negaron a combatir por mí, sino que además desean huir y saquear tierras romanas como sus antepasados? Me daría vergüenza decir semejante cosa, Alvit..., como debería avergonzarte a ti.

Con una expresión de desconcierto Alvit apartó la mano de su espada.

—Diles que somos leales a nosotros mismos —dijo Filemut.

El suspiro de Narsés fue de desdén.

—¡Replicarán que eso es enteramente obvio! Os ponéis en una situación vergonzosa y me avergonzáis a mí.

—Ilustrísimo señor —suspiró Filemut en un tono de verdadera preocupación—, no deseamos ocasionar tu vergüenza ante el sacro Augusto. Siempre fuiste nuestro amigo y benefactor. Pero debemos tener un verdadero rey. Haremos verdaderos esfuerzos por mantener la paz con los romanos y por respetar sus tierras. Yo mismo, cuando me dirija al rey Dacio, le pediré que me permita volver con mis hombres a servir a los romanos. Más no podemos hacer. Tienes que comprenderlo. No podemos ir a Italia.

Narsés volvió a mirarlos con una furia concentrada, rayana casi en odio personal. Luego cerró los ojos y se llevó las manos al rostro.

—No, no podéis ir —convino. Cuando se apartó las manos de la cara su expresión era otra vez tranquila. Y añadió—: Bien, te dispenso de tus promesas. No necesitas devolver el dinero que hayas recibido. Me conformaré con tu juramento de abstenerte de invadir territorios romanos. Puedes volver a Singidunum dentro de dos días y dispondré que te acompañe una escolta de regreso a tu región.

Con profundas reverencias, los hérulos se retiraron. Una vez cerrada la puerta, Narsés extendió una mano hacia el montón de documentos y con un rápido movimiento los tiró al suelo. Hundió la cabeza entre las manos, que se movían crispadas por el pelo.

—En realidad no son... —protestó Juan tímidamente.

—Son lo que piensas —respondió Narsés—. Y debemos permitírselo. De lo contrario también se irán y estarán resentidos contra nosotros. ¡Madre Santísima! ¡Paciencia! —exclamó al hundir un puño en el lateral del diván.

Juan se sentó a la mesa de escribir junto a su carta por terminar. Pensó deprimido: «No hay necesidad de terminarla ahora. Todo ese trabajo, traerlos aquí, pagarles, alimentarlos, preocuparnos por ellos, solucionar sus disputas, tratar de controlarlos... y todo eso ha terminado después de una entrevista de cinco minutos. ¡Cielos!».

Le dolía la garganta, así que permaneció silencioso, mordiéndose el labio y, como un niño desilusionado, tratando de no llorar.

—Bien —dijo Narsés después de una larga pausa. Su voz era nuevamente serena—. Desde el principio era una posibilidad y todo ha ido muchísimo mejor de lo que podría haber sido. Podría haber surgido un motín, podrían haber saqueado Sérdica. Y es verdad que nuestros esfuerzos nos han valido una victoria. Debemos volver a Constantinopla. Tal vez pueda lograr que hagamos un convenio pacífico con los hérulos o consiga más dinero o tropas destinadas a la defensa de Tracia.

—¿Hay alguna esperanza? —preguntó Juan con amargura.

—No mucha —admitió Narsés—. En su momento aconsejé no nombrar a Souartouas, pero el jefe de nombramientos estaba empeñado en esa alternativa y el emperador la encontró interesante. Igual que no siguió mis consejos entonces, ahora no apartará a Souartouas. Siempre apoya a los hombres nombrados por él.

»Y sabes tan bien como yo que no tenemos ninguna posibilidad de conseguir más tropas o más dinero para Tracia, mientras Belisario clame por más ayuda para Italia y otra rebelión dé comienzo en África. Todo lo que hemos hecho aquí ha sido en vano.

Narsés se levantó muy despacio, se acercó a Juan renqueando y, apoyando una mano en su hombro, lo reconfortó.

—Hay que soportar estos inconvenientes —declaró con delicadeza—. De todos modos todo es vanidad: el mando de los ejércitos, las victorias, los triunfos, la púrpura y los adornos de oro... son sólo obsequios del azar, de la tierra donde todas las cosas mueren. Está mal que las deseemos con tanta vehemencia.

Juan se frotó los ojos.

—Ha sido el trabajo de un año —murmuró.

—Y no ha sido perdido. Salvamos a Nicópolis, por lo menos, y a esas pobres mujeres de Oescus. Hemos demostrado lo que queríamos demostrar.

—¿Qué?

Narsés se encogió de hombros.

—Que la caballería no es invencible. Que el origen de un hombre no influye en su coraje y que un buey es tan bueno como un toro.

Juan lo miró.

—¿Por eso decidiste ser tú el blanco de los disparos, para que los eslovenos probasen su puntería en la batalla?

El eunuco sonrió.

—Desde luego. Ven, debemos disponer la escolta de regreso de los hérulos a Singidunum.

Las disposiciones para los hérulos no eran complicadas, y las tomadas para su propio regreso a Constantinopla, fueron de una simplicidad poco menos que absurda. Regresaron a la ciudad una tarde radiante y ventosa de principios de mayo. Habían enviado emisarios anticipadamente para anunciar su llegada y los acogieron al son de las trompetas en la Puerta de Oro. Entraron por ella a caballo Narsés y Juan con sus servidores, luego los miembros de su guardia personal, seguidos por un pequeño carro con los equipajes, y por último la guardia de palacio, bajo el mando de un oficial de rango inferior, ya que Artemidoro había conseguido que no lo enviasen de regreso después de entregar la carta de Narsés. «Hemos pasado un año reclutando hombres, y ahora volvemos con menos de la mitad de los que partieron con nosotros y con la misión que motivó su reclutamiento no cumplida. ¡Qué desastre de expedición!», pensó Juan con tristeza.

Al aproximarse al Gran Palacio, sin embargo, la gente comenzó a salir a la calle y a darles la bienvenida con ovaciones, como si la expedición hubiese sido un éxito total.

Por doquier se oían sus gritos de «¡Narsés! ¡El justo, el piadoso! ¡Conquistador de los eslovenos, salvador de Tracia!». Narsés estaba sorprendido.

La Puerta de Bronce del Gran Palacio aparecía abierta de par en par y frente a ella, en formación, los regimientos de la guardia de palacio y de la guardia personal, dando la bienvenida a sus camaradas. Resonaron las trompetas y todos los guardias imperiales gritaron a coro. Narsés detuvo su caballo ante la puerta y los comandantes de ambos cuerpos, el conde de la guardia personal y el conde de la guardia de palacio, avanzaron juntos, vestidos con los mantos blanco y púrpura de los patricios y sus armaduras bañadas en oro.

—Ilustrísimo Narsés, te saludamos en nombre de su sacra Majestad, nuestro amo Justiniano Augusto —dijo ceremoniosamente el conde de la guardia de palacio.

—Su sacra Majestad desea darte la bienvenida personalmente en el salón de los Diecinueve Divanes y felicitarte por tu victoria —dijo el conde de la guardia personal.

Narsés inclinó la cabeza.

—Excelentísimos condes, estoy profundamente honrado.

Cada uno de ellos tomó una rienda del caballo de Narsés y encabezaron la procesión atravesando la puerta. Narsés dirigió a Juan una mirada divertida e irónica.

En la gran plaza que se abría tras la Puerta de Bronce desmontó y entregó las riendas de su cabalgadura a uno de los caballerizos que aguardaban y, seguido de sus oficiales, de su séquito personal, de los dos condes y de un grupo numeroso de funcionarios del palacio, entró cojeando en palacio.

El salón de los Diecinueve Divanes era un anexo del palacio Dafne considerado como el mayor de los salones de recepción imperiales y se utilizaba cuando se quería recibir a una gran multitud, o celebrar banquetes de Estado, en los que en cada diván podía tomar asiento una docena de personas. Era un salón inmenso de techo abovedado, profusamente decorado con frescos y mosaicos y dividido en dos por cortinajes de seda bordados en oro. La luz de las ventanas de la bóveda se filtraba entre nubes de incienso que saturaban la atmósfera. A lo largo de las paredes se habían colocado los cortesanos y los altos funcionarios, con sus vestidos de seda y sus joyas. Juan había perdido la costumbre de encontrarse en medio de la magnificencia de palacio y se sintió abrumado. En el extremo más alejado del salón las cortinas estaban corridas.

Narsés recorrió muy gentil el salón, subió los tres escalones hasta el estrado y se detuvo. Juan le esperaba con los demás oficiales junto a las gradas. Las cortinas se abrieron y allí estaban sus sacras Majestades, Justiniano y Teodora, imágenes de púrpura y oro. Los ojos de Teodora se apartaron de Narsés para detenerse un momento en Juan y luego volvieron a posarse en el comandante del ejército. Juan se prosternó y oyó el rumor de la seda y del aliento contenido al imitarlo todos los presentes en el salón.

Narsés intentó prosternarse a su vez, pero su pierna herida le hacía moverse con torpeza. Justiniano se levantó del trono y lo tomó de las manos para impedírselo, tras lo cual lo abrazó y lo besó en la frente.

—Bienvenido —le dijo con una sonrisa— y muchas felicitaciones por tu victoria.

Las tropas de Tracia eran objeto de grandes elogios y llovían sobre ellas las loas y el dinero, participando en una magnífica fiesta en el salón de los Diecinueve Divanes, hasta que por fin se les permitió arrastrarse exhaustas a descansar en sus camas. Para Juan fue motivo de alegría que el festín terminase. El elogio exagerado por el triunfo le sonaba a artificial y la necesidad de inclinarse y murmurar las frases cortesanas correctas suponía un esfuerzo excesivo después de la dura lucha, la desilusión y el largo viaje. Aparte de la mirada sombría que le había dirigido al principio, Teodora no lo trató de un modo diferente al dispensado a los otros oficiales y tampoco le hablaba. «¿Está enojada conmigo? ¿O ya se ha cansado de mí? No, qué tonto soy. Ella no diría nunca nada en una ocasión formal como ésta», pensó Juan.

Sin embargo, cuando volvió a encontrarse en su casa, volvió a sentirse preocupado por el silencio de la emperatriz, por los espías desconocidos y por la incertidumbre de su propio futuro. «Te recomendaré para otra misión militar», le había dicho Narsés durante el viaje de regreso desde Sérdica. También le había dicho aquella mañana: «No vuelvas a la oficina mañana. Tómate unos días de descanso». «Necesito descansar. No creo haber descansado nunca desde que llegué por primera vez a esta ciudad. Pero ahora tampoco puedo descansar», pensó Juan.

Exhausto, con los ojos hinchados, yacía en la cama escuchando los ruidos de la ciudad. En la cocina, Jacobo recitaba sus aventuras ante sus admirados padres y exhibía su certificado de manumisión a un desfile ininterrumpido de visitantes y amigos. Fuera, los carros cuya presencia en las calles estaba prohibida durante el día pasaban rechinando por las calles empedradas. La ciudad era como un gran peso que impulsase la península hacia el palacio, aplastándolo a su paso. Mentalmente midió la distancia entre ella y Sérdica, entre ella y Dyrrachium, calculando raciones para doscientos hombres, para mil, determinando la distancia y las paradas durante el viaje. Era como si lo viese todo desde una gran distancia, los ejércitos avanzando lentamente, como hormigas, por las tierras agrestes de Tracia. Con un lamento ahogado se volvió en la cama y trató de olvidar esa pesadilla.

Narsés no esperó siquiera ni al día siguiente para reanudar su trabajo. Se alejó de la fiesta con el emperador y juntos se dirigieron a los aposentos privados, asumiendo así Narsés su antiguo puesto de gran chambelán sin decir una sola palabra.

Justiniano sonrió y despidió a sus otros servidores, pero cuando Narsés estuvo a la distancia propia de un ayuda de cámara, es decir, junto a la cabecera del emperador, éste hizo un gesto con la cabeza.

—Siéntate —le ordenó—. No estás de servicio y sé desvestirme solo, ¿sabes? Antes de ser emperador me desnudaba yo solo —y para demostrárselo, se sentó en la cama y se quitó el calzado de color púrpura. Narsés se sentó frente a él en un diván y frotó con cuidado su pierna tiesa—. ¿Qué te pasó ahí? —preguntó Justiniano señalando la pierna—. Tu carta decía que estabas levemente herido, pero a juzgar por lo que veo la herida no fue leve ni mucho menos.

Narsés sonrió.

—Una flecha me atravesó la pierna.

—¿Te la atravesó del todo? ¡Santo Dios! ¿Qué estabas haciendo para sufrir una herida como ésa? ¿Luchabas en primera línea?

—No fue exactamente así, señor. Nunca aprendí a manejar un arma, pero cedí a un ataque de vanidad y me coloqué en un lugar muy visible al sentarme cerca del frente sin quitarme el manto de patricio. Lo pagué caro.

—¡Qué insensatez! —exclamó el emperador irritado—. Te prohíbo que vuelvas a correr esos riesgos.

—No disfruté de la experiencia, de modo que trataré de evitarla en el futuro —prometió Narsés con una sonrisa.

Justiniano rió a su vez.

—Has demostrado ser más indispensable que nunca —musitó sin dejar de quitarse las medias de color púrpura—. Fue una victoria magnífica, amigo mío. La verdad es que te subestimé. Debí haber retirado a Belisario de Italia en aquella ocasión, no a ti. Déjame recompensarte... Vamos, pídeme algo.

Narsés hizo una reverencia.

—Mi recompensa estriba en agradar a tu sacra Majestad.

Justiniano levantó la cabeza y volvió a reír.

—Pensé que dirías eso. El cortesano de siempre. Bien, todo depende de mí, ¿no?

—Como prefieras, señor. Sin embargo, tengo algunas sugerencias que desearía que escucharas.

—¡Lo sospechaba! Primera sugerencia, que abandone a Souartouas y reconozca al nuevo rey que los hérulos trajeron de Tule. Segunda sugerencia, que retire tropas de otro punto del imperio y las envíe a reforzar las defensas de Tracia y de Iliria. ¿Me equivoco?

—En absoluto, señor.

Justiniano suspiró.

—No creo que podamos hacer ninguna de las dos cosas, pero podemos discutirlo mañana. He convocado al consistorio a una reunión para considerar ambas cuestiones. ¿Más sugerencias?

Narsés sonrió.

—Una sola, señor. Mi secretario, Juan, ha demostrado tanta habilidad para conducir tropas como para organizar mi gabinete. Como sabes, yo quería ponerlo al mando de los hérulos en Italia. Ahora, en vez de eso, te recomiendo que lo nombres duque de Siria, o de Arabia, para no malgastar sus aptitudes.

La expresión de buen humor del emperador desapareció al instante.

—No pensaba tratar el tema de tu secretario esta noche, sino agasajarte a ti por tu victoria —dijo con voz cortante—. Ahora, en cambio, tengo que hacerte unas preguntas sobre él.

Narsés estaba sin moverse, con el rostro impasible. Recorrió mentalmente las cartas que había escrito a Constantinopla y las que había recibido. «Algo ha ocurrido. No sé qué, pero debe de haber sido reciente. Antes no había el menor indicio de dificultades», pensó.

—Si tienes alguna pregunta, señor, estoy aquí para contestarla —dijo con voz pausada—. Soy tu esclavo hoy, tanto como lo fui antes de que me dieses la libertad.

Justiniano gruñó algo y se frotó la cara. Se desprendió su túnica púrpura y la dejó caer sobre la cama; se levantó y se acercó a su escritorio.

—Intentaste mandarlo aquí poco antes del combate —manifestó, apoyado en la mesa y de espaldas a Narsés—. Artemidoro dijo que según escribías en una carta necesitabas que Juan me trajese información confidencial, pero la que mandaste carecía de importancia y cualquiera podría haberla traído. Querías mantenerlo alejado del peligro, ¿no? ¿Por qué?

Narsés siguió inmóvil unos instantes más, consciente de la sangre que latía febrilmente en su pierna herida.

—En parte porque quería dejar el ejército en manos de alguien en cuyo mando pudiese confiar si me mataban —dijo por fin—, y en parte para complacer a la Augusta.

—¿Te lo pidió?

—No, señor. No me dijo nada sobre él. Pero yo había notado, como tú, que parecía quererlo y tenía interés en favorecer su carrera y que se enojaría mucho conmigo si Juan moría estando bajo mi mando.

Justiniano se volvió y miró a su chambelán.

—Tú pensabas así —el emperador dirigió la mirada nuevamente a su escritorio, levantó una carta y se la arrojó a Narsés—. ¡Ahora dime qué piensas de esto!

> A la sacra Majestad del glorioso emperador Justiniano Augusto. Muchísimos saludos. Tal vez interese a tu sabia Majestad saber que nadie en las oficinas municipales de la ciudad de Beirut tiene ningún recuerdo de un escriba llamado Juan que haya abandonado esta ciudad hace año y medio para dirigirse a Constantinopla. Tampoco ha oído a nadie hablar en esta ciudad de un tal Diodoro que fuese hermano del cuidador de osos llamado Akakios. Además, aquellos que en Constantinopla conocían bien a Akakios aseguran unánimemente que no tenía hermanos, que solamente tuvo una hermana que murió antes que él. Por lo tanto parecería que el joven Juan, que afirma ser el primo de la serenísima Augusta, no puede serlo, por lo que deseamos alertar a tu sacra Majestad ante esta peligrosa impostura.

Narsés leyó la carta y volvió a leerla por segunda vez y pudo comprobar después que estaba escrita con la mano izquierda, seguramente para disimular la caligrafía. Quien la hubiera escrito temía que reconociesen su propia letra. ¿Letra masculina o... femenina? Parecía una letra de mujer, aunque era difícil determinarlo con certeza en circunstancias normales, y mucho más con la caligrafía distorsionada.

Con mucho cuidado Narsés dobló la carta y recorrió la superficie con los dedos.

—Tu Majestad no debería haber recibido esta carta —susurró en voz baja—. Si hubiese llegado a mi oficina nunca la habrías visto.

—¿Hubieras osado ocultármela? —preguntó Justiniano con indignación.

—Habitualmente no presento ante tus ojos acusaciones anónimas y sin pruebas. Si el Augusto, señor del mundo, escucha tales acusaciones, nadie estará seguro y la justicia misma se verá desvirtuada. Si las afirmaciones de esta carta son verdaderas, ¿por qué no las firmó su autor?

—Tenía miedo de Teodora —respondió de inmediato Justiniano—. Y tal vez tenga razón de temerla. Si las afirmaciones son ciertas, no es sólo tu secretario el que miente, sino mi esposa también.

—Sin embargo, ¿no es mucho más probable que quien miente sea el autor de la carta? Tú sabes que Su Serenísima tiene enemigos que murmuran historias llenas de maliciosas mentiras sobre ella y buscan la suciedad para enlodarla. Y Juan fue pasado por delante de otros, lo cual siempre genera odio. ¿Cuándo la has recibido?

—Hace dos semanas —respondió Justiniano. Su enojo había desaparecido y estaba sentado en la cama con expresión ansiosa y preocupada . Llegó con las otras cartas desde tu despacho, pero quien te reemplazó, Agapio, niega haberla visto.

—¡Interrogaré sobre ella a los escribas! —afirmó Narsés. Luego se dijo a sí mismo: «Y sé a quién debo interrogar. ¿Imagina Sergio que no lo he visto hurgar entre los documentos de Juan?»—. ¿Has investigado las acusaciones?

Justiniano hizo un gesto displicente.

—Es, como dijiste, una monstruosa calumnia sin fundamento alguno. Si ordeno investigarla deberé recurrir a los organismos del Estado, lo cual equivaldría a acusar públicamente a mi mujer, o bien contratar investigadores privados que ella descubriría y le provocarían resentimiento y quizá la llevarían a intervenir. Ella sospecha ya que yo desconfío, aunque no sabe de qué. Está enojada, pero a veces parece que además esté alarmada. ¿Crees, Narsés, que podría ser verdad? ¿Que mi mujer me engaña con ése...?

—Mi querido señor, ¿dudas de la fidelidad de tu esposa, o de su fuerza de carácter?

—De ninguna de las dos —respondió Justiniano muy afligido—, pero es una mujer apasionada y muy ardiente. Yo le llevo más de veinte años y... a veces la abandono. Si conoció a este hombre cuando yo estaba enfermo, si era aceptable y ella deseaba compañía...

—Lo que imaginas no es verdad, señor —murmuró Narsés en voz baja, pero en tono convincente—. Teodora Augusta te ama... Recuerda cómo se comportó cuando estuviste enfermo, cómo permaneció junto a tu lecho todo el tiempo del que disponía cuando no estaba guardando tu imperio. Es leal por naturaleza, una amiga firme, una esposa fiel y un enemigo inflexible. Estoy seguro de que sus sentimientos hacia Juan no son más que los que resultan naturales y apropiados. En cuanto a sus sentimientos hacia ella, estoy absolutamente seguro de que los que tú sospechas nunca se cruzaron por la mente de Juan. Él ve en ella una especie de tía rica y poderosa, y le exaspera que ella gobierne su vida, aunque desea sinceramente complacerla.

Justiniano miró a su chambelán por un instante y luego suspiró profundamente.

—Sí. Muy bien. Es posible que tengas razón. Es difícil creer que mi Teodora pueda serme infiel. A pesar de todo, hay algo que no está claro en este asunto. Lo intuyo. No me gusta y querría aclararlo. Lo pongo en tus manos, Narsés. Teodora siempre te tuvo simpatía y no se ofenderá si eres el encargado de investigarlo. Además confío en que no me mientas.

—Habla con la Augusta, señor —insistió Narsés—. Muéstrale la carta. Es justo que se entere de qué la acusan y darle la oportunidad de defenderse.

El emperador permaneció indeciso un momento y movió lentamente la cabeza.

—Si se lo digo, no escatimará ningún esfuerzo para descubrir al autor de esta carta y lo castigará. Tú lo sabes muy bien. Tú mismo dijiste que es un enemigo inflexible. Y ambos sabemos que tiene sus espías, sus escondites secretos, sus barcos y sus soldados. Puede muy bien localizar al autor de la carta antes que nosotros y vengarse personalmente. Y si es culpable, también puede ocultar las pruebas que la acusan para que nunca lo descubramos. No debe saber nada de esto hasta que hayamos establecido cuál es la verdad.

Narsés miraba atentamente la carta que tenía en las manos. «¡Cuál es la verdad! Si se lo preguntases sin rodeos, podría decírtelo, pero yo no puedo hablar en nombre de ella. Soy como el esclavo en una tragicomedia, atrapado entre los deseos de mi ama y las órdenes de mi amo, tratando de servir a ambos», pensó con amargura.

—Pero ¿puedo consultar a la Augusta? —preguntó—. Dices que sabe ya que sospechas de ella. Tal vez haya identificado a un enemigo al cual culpa.

El emperador vaciló antes de hablar.

—Muy bien, pero haz las cosas con delicadeza y cuida de que no se entere de la carta. Tampoco debes decir nada a tu secretario. Mantenlo en tu despacho hasta que todo haya terminado.

—Como desees —concluyó Narsés con aire melancólico—. Aunque es un joven de excepcional capacidad y honradez y es una lástima retenerlo en un puesto donde no se aprovechan sus aptitudes y donde será vulnerable a las calumnias. Yo propondría mandarlo a la frontera cuanto antes en vista de la situación.

—Tiene un rango honorario entre la guardia personal, ¿no? Puede conservarlo y ganar así un doble salario. Dile que debe descansar algún tiempo. Quiero vigilarlo. Si es inocente, velaré para que no sufra por las calumnias de sus enemigos y lo ascenderé con tanta rapidez como pueda hacerlo. ¿Te parece bien?

Narsés se levantó, guardó la carta doblada en su cartera y con cuidado se prosternó a los pies de su señor.

—Debe satisfacerme. Haré todo lo que pueda por descubrir quién envió la carta y por qué.

Juan despertó al día siguiente con la sensación de tener saburra en la lengua, los ojos hinchados y dolor de cabeza. Alguien estaba de pie junto a él.

—¿Qué sucede? —preguntó volviéndose en la cama. Era Jacobo.

—Ha venido Anastasio el de la oficina, señor —dijo en tono animado. No parecía acusar la resaca por las celebraciones de la víspera—. Confía y espera que no te moleste su visita a una hora tan temprana, pero ha supuesto que querrías tomarte un día de descanso y quería saludarte antes de ir a su trabajo.

—¡Ah! —se sorprendió Juan, olvidando su dolor de cabeza—. Dile que se siente y desayune. Lo veré enseguida.

Después de lavarse y ponerse una túnica y unos pantalones fue al comedor, donde halló al viejo escriba comiendo pan blanco y admirando el casco de Jacobo.

—Se lo quité a un jinete esloveno —se jactaba Jacobo—. Lo maté yo mismo. Me queda perfectamente. ¿Ves? —dijo al ponérselo y ajustarlo con el barboquejo—. Maté a tres eslovenos al derribarlos de sus caballos. Nada comparado con los que mató el señor, pero Hilderico dice que no estuvo mal para una primera batalla. Ahora soy un verdadero escudero con un salario y todo.

—¡Mis saludos, Anastasio! —exclamó Juan, adelantándose.

El escriba se levantó de un salto, se acercó y le cogió la mano, sonriendo.

—¡Conque estás aquí! —dijo—. Lamento haberte despertado.

—Si no hubieses venido, yo habría ido a la oficina a verte. Hoy no sé qué hacer en todo el día.

Anastasio seguía con su ancha sonrisa y estrechaba aún la mano de Juan.

—Estamos encantados de verte otra vez aquí. Sergio era un amo exigente, lo que hacía duro trabajar con él. ¡Pero supongo que no seguirás trabajando con nosotros mucho tiempo más!

—Creo que piensan recomendarme para un puesto militar en el este, aunque no sé cuándo será ni tampoco si llegará a ser una realidad.

—Por lo que he oído, es seguro que lo obtendrás. En el informe del combate te describen «tan glorioso como Aquiles».

Juan se echó a reír.

—Cierto que mis pies corrían que se las pillaban. Me perseguían mil eslovenos y huí de ellos con toda la velocidad que pude sacar del galope de *Maleka.* Después me sentí enfermo. Pero Narsés no me recomienda por motivos como éstos, sino porque sé organizar movimientos de tropas y de abastecimientos, además de no perder la paciencia con los bárbaros. Pero he de confesar que nuestra campaña fue un desastre, de modo que no sé hasta qué punto podrá prestarle atención la gente.

Jacobo se mostró contrariado y Anastasio no supo qué contestar.

—¡Pero tu campaña ha sido señalada como una gran victoria, un triunfo, a pesar de una serie de factores desfavorables!

—Fue así —comentó Jacobo.

—Es lo que dicen aquí ahora —aseguró Juan amargamente. Se sentó y tomó un poco de pan—. Sin embargo, no conseguimos alcanzar ninguno de los objetivos que nos habíamos fijado y alguien no podrá menos que advertirlo. Hablemos de otro tema. ¿Qué se ha estado cociendo aquí, en Constantinopla? —sonreía otra vez—. ¿Cuál ha sido el resultado final de la batalla entre Sergio y la virtuosísima Eufemia?

Anastasio lo miró con aire sorprendido y dejó oír su risa ronca.

—Lo has descrito muy bien —aseguró—. Primero intentó venderle a Eufemia información falsa y después trató de seducirla.

Juan sintió una inesperada sorpresa, que manifestó en forma inexplicable: con su enojo.

—¿Qué sucedió? —preguntó.

Anastasio se encogió de hombros.

—Ordenó que se le despidiese sin contemplaciones. Luego escribió una carta de queja a los antiguos compañeros de su padre en la prefectura y les entregó medio archivo gratuitamente para que prestasen su atención a él. Todos están molestos y lo creen incompetente por haberla manejado con tan poco tacto. No es bueno para la carrera de un hombre tener enemigos en la prefectura, y Sergio se sigue lamiendo las heridas.

Juan se echó a reír.

—Pensé que ella triunfaría. ¿Y tú le das ahora la información?

—Sí. Me mandó... ¡mm!... una carta una semana después de haber despedido a Sergio, en la que aseguraba que me habías recomendado por mi honradez, aunque no estoy tan informado —guardó silencio un instante y prosiguió—: No quería aceptar, pero ahora espero nuestras reuniones con gran expectación. Es una muchacha lista, no teme a nada ni a nadie, es rápida y es un placer trabajar con ella. ¡Ojalá mi hija escribiese cartas con tanta constancia! Pero si piensas permanecer en el despacho durante el tiempo que sea, estoy seguro de que preferirá verte a ti. Desea saber más de lo que yo puedo decirle.

—No pueden quedarnos tantos informes sin examinar.

—Hemos cubierto la mitad de Arabia y todavía tenemos Osroena intacta. Habitualmente no tengo tanta información que pueda serle útil, aparte de la lista de audiencias. Sergio trata de impedirme que vea nada por simple rencor hacia ella —el viejo escriba suspiró y añadió—: Y ahora debo irme a trabajar. Llegaré tarde y Sergio creará dificultades.

—Te acompañaré —le dijo Juan sonriendo aún—. Eso lo calmará.

Cuando Narsés volvió a su despacho después de reunirse con el consistorio imperial, encontró a Juan nuevamente instalado en la oficina exterior, absorto en la tarea de ordenar los archivos con material de los dos reemplazos en un único montón. Anastasio se había ido, feliz de ir a la caza de otros archivos.

—Creí haberte dicho que descansases hoy —alegó el chambelán.

—Esto es un mayor descanso que andar por la ciudad preguntándome qué estará pasando aquí.

Con la sonrisa de siempre Narsés suspiró y permaneció inmóvil un instante con los dedos apoyados en la mesa de trabajo de Juan, mientras observaba atentamente a su secretario: el rostro delgado de barba cuidadosamente recortada, la expresión nerviosa y vigilante, las sombras debajo de los ojos. «Sigue preocupado por los hérulos y por Tracia. Es amargo para los jóvenes descubrir que su trabajo ha sido inútil. Además, permití que trabajase en exceso creyendo que recibiría algún premio. El reconocimiento no habría anulado la desilusión (es demasiado inteligente), pero por lo menos le habría quitado la amargura», pensó.

«Tiene los ojos de su madre, y también las manos, largas y finas, con uñas ovaladas. Si el señor se fijase en él, si lo mirase bien, tendría alguna idea de la verdad. Pero "los celos son crueles como la tumba", son brasas de fuego con su vehemente llama. El amo no puede sospechar la verdad cuando sospecha algo tan falso. Si ha dicho que confía en mí es que confía en mí, aunque no obstante tiene algunas dudas por haber tratado yo de proteger a Juan en Nicópolis. Lo que debo hacer es lograr pruebas rápidamente que revelen su culpabilidad o su inocencia. Si no puedo demostrar lo uno o lo otro y dado que todo lo que puedo señalar supondría culpabilidad, también sospecharía de mí. ¡Que Dios me coja confesado!»

—El consistorio ha decidido que no habrá más tropas para Tracia —dijo al cabo de unos instantes—. Se limita a elogiar mis disposiciones, y debemos apoyar a Souartouas como rey de los hérulos.

—¡Ah! Bien, eso era todo lo que esperábamos oír —fue todo el comentario de Juan, y antes de añadir algo más calló.

—Es verdad. Debo decirte además que su sacra Majestad piensa que debes descansar algún tiempo antes de que se te encomiende otra misión militar. Conservarás tu puesto aquí y tendrás dos mañanas libres por semana para dar instrucción militar a los guardias personales que condujiste en Tracia. Te pagarán dos salarios. Lo siento.

«¿Estoy desilusionado o siento alivio? Estoy cansado, tan cansado que apenas puedo sentir. Es verdad que necesito un descanso. El solo esfuerzo de los preparativos para partir al este y aprender nuevas cosas hacen que deteste la idea de moverme. Sin embargo..., sí, me habría gustado volver a mi país y recibir honores. Podría hacerlo, por otra parte. Sería un puesto administrativo de rutina, ahora que esto acabó. Simplemente la vigilancia habitual contra las incursiones de los sarracenos y los isaurios. Si alguien me pidiese que organizara movimientos de tropas en Arabia, podría hacerlo con los ojos cerrados. Sería infinitamente más fácil que en Tracia, por ser la provincia mucho más rica. Pero el emperador "desea que descanse". No le impresionó, a pesar de haber hablado tanto ayer».

—¡Maldito Filemut y todos los hérulos! ¡Los hérulos y sus reyes! —se lamentó.

—Así es —dijo Narsés. Tamborileaba la mesa con los dedos deseando haber dicho algo más. No se le ocurrió nada y, con otro suspiro, se dirigió a su despacho privado.

Sergio estaba sentado en su lugar de siempre junto a Diomedes, con aire enfadado, clasificando material en la sala de recepción. Trató, con todo, de ocultar su enojo al ver entrar a su superior.

—¡Bienvenido, señor! —dijo, levantándose y con una sonrisa forzada.

Diomedes también se levantó y sonrió de oreja a oreja.

—Felicitaciones por la magnífica victoria de Vuestra Eminencia —dijo Sergio—. Durante días no hemos hablado de otra cosa aquí.

Narsés sonrió cortésmente e inclinó la cabeza. «¿Lo interrogo ahora? —se preguntó—. No, dejémoslo por el momento. Debo consultar primero a la Augusta. Además sería útil saber lo suficiente de esa carta como para especular acerca de su autor antes de agarrar a Sergio».

—Gracias, estimado Sergio —masculló—, y gracias por tus servicios aquí durante mi ausencia. Tendremos que hacer algo a propósito dentro de unas semanas, cuando estemos nuevamente instalados cada cual en su puesto.

Sergio se sentó mostrando una sonrisa hipócrita. Narsés ocupó su lugar ante su mesa de trabajo y echó una mirada al material acumulado en ella y luego levantó la vista hacia la pared. Héctor luchaba con Patroclo en el lugar normalmente ocupado por el icono. «Tengo que acordarme de desembalarlo esta tarde», pensó y se puso a trabajar.

—El ilustrísimo Narsés, chambelán principal de su sacra Majestad —anunció Eusebio, el chambelán de Teodora. Narsés había solicitado una audiencia privada y la emperatriz iba a recibirlo en su cuarto de vestir después de su baño. Estaba descalza y vestía sólo una túnica de seda fina ribeteada en oro. Estaba sentada en una silla baja, contemplando su imagen en el espejo, mientras una de sus servidoras le cepillaba el cabello. El vestido y el manto púrpura estaban extendidos sobre el baúl de la ropa, listos para usar—. Al parecer vas a heredar mi puesto —susurró Eusebio a Narsés—. Aunque yo no pienso tomar el tuyo, gracias —después de hacer una profunda reverencia a Teodora se retiró.

La emperatriz levantó la vista del espejo y dijo a Narsés:

—No te molestes en saludarme. Me enteré de lo de tu pierna. Ven y siéntate. No tardaré mucho más —cuando Narsés ocupó un taburete bajo, Teodora volvió a mirarse en el espejo, girando la cabeza a uno y otro lado, y, después de hacer una mueca, lo dejó—. Me siento como esa vieja cortesana: «A Afrodita está dedicado este espejo. No veo lo que era y lo que soy no deseo verlo». ¡Dios, estoy convirtiéndome en una vieja fea!

En verdad había envejecido desde que Narsés la viera por última vez. Tenía la piel del rostro caída y floja, sin tersura sobre los finos huesos, y los ojos hundidos. Los párpados eran más gruesos que nunca. En su pelo negro había algunas canas más. Nada de esto se había notado durante la fiesta, algo que sorprendió a Narsés.

—¿No se encuentra bien Vuestra Serenísima? —preguntó.

—No, no me encuentro ni bien ni tranquila —dijo ella agriamente. Con un chasquido de los dedos indicó a la mujer que la atendía que se retirase—. He tenido muchos problemas de estómago —continuó una vez que la mujer, después de prosternarse, se alejó—. Y a Pedro le preocupa que le sea infiel —miraba a Narsés con atención, los párpados entornados, la expresión inescrutable—. ¿Sabes algo sobre eso? —preguntó con voz pausada—. Si se lo contase a alguien, sería a ti.

Narsés hizo un gesto negativo muy lento.

—Lo siento mucho —respondió—. Tu esposo está perturbado por unas historias malintencionadas que ha oído. Me lo ha dicho y, por lo que puedo juzgar, no lo ha confiado a nadie más.

—¡Gracias a Dios! Por fin puedo enterarme. Pedro se limita a hacerme preguntas capciosas y luego niega sospechar nada. ¿Con quién cree que lo engaño y por qué motivo?

Narsés titubeó.

—No cree realmente que lo hayas engañado. Conoce demasiado bien a Vuestra Majestad. Pero le preocupa lo que le han dicho. No conozco el origen de las historias y esperaba que tú pudieses decirme algo.

Teodora lo miró con aire interrogante.

—¿Desea que tú las investigues?

Narsés sonrió y apartó las manos en un gesto de impotencia.

—Señora, yo estoy enteramente seguro de tu inocencia y profundamente interesado en hacer todo lo posible por zanjar esta brecha entre mi señor y tú.

—Te creo —dijo Teodora, pero tenía los dientes apretados y la mirada brillante bajo el entrecejo fruncido—. ¡Dios Eterno! ¿Por qué ha comenzado de pronto a prestar atención a habladurías? ¿Qué le han contado?

Narsés contempló durante un instante los pies descalzos, arqueados en torno a las patas de marfil de la silla.

—Creo que sería insensato por mi parte decírtelo, señora.

Teodora golpeó el brazo de su asiento.

—¿Qué significa eso? ¿No te está permitido decírmelo? —Narsés la miró. Su respiración era jadeante y los ojos le echaban chispas—. ¿Cómo puedo defenderme si no sé de qué se me acusa?

—Lo lamento, señora. Pensé que quizá tú sabrías de algún enemigo empeñado en difamarte.

—¡Sé de muchos enemigos y también de amigos que podrían haberme difamado! Sin saber de qué me acusan, ¿cómo puedo adivinar quién es? En la última semana he vivido como una monja. ¡No le he dirigido la palabra a ningún hombre por temor a las malditas sospechas de Pedro! ¿No puedes decirme más?

Narsés suspiró.

—Tal vez, señora, debiera volver cuando haya logrado hacerme una conjetura más fundada en cuanto a la fuente de la historia.

—¡Maldición! —exclamó Teodora dando otro puñetazo a su silla—. ¡Si encuentro a la persona responsable de esto, lo haré azotar, haré que le llenen la boca con plomo derretido para que deje de mentir! Debería hacer lo que se me antoje y dejar a Pedro hundirse en sus ridículos celos. ¿Por qué no me dice lo que teme?

—Porque teme que hagas asesinar a la fuente de la historia, y de ese modo nunca pueda conocer la verdad —susurró Narsés.

Lo miraba furiosa, pero contuvo el aliento y terminó por reír a pesar suyo. Al mover la cabeza advirtió unos mechones sueltos entre sus dedos y los arregló retorciéndoselos en la mano.

—¡Qué situación...! Ni siquiera me he atrevido a ver a solas a mi primo Juan. Hace dos días que llegó y ansiaba verlo: ¡Me siento tan orgullosa de él! Supongo que partirá para el este sin haber podido saludarlo siquiera.

Narsés movió la cabeza muy despacio. «¡Gracias a Dios que ha surgido el tema!», pensó.

—Juan permanecerá conmigo por el momento. El señor ha pensado que no le vendrá mal un descanso.

Teodora lo miró con sorpresa. Tenía la expresión de quien inesperadamente comprende algo.

—¡Dios del cielo, conque se trata de Juan otra vez! —exclamó.

Narsés la miraba sin decir nada. «Obedeciendo mis órdenes al pie de la letra, violando totalmente el espíritu con que las di. El truco del antiguo esclavo que se resiste a morir», pensó.

Al cabo de un rato de silencio, la emperatriz dijo con aire pensativo:

—Creí haber reventado esa ampolla en particular. Bien. ¿Quién difunde mentiras acerca de Juan?

Narsés bajó la mirada, confundido. «Esa ampolla en particular... Es una buena imagen: una llaga en el pie de tu esposo, un lugar donde el calzado le molesta. Sabe que has mentido y el calzado le molestará hasta que sepa la verdad. ¡Sin duda debe saberla! Los resultados serían mucho menos lamentables que si la mentira continuara. Para ti, para mí y especialmente para Juan. Pero ¿cómo convencerte de que admitas lo que hiciste?»

—No creo que la historia haya sido una mentira en su totalidad —aventuró con voz tranquila, mirando de frente a Teodora.

El rostro se le contrajo por la sorpresa y la alarma. Y detrás de esa alarma había algo más, una determinación férrea, inflexible, implacable.

—¿Qué quieres decir? —preguntó con determinación.

—El señor no es un hombre tonto, señora. Si tiene sospechas ahora no habiéndolas tenido antes, tal vez se debe a que advierte que le ocultas algo.

—¿Ah, sí? —preguntó en un susurro—. ¿Como qué?

Le había oído utilizar esa voz con los hombres, antes de destruirlos, pero siguió hablando sin dar su brazo a torcer.

—Como el hecho de que Juan no es tu primo, sino tu hijo.

La mirada con que le fulminó Teodora fue prolongada, sombría, pero inesperadamente comenzó a reír con fuerza.

—¡Ay, Narsés! —exclamó, enjugándose la cara—. Pensé que tú posiblemente lo adivinaras, pero... ¡Sé que eres una tumba! Ni una mirada, ni una palabra, ni una insinuación antes de soltarlo todo. Querido Narsés, tendrías que haberte dedicado al teatro. ¡Jesús bendito, tú que has sido crucificado por nosotros, ten piedad!

—Tu esposo halla la situación bastante menos cómica.

Teodora dejó de reír.

—Quieres que se lo diga, ¿eh? ¿Para que se tranquilice?

—Es lo que yo aconsejaría, en vista de la historia que le ha llegado.

—Calmaré a Pedro de algún modo. Sé manejarlo, ahora que conozco lo que sospecha. Buscaré una mujer para Juan.

—Señora, tu marido es un hombre empecinado. Se da cuenta de que algo no anda bien, y seguirá buscando la respuesta hasta que la encuentre. Si se lo dices, estoy seguro de que te perdonará por habérselo ocultado. Es probable que decida guardar el secreto contigo y que conceda a tu hijo el ascenso que merece y que yo promoví. Ni te culpa ni te condena por tu pasado, y no es un hombre vengativo.

—Sí... Estaría dispuesto a permitir que Juan fuera duque y aun a hacerlo jefe de armas del este. Pero esto significaría el fin. Mantendría a mi hijo confinado en esa frontera el resto de su vida. Y Germano y sus hijos permanecerían aquí, en Constantinopla, y los puestos más apetecibles serían para ellos.

—¿En qué alto puesto estabas pensando para Juan? —preguntó Narsés.

De pronto tuvo miedo de la respuesta.

Teodora no respondió, sino que se acercó al baúl y acarició el manto de púrpura extendido sobre él con una sonrisa astuta.

—No, no —replicó él moviendo la cabeza con aire incrédulo—. No, no tendrá éxito.

—¿Por qué no? —preguntó Teodora volviéndose hacia él—. Es más inteligente que el hijo de Germano, es competente..., tú mismo lo admitiste, y eres el experto, el prototipo de la eficiencia. Y él es valiente y un magnífico estratega. Aprende con rapidez, es objetivo, prudente y justo. ¡Actuaría muy bien!

—No lo aceptaría —replicó Narsés—. No le has dicho esto. No puedes habérselo dicho, pues ignoras que la sola idea lo sorprendería muchísimo.

—La culpa es de su padre —insistió Teodora—. Lo crió para conservar su puesto, hacer lo que le mandasen, comportarse bien. Ser cauteloso y respetable. ¡Veinticuatro años y todavía virgen! Sin embargo, es capaz de desenvolverse bien. Tiene mucho de mí. Yo quiero que mi hijo tenga *esto* —Teodora se volvió hacia el manto de púrpura— cuando Pedro y yo hayamos desaparecido.

—¡No lo aceptará, señora! Si guardo alguna certeza en cuanto al poder supremo es que quien no lo desea nunca lo obtiene, y él no lo desea lo suficiente como para pagar cualquier precio por él. A Juan le daría pánico, simplemente. Es cauteloso y exige mucho de sí mismo. Preferiría trabajar en algo que él pueda realizar bien, a aceptar un ascenso y correr el riesgo de cometer errores. Jamás aceptará un puesto en el que son inevitables los errores que cuesten vidas, ciudades y reinos. No puedes hacerlo ambicioso sólo porque tú lo desees.

—¡Puedo hacer de él lo que yo quiera! —cortó tajante Teodora—. Él hará lo que le mande. Desea complacerme y nunca protesta antes de hacer lo que le indico, aunque él no lo desee realmente. Al principio no quería ni hablar de trabajar para ti, pero fue adonde yo lo mandé y pronto cambió de opinión. Lo que necesita es alejarse del recuerdo de su padre.

—Señora, no lo lograrás. Ni él lo desea, ni el emperador lo permitirá. Tienes que verlo así.

—¡No veo nada por el estilo! Haré todo lo que pueda por Juan y si hago bien las cosas, tendré grandes probabilidades de éxito. Tú nunca lo comprenderás, pues no sabes nada de amor ni de lo que significa tener hijos. ¿Por qué eres tan contrario a mi idea? Creí que te gustaba.

—Me gusta, señora. Y es verdad que no sé nada de amor ni de tener hijos, pero eso me lleva a prestar mayor atención a la amistad. No puedo permanecer callado mientras hablas de un plan que mi amigo detestará y que muy probablemente fracase de tal manera que pueda perjudicarlo.

La emperatriz lo miró furiosa. Narsés la miró a su vez sin apartar de ella la vista. Poco a poco la mirada de indignación desapareció y Teodora inclinó la cabeza hacia un lado para contemplarlo. Se encogió de hombros recobrando la sonrisa y se alejó del baúl.

—De modo que crees que fracasará —insinuó—. Puedo prometerte que si descubres el origen de la historia, yo puedo manejar a Pedro. No fracasaré. Y Juan no se perjudicará. ¿Te parece bien?

—Señora, te recomendaría que...

—¡No quiero saber lo que me recomiendas! Ocúpate de tus investigaciones y no le digas a Juan lo que te he confiado. Se lo diré yo misma cuando esté lista. Pero dale mis saludos y comunícale que lamento no haber podido verlo. Dile el motivo... si te lo permiten.

—No me lo permiten.

Teodora lo miró con desdén.

—Entonces, cuéntale lo que puedas.

—Bien, señora.

Con aire fatigado Narsés se levantó y se inclinó para hacer la reverencia completa. Con aparente distracción Teodora extendió su pie descalzo y él lo besó antes de retirarse caminando hacia atrás.

El chambelán Eusebio lo esperaba en una sala contigua, revisando documentos de Estado mientras esperaba para vestir a su señora. Al pasar Narsés, lo saludó con un gesto.

—Puedes quedarte con tu puesto —le espetó con malicia—. No me interesa para nada.

IX

¡Victoria!

Un par de semanas después, Anastasio preguntó a Juan con aire despreocupado:

—¿Le agrada a tu prima que estés aquí?

Juan no respondió inmediatamente pero fingió concentrarse en la carta que estaba redactando.

—¿Qué quieres decir con eso? —le preguntó al terminar de escribirla, poniendo cuidadosamente la tapa al tintero.

—Tu prima, la emperatriz, ¿está contenta de que estés en Constantinopla?

Juan se encogió de hombros, limpiando su pluma.

—No la he visto todavía. No lo sé. Narsés me ha dado saludos de ella. Parece que últimamente no ha estado bien y no ve a mucha gente —esparció arena sobre la tinta fresca de la carta y la sacudió arrojándola nuevamente sobre la caja que estaba en la esquina de la mesa.

—¡Oh! —dijo Anastasio, algo confundido—. Bueno, rezaré por su salud.

Juan sonrió guardando las formas y plegó la carta en dos.

«Es cierto que no ve a mucha gente, pero podría verme a mí. ¿Debería pedir audiencia? Pero ella siempre me ha invitado antes... y si está enojada conmigo por alguna razón o ha perdido interés en mí, o por algún otro motivo no quiere verme, eso quiere decir que no debería forzar las cosas. ¡Dios, ojalá supiera lo que ha estado ocurriendo!», pensó Juan.

Volvió a plegar la carta, alisó los bordes con piedra pómez, revisó los sellos en sus estuches hasta que encontró el que buscaba, dejó caer un poco de cera en el pliegue y selló la carta. Era el sello de Narsés, un círculo dividido en cuartos con un tintero en una esquina y una espada en la otra. Se quedó con la mirada clavada en las líneas nítidas mientras la cera se endurecía con el aire. «Y no sé qué le pasa a él tampoco. Mientras estuvimos en Tracia después de Nicópolis podría haber jurado que sabía lo que le pasaba por la cabeza, que estaba más cerca de él de lo que jamás he estado de nadie. No hemos hecho más que volver a esta ciudad y enseguida se vuelve distante como la esfinge y empieza a hablarme con enigmas. "Tu prima te manda saludos". Aun cuando logre acercarme en privado a él, sólo sonreirá y no me dirá nada. ¡Es como hablar con el oráculo de Delfos! ¿Qué he hecho mal? No puedo haberme equivocado respecto a ambos».

Puso la carta sobre el montón que tenía para despachar, abrió el tintero nuevamente e hizo una anotación en el libro de registros.

—¿Vas a entrenar otra vez a la guardia personal mañana? —le preguntó Anastasio, intentando entablar una conversación. Había notado la tensión detrás de la sonrisa.

Juan suspiró, contento de hablar de otra cosa.

—No los entrené la vez anterior. Tuvimos que ir a sofocar unos disturbios en el hipódromo. Los Azules y los Verdes entablaron una reyerta en un espectáculo de osos y se pusieron a romper las puertas de partida... y a atacarse unos a otros. El prefecto de la ciudad nos llamó para restablecer la calma. Afortunadamente, las facciones huyeron tan pronto como nos vieron llegar.

—Mientras se ataquen entre ellos no me preocupa —dijo Anastasio—. Cuando fijan su atención en nosotros, o en la política, entonces sí me preocupo. Ha habido muchos disturbios recientemente —dejó de hablar, frunciendo el ceño, y agregó—: Es posible que haya problemas esta noche también. Hoy es el aniversario de la reconquista de África, ¿no? Habrá habido carreras durante todo el día. Las facciones estarán buscando líos, particularmente si ya han probado el gusto de la sangre esta semana.

—Entonces quédate esta noche. Ibas a ver a Eufemia, ¿verdad? ¿Quieres que vaya yo?

—¡Oh, no tienes que acompañarme por eso! Soy constantinopolitano, y sé cómo evitar cruzarme con las facciones. Pero ella preferirá verte a ti antes que a mí. Cuando la vi la semana pasada me preguntó por ti y estaba impaciente por verte otra vez. Tú sabes tanto como yo.

—No tanto, acabo de volver de Tracia. Pero iré. ¿Nos vemos en tu casa?

—No, generalmente yo voy directamente desde aquí y luego voy a casa.

—Muy bien; dame tiempo para ir a buscar a Jacobo y a mi caballo. Nos veremos en la Puerta de Bronce.

Anastasio le sonrió y volvió a su trabajo.

—¿Tienes que traer a tu sirviente y a tu caballo? —dijo maliciosamente.

—¡Por supuesto! A Jacobo le encantaría asustar a las facciones. A la yegua le conviene ejercicio y podría necesitar a Jacobo.

Cuando fue a buscar a *Maleka* a los establos, no obstante, oyó gritos en las calles, que se confundían tras los altos muros de palacio; las palabras eran incomprensibles, pero el ritmo martilleante era inconfundible: ¡Victoria! ¡Victoria! Se detuvo, frunciendo el ceño, y se preguntó si él y Anastasio estaban en lo cierto al andar tan despreocupados. Los amotinados de la rebelión de Nika habían derribado a ministros imperiales, quemado la mitad de la ciudad y casi habían elegido a un nuevo emperador. No había habido disturbios serios desde que los pasaron a cuchillo, pero de eso hacía casi una generación.

«Bien —se dijo—, tengo mi caballo y mi servidor para asustarlos, aunque mi servidor sea un liberto de dieciséis años. Hasta podría traer a Hilderico y Erarico, pero estarán cada cual con su novia a estas horas; ¿para qué molestarlos? El populacho no tendría ninguna razón para atacarme, aunque haya problemas. Yo pondré cara de revoltoso y gritaré "¡Victoria!" y me dejarán pasar».

Siguió hasta los establos.

El rango de tribuno lo autorizaba a tener a *Maleka*, el caballo castrado de Jacobo y los caballos de los dos vándalos en los establos de la guardia personal. Jacobo lo estaba esperando; ambos caballos estaban ensillados y a punto para ser montados.

—Nos quedaremos en el campo de prácticas, ¿verdad? —dijo—. Ha habido disturbios en el hipódromo.

—Vamos a ver a Eufemia —le replicó Juan.

El entusiasmo desapareció de la cara de Jacobo. En el campo de prácticas al lado de los establos podía usar su lanza y oír hazañas bélicas a otros hombres.

—Ahí fuera la cosa parece seria —insistió.

—Bien, entonces trae tus armas contigo. Yo llevaré mi arco. No tendremos problemas si ven que vamos armados.

Jacobo se alegró. No había nada que le hiciera disfrutar más que ir a caballo por las calles de su propia ciudad vestido con armadura y llevando una lanza.

—¿Quieres que Hilderico y Erarico vengan también? —le sugirió con ansiedad. Cuanto mayor y más ostentoso fuera el desfile, más le gustaba.

Juan dijo que no con la cabeza.

—No hay necesidad de molestarlos. Tú trae las armas.

Jacobo fue a buscar rápidamente las armas y el casco esloveno al almacén del cuartel, se subió de un salto a su caballo (Hilderico le había enseñado a montar) y los dos partieron.

Aún no era de noche cuando llegaron a la Puerta de Bronce, pero las tiendas en el mercado Augusteo ya estaban cerradas y una hoja de la maciza puerta estaba cerrada, y la otra entornada y a punto de cerrarse. Anastasio estaba dentro, hablando con los guardias que vigilaban; levantó la vista y saludó a Juan.

—Parece que los disturbios van en serio —dijo—. Han asesinado a algunos Azules y los demás buscan venganza. Pienso que iré directamente a casa.

—Te veré a la vuelta —le ofreció Juan, reticente a abandonar su excursión ahora que había comenzado. Se dio cuenta, sorprendido, de que estaba impaciente por ver a Eufemia. ¿Para felicitarla por su victoria sobre Sergio, tal vez?—. Haremos una parada en la casa del Capadocio, para acordar otra cita.

Anastasio miró a Juan, que resplandecía de gozo a lomos de su caballo. Parecía hallarse perfectamente a sus anchas, con una mano en las riendas y la otra en el arco, aún no preparado para disparar junto a la aljaba repleta de flechas. Nadie hubiera dicho que había pasado el día sentado en un escritorio. El griterío era más claro junto a la puerta y al viejo escriba le pareció de repente inmensamente atractiva la idea de llevar compañía, sobre todo compañía armada.

—Gracias —le dijo.

A medida que bajaban por la calle Media hacia el mercado de Constantino, el griterío iba en aumento. La gran avenida estaba desierta, salvo por unos cuantos ciudadanos asustados a los cuales los había sorprendido el tumulto y que se precipitaban hacia sus casas lo más deprisa que podían. En el mercado mismo, los joyeros y orfebres cerraban las ventanas de sus tiendas, temerosos del alboroto. Aparte de ellos, en la gran plaza no había nadie más. La mayor parte del ruido parecía provenir de algún lugar más lejano.

—Es un motín en toda regla —dijo Anastasio, asiendo los estribos de Juan—. Hace años que no ha habido ninguno así. Tal vez tengan que llamar a las tropas.

—¿Por qué no las han llamado ya?

—Evitan provocar a las facciones. Una riña se maneja con una simple patrulla, pero con los grandes disturbios tiene que ser con toda la guardia imperial o con nada. También puede calmarse sin intervenir.

Cruzaron el mercado y pasaron bajo el doble arco de mármol, por detrás de la calle Media, hacia el mercado Tauro. Los gritos se oían más cercanos: «¡Victoria! ¡Azules!», de un lado, y luego el gran bramido: «¡Victoria! ¡Victoria!». Una ráfaga de viento trajo el inconfundible olor a fuego. Juan frenó a *Maleka*.

—Han prendido fuego al mercado —susurró Anastasio—. ¡Dios mío! Ruego que no se extienda por la ciudad.

Juan asintió. Su corazón latía a ritmo acelerado ahora y se le enfriaban las manos. «No pasará nada —se dijo—. No nos buscan a nosotros, sino a los Verdes».

Pero levantó su arco y lo preparó. Jacobo le sonrió. El joven estaba pálido bajo el casco y asió la lanza con fuerza.

—¡Victoria! ¡Azules! —gritó Juan y siguieron andando.

El mercado Tauro también estaba cerrado, con todas las puertas atrancadas y las ventanas bien cerradas, pero la plaza no estaba vacía. Sobre el lado izquierdo bullía un gentío vociferante: los Azules con sus vestimentas bárbaras. La turba destruía los puestos del mercado y apilaba madera contra una de las casas; el resto aullaba y entonaba cánticos, agitando los brazos de tal modo que los mantos azules que ondeaban al viento semejaban sombras negras entre el resplandor rojo del fuego. Por un momento Juan no veía nada más. Luego se dio cuenta de que la casa que ardía era la del Capadocio.

En el momento justo en que lo advertía, se abrió una ventana en la parte delantera de la casa y apareció un hombre. La multitud lo recibió con un bramido de furia.

—¡Capadocio! ¡Matad a la bestia! ¡Matad al opresor de los pobres! ¡Victoria! ¡Victoria!

El hombre agitaba los brazos, intentando apartar desesperadamente el humo, y gritaba algo a las masas, algo ininteligible. Señalaba hacia la calle lateral, la parte trasera de la casa. Juan comprendió que les estaba diciendo que la parte delantera había sido alquilada y que sólo la parte trasera aún pertenecía al Capadocio y a su hija.

Juan sintió frío y náuseas. La escena que veía le parecía propia de un sueño, con colores más vívidos que la realidad y con movimientos de una lentitud aterradora. Asió fuertemente las riendas, sin poder moverse, mientras miraba fascinado y asustado. La multitud, demasiado ocupada con sus cánticos, era muy lenta para comprender. Apilaron más madera contra la casa.

—¡Dios misericordioso! —susurró Anastasio—. La van a matar. Querían matar a su padre en la rebelión de Nika, y ahora la van a matar a ella.

Juan volvió en sí con un espasmo. Se arrancó el sello de la guardia personal del dedo y se lo entregó a Anastasio.

—Apresúrate. Lleva esto a palacio y trae mis tropas aquí enseguida —dijo.

—¡Llévalo tú! —replicó Anastasio, intentando devolverle el anillo—. ¡Tú tienes un caballo veloz!

—Podría ser demasiado tarde para cuando pueda traerlos aquí. Vamos, corre. Veré si puedo sacar a Eufemia.

Cruzó la plaza al galope y Jacobo lo miraba atentamente, gritándole.

—¡Señor! ¡Espera! —Juan no le hizo caso—. ¡Ve por la calle lateral! —bramaba Jacobo y Juan detuvo su caballo—.

Hay una callejuela que conecta la primera calle que sale de la plaza con su casa. Sale casi frente a la puerta. Podemos ir por allí; no creo que la hayan encontrado ya.

—Gracias —gritó Juan, y dirigió la yegua hacia la primera callejuela.

Ya estaba oscuro y las formas salvajes de la luz del fuego oscilaban entre los balcones de las callejuelas. Las casas cerradas devolvían el eco de los cánticos que parecían venir de todos lados a la vez. La callejuela estaba casi totalmente oscura y los caballos se sobresaltaron y temblaron ante los ruidos y las sombras. El resplandor del fuego al final de la callejuela era cegador. Las puertas de hierro de la casa de Eufemia estaban abiertas de par en par y la masa entraba en ese momento en busca del botín.

—¡Dios inmortal! —dijo Juan.

—¡Mira! —gritó Jacobo, señalando la calle que salía de la plaza.

Había una silla de manos cubierta a dos manzanas de allí. Algunos de los revoltosos la habían visto y corrían detrás de ella; el resto estaba demasiado ocupado en el saqueo.

Mientras miraban, los revoltosos alcanzaron la silla. Los que la llevaban la bajaron y se destacaron unas chispas de fuego cuando uno de ellos sacó una espada..., luego dos hombres desaparecieron bajo una lluvia de golpes y la silla volcó. Juan espoleó a su caballo otra vez.

Tardó sólo unos segundos en alcanzar la silla de manos, pero cuando llegó, los revoltosos estaban arrastrando fuera de ella a una mujer y los portadores yacían como dos masas sangrantes en la calzada. La mujer era vieja, vestida de negro; dio una patada, gritando, y la arrojaron fuera. Otra mujer, más joven, era arrastrada. Luchaba con denuedo y uno de los hombres la agarró de los cabellos y la arrastró mientras otro le sostenía los brazos y empezaba a quitarle el manto. Juan detuvo a *Maleka,* a quince pasos del grupo. «Son como treinta», pensó fríamente. Su caballo, asustado por el fuego y los gritos, se paró y relinchó ruidosamente. La multitud quedó petrificada y miró alrededor. Juan vio que la muchacha era Eufemia.

—Dejadla —dijo, fuerte y claro. Mantuvo el arco a la altura de la montura, detrás de la aljaba.

Los revoltosos lo miraron a él y detrás de él y vieron sólo a Jacobo. Se le rieron en la cara, mientras Juan intentaba respirar hondo y buscaba una flecha.

—¡Verde! —le increparon—. ¡Amante de los impuestos! ¡Es la hija del Capadocio, la mujerzuela! ¡Va a pagar por lo que hizo su padre!

—Soy un tribuno de la guardia personal de la sacra Majestad del emperador Justiniano Augusto, y os ordeno que la dejéis —sentía la suave flecha entre sus dedos, deslizándose fácilmente hacia la cuerda.

—¡Ea! —gritó el hombre que estaba agarrando a Eufemia, un hombre delgado, con ojos encendidos y rostro de sifilítico—. ¡Vuelve al palacio, hijo de puta, mientras puedas andar todavía!

Eufemia contemplaba a Juan, ni confiada ni temerosa, sino furiosa. Detrás de ella el de la cara de sifilítico sonreía. Juan levantó el arco y disparó con un solo movimiento rápido, y el ojo izquierdo del revoltoso lanzó primero plumas, luego sangre. «Otra flecha», pensó Juan, buscándola mientras los revoltosos aún contemplaban la primera. Volvió a disparar; otro Azul se agarró su hombro y cayó, aullando. Otro agitó una espada un poco indeciso y corrió hacia él; Juan disparó de nuevo, y el hombre cayó.

—¡Jacobo! —bramó Juan, y el muchacho dio un aullido de terror y excitación y cargó contra los revoltosos.

Los Azules giraron sobre sus talones y huyeron; Juan sacó otra flecha y alcanzó a uno más, logrando que siguieran corriendo. Jacobo había clavado la lanza a uno y estaba persiguiendo a los demás.

—¡Jacobo! —volvió a gritar Juan—. ¡Vuelve, pedazo de alcornoque! —hizo trotar a *Maleka* y la detuvo al lado de Eufemia. Jacobo ya venía de regreso.

Juan descabalgó y fue a tomar la mano de Eufemia.

—¡Rápido! —le dijo—. ¡Antes de que nos vean!

Eufemia tenía las mejillas encendidas e intentaba recuperar el aliento.

—¡Tía Eudoxia! —llamó, mirando a su alrededor. Juan se giró y vio a la vieja dama de compañía levantarse del suelo en medio de la calle donde la turba la había dejado.

—¡Jacobo, atiende a la anciana! —gritó Juan—. ¡Deprisa!

Jacobo asintió y saltó de su montura.

—¡Vamos, abuelita!

La anciana se arrojó a él, gritándole exabruptos:

—¡Bestia asquerosa! —le arañó la cara con las uñas y continuó—: Mantén tus manos lejos de la muchacha, ¿me oyes? Yo te enseñaré...

Eufemia fue corriendo a coger a la anciana.

—¡Tía! ¡Tía, son amigos, han venido a rescatarnos! Es Juan del palacio y su esclavo, ¿no ves?

La anciana rompió a llorar y se abrazó a Eufemia.

—¡Oh, pobre corderito! —decía gimoteando—. ¡Animales! —la muchacha la llevó hacia el caballo de Jacobo e intentó montarla sobre el animal; el caballo dio un bufido y se apartó. Jacobo, con la cara sangrando, miraba atónito.

—¡Deprisa! —gritó Juan—. ¡Los otros se darán cuenta en un santiamén! —puso a *Maleka* junto al caballo de Jacobo, tomó las riendas del caballo de su liberto y lo sostuvo; entre Jacobo y Eufemia pusieron a la anciana sobre el caballo y Jacobo saltó detrás de ella—. ¡Vamos! —instó Juan a Eufemia.

Eufemia puso el pie en el estribo y Juan la alzó de modo que quedó sentada a mujeriegas delante de él.

—Mis esclavos... —intercedió ella, mirando a los porteadores de la silla. Contuvo el aliento y miró hacia otro lado.

—Nada podemos hacer —se lamentó Juan, ya espoleando a *Maleka* hacia adelante—. ¡Agárrate!

Se agarró a los hombros de Juan. Detrás oyó unos gritos.

—¡Los otros nos han visto! —dijo Eufemia sofocando un grito.

Juan soltó una carcajada.

—¡Ya no importa! —exclamó—. Este caballo es el más veloz de la ciudad. ¡Vamos, mi pequeña! —le dijo a *Maleka* en árabe, y el caballo estiró las orejas y comenzó a galopar como si volara.

Eufemia lanzó un débil gemido, asió fuerte a Juan y cerró los ojos.

Dejaron atrás a las turbas enfurecidas y siguieron a toda marcha a través del laberinto de callejuelas. A su derecha la mole negra del hipódromo se perfilaba en el horizonte; la ciudad olía a fuego.

Juan dobló a la izquierda en cuanto se topó con una calle conocida.

—Volvemos a palacio —dijo a Jacobo, aminorando para que el muchacho pudiera seguirle.

Jacobo asintió. Con tanto galope, la anciana se había quedado cruzada transversalmente sobre la montura como un costal de harina y sollozaba en silencio. Eufemia abrió los ojos al oírla.

—Ya ha pasado, tía —dijo amablemente—. Dentro de un momento estaremos a salvo en el palacio.

Del hipódromo llegaba el rugido de más disturbios, pero consiguieron esquivarlos, sin que los hombres que se cruzaban se percataran de ellos, hasta que por fin salieron al mercado Augusteo. Una media luna iluminaba la gran cúpula de la basílica de Santa Sofía y resaltaba el dorado de la estatua de Justiniano, que destacaba sobre su broncíneo corcel; la Puerta de Bronce estaba abierta de par en par, resplandeciente por las antorchas, y a través de ella llegaba el fragor de las armas. *Maleka* empezó a trotar, impaciente por llegar a casa.

Cuando Juan se aproximaba a la puerta, alguien gritó «quién vive» y oyó otra vez su nombre; era Anastasio que le salía al paso.

—¡Gracias a Dios! —asió el pie de Juan mientras la yegua se detenía—. ¡Gracias a Dios! Y Eufemia, ¡gracias a Dios! ¿No estáis heridos? Tus tropas iban a ir, Juan, pero el conde de la guardia personal lo ha impedido; opinaba que era una locura salir únicamente con cien hombres en medio de tanto tumulto. Él no creía que pudieras volver. Y los hizo formar al lado de la puerta, no sólo a tus tropas, sino a la guardia personal en pleno... Y la mitad de la guardia de palacio está ahí también; no deja salir de palacio a nadie.

—¡Oh! —dijo débilmente Juan, mirando la luz de la antorcha en la puerta. Hizo avanzar a *Maleka,* satisfecho de estar a salvo.

El conde de la guardia personal, un hombre de aspecto distinguido, de cabello plateado, perteneciente a una ilustre familia senatorial, apareció en el centro de la puerta montado en un brioso corcel cuando Juan entraba. Miró con aire de sorprendido desdén al impertinente oficial de media jornada. «Sin uniforme, como siempre, y ¡Dios mío!, con una muchacha semidesnuda y el esclavo cubierto de sangre; es una desgracia para el decoro. Pero tenemos que soportarlo todo de los favoritos de la Augusta».

—Bien, tribuno —dijo lentamente, torciendo el gesto al pronunciar el título honorífico—, veo que has tenido suerte de escapar ileso y sin arriesgar la pérdida de tus hombres en una empresa no autorizada. ¿Qué te crees que estabas haciendo al ordenarles salir?

—Señor —se justificó Juan—, la turba estaba incendiando y saqueando el mercado y casi asesinan a esta ciudadana. Yo pensé...

El conde bajó su aristocrática nariz.

—¿Tú pretendías arriesgar las vidas de cien de mis guardias para rescatar a tu novia?

Eufemia se incorporó, intentó acomodarse el manto, y al darse cuenta de que lo había perdido, frunció el ceño.

—Yo no soy su novia —sentenció, y se bajó del caballo.

Su cabello negro cayó sobre sus suaves hombros y sus ojos, orgullosos y llenos de determinación, parecían enormes a la luz de las antorchas. Juan pensó, sonriendo con admiración a pesar suyo: «Es magnífica. Su casa está incendiada, sus esclavos muertos en la calle, ella misma ha estado a punto de ser violada y asesinada, y todavía tiene ánimos para discutir con el conde. ¡Dios del cielo, cómo me alegro de haberla salvado! Sólo por esto ha valido la pena».

—Yo soy Eufemia, la hija del patricio Juan de Cesarea de Capadocia —anunció, sonriendo—. Esos inmundos salvajes han quemado mi casa y asesinado a mis esclavos mientras yo trataba de escapar. ¡Me hubieran matado a mí también si no hubiera sido por Juan, quien, sin ser amigo mío, por lo menos tiene el alma de un hombre y no la de una rata!

Sus palabras fueron recibidas con un rugido de entusiasmo por las tropas del otro lado de la puerta. Juan vio ahora que se formaban por rangos y sus propios hombres iban al frente.

—¡Chusma inmunda! —gritaban algunos hombres—. Corren como ratas si los atacan. ¡Déjanos salir, cantaremos «victoria» sobre ellos!

—¡No busquéis pendencia! —gritaban otros—. ¡Dejad a las bestias tranquilas hasta mañana! —luego, entre gritos y aullidos, se oyó otro ruido, la súbita explosión de una aclamación.

—¡Tres veces Augusto! ¡Por siempre soberano! —las voces gritaban ahora al unísono—: ¡Justiniano Augusto, *tu vincas*! —y todo el ejército se dividió y asomaban sus caras cuando el emperador, seguido de sus guardias de élite, caminaba entre los soldados hacia la puerta.

Juan bajó del caballo y se prosternó sobre la calzada; el conde de la guardia personal era más lento, y apenas tuvo tiempo de desmontar cuando Justiniano se dirigió a él:

—Marciano Apolinar, ¿qué está ocurriendo aquí? —dijo con fastidio.

El conde se apresuró a inclinarse antes de responder.

—Este joven intentó sacar a las tropas a la ciudad, señor, para rescatar a esa mujer.

Justiniano miró fríamente a Juan, y enseguida se percató de Eufemia. La joven, a su vez, hizo una profunda reverencia y volvió a incorporarse.

—¡Ah, es Eufemia, la hija del Capadocio! —dijo sorprendido el emperador—. ¿Qué quieres decir con «rescatarla»? ¿Qué ha ocurrido?

—Sacra Majestad —cortó Eufemia al instante—, los partidarios de la facción de los Azules han venido esta noche a mi casa, cerca del mercado Tauro. Prendieron fuego a la parte delantera del edificio, que había alquilado al notario imperial Alejandro. Ante el peligro que corría, ordené a mis esclavos abandonar de inmediato la casa y que me llevaran en mi silla, dejando las puertas abiertas. Alejandro clamó a la multitud que él no tenía nada que ver conmigo ni con mi padre, y muchos vinieron a mi puerta a buscarme a mí, dejando que Alejandro ardiera en su casa... Por lo que sé, ya debe de estar muerto, él y toda su familia. La mayoría de los Azules irrumpieron en mi casa para destruir todo lo mío, pero algunos siguieron mi silla, la derribaron, la tomaron y mataron a los porteadores. Estaban a punto de matarme de un modo espantoso cuando llegó Juan con su sirviente. Aunque no es amigo mío, nos conocemos, ya que nos hemos encontrado con frecuencia para pactar acerca de algunos archivos que mi ilustre padre perdió cuando dejó la prefectura. Ahuyentó a mis atacantes, mató a varios de ellos, y me trajo aquí al instante. Aquí me entero de que él había mandado que acudieran algunos pelotones de la guardia personal para ayudar a sofocar los disturbios, pero que este noble conde se negó a dejarles traspasar la puerta.

Justiniano miró al conde, cuya cara redonda se iba sonrojando por momentos.

—¿Es cierto?

—¡Ummm!, señor, yo pensé que sería mejor mantener a salvo a las tropas...

—¿Para qué te crees que están las tropas? —preguntó el emperador—. Están para mantenernos a salvo a *nosotros*. Esa turba inmunda está quemando vivo a un notario imperial en su casa y asaltando a la hija de un prefecto pretorio en la calle... ¿No se te ocurre nada mejor que obstaculizar el paso a los que intentan evitar tales desmanes? ¡Dios de todas las cosas, mi propia hermana vive cerca del mercado Tauro! —se volvió hacia Eufemia—. El palacio de mi hermana...

—No estaban atacando el palacio de tu nobilísima hermana, tres veces Augusto —dijo Eufemia con sequedad—. Saben que está bien custodiado.

—¿Para qué sirven los guardias contra un incendio? —preguntó el emperador con rabia, volviéndose hacia Apolinar—. Deberían haber mandado las tropas hace horas; ahora todas deben salir. Que sólo los centinelas permanezcan custodiando el palacio. Quiero las calles vacías dentro de una hora, y quiero que se sofoquen los incendios —hizo una pausa para tomar aliento y dijo a Eufemia, en un tono amable—: Haré reconstruir tu casa, querida, pero hasta que esté lista te invito a quedarte en palacio como mi invitada. Mis chambelanes pueden ocuparse de ti... y de tu... compañera —la dueña había logrado por fin bajar del caballo y asía la mano de Eufemia mientras hablaba el emperador—. ¿Tú quién eres, amigo? —agregó dirigiéndose a Anastasio, que venía a ayudar a la vieja dama de compañía—. Yo te tengo visto antes.

—Anastasio, señor —dijo el anciano y se inclinó hasta el suelo—. Soy escriba en la oficina de tu servidor, el ilustrísimo Narsés.

—Bien. Acompaña a la señora Eufemia al apartamento de tu superior y dile que cuide de que se ocupen de ella.

Anastasio se inclinó; Eufemia volvió a hacer una reverencia.

—Gracias, señor.

El emperador asintió y volvió a mirar a Juan y al conde de la guardia personal. Los miró atentamente durante un instante, sin expresión alguna, y exclamó con voz serena:

—Juan de Beirut, te encomiendo la tarea de sofocar estos disturbios. Marciano Apolinar, ya que deseas permanecer a salvo en palacio, puedes hacerlo. Reconsideraremos tu cargo mañana.

—¡Señor! —exclamó horrorizado el ex conde de la guardia personal.

—Sí, señor —dijo Juan, inclinándose nuevamente.

Justiniano asintió fríamente y volvió a buen paso a palacio. Anastasio dirigió a Juan una mirada mezcla de felicitación y de simpatía y cogió del brazo a la dueña de Eufemia.

—Necesitas descansar, mi buena señora —murmuró—. Estimadísima Eufemia, es por aquí...

Partieron detrás del emperador. Eufemia caminaba sola, con la cabeza alta y los hombros derechos, con aire orgulloso y mirada desafiante, pese a sus brazos desnudos y el cabello suelto. Juan observó a la joven con la sonrisa en los labios. La imagen de la casa en llamas, la silla volcada en la calle, su flecha clavándose en el ojo del Azul..., todo eso se borraba en su mente ante la espalda derecha que se retiraba. «Es hermosa. Viva e ilesa; preparada para escupir en el ojo de todo el mundo. Absolutamente Eufemia, única, viva. Yo la salvé. Y es hermosa», dijo para sus adentros.

Uno de los tribunos de la guardia personal se acercó a Juan y carraspeó.

—¿Salimos a patrullar la ciudad, Excelencia? —preguntó.

Juan se sobresaltó, mirando a su alrededor. Se dio cuenta de que había sido profundamente afectado por los acontecimientos de aquella noche, de que tenía las manos entumecidas y de que era difícil pensar en salir a la ciudad otra vez. «Tengo que organizarlo. Tengo que dar las órdenes por escrito. Cuántos soldados, cuántos distritos de la ciudad. Dejar una reserva para las áreas problemáticas; empezar ya».

—Por supuesto —respondió al tribuno—. ¿Podemos tener formados a todos los hombres en la plaza del mercado? Yo asignaré los distritos.

Narsés tenía un conjunto de habitaciones en el palacio de los Hormisdas, la sección del Gran Palacio más alejada de la puerta que daba a las aguas del Bósforo. Allí, tan lejos de la ciudad, los disturbios eran sólo un ruido confuso, semiahogado por los grillos de los jardines. Eudoxia había dejado de llorar y estaba simplemente apoyada en Anastasio, sorbiéndose la nariz a cada momento, cuando el escriba llamó a la puerta de Narsés.

El chambelán se sorprendió al verlos, pero no lo demostró por mucho tiempo, pues a los pocos minutos de oír la historia, ya había reorganizado sus aposentos para acomodarlas.

—Mañana, por supuesto, procuraremos encontrar otras habitaciones un poco más privadas para vosotras —dijo amablemente a Eufemia, mientras sus esclavos transformaban su estudio en una habitación para ella y su dueña.

—Y habitaciones para mis esclavos —agregó la muchacha—. Los hice salir de casa antes de salir yo misma; creo que están ilesos. Necesitarán un sitio donde hospedarse —se sentó en la cama que los esclavos acababan de traer. Estaba muy pálida y de vez en cuando se estremecía nerviosa, pero aún hablaba claramente.

—Y para ellos, por supuesto —coincidió Narsés—. Para mí será un placer ofrecerte mi casa en la ciudad. Excelentísima Eufemia, estimada Eudoxia, ¿querríais algo para comer? ¿Una cena? ¿Un poco de vino caliente y tortas de miel? Los baños están al fondo del pasillo, si deseáis bañaros. Y seguramente querréis otras ropas.

Chasqueó los dedos y una de las esclavas se encargó de arreglar un baúl con ropa.

—Azaretes, busca ropa para las damas. Ve por ella a la casa de los embajadores, donde hay un buen muchacho; no molestes a la corte de la emperatriz.

—Deberíamos ser invitadas a la corte de la emperatriz —suplicó la dueña, con una débil imitación de gazmoñería impertinente—. Sería más apropiado para una joven como Eufemia.

Sonrió al ver que su dueña se sentía mejor, pero le espetó:

—¡No seas ridícula! La emperatriz preferiría que estuviéramos muertas —Eudoxia se le acercó y le pasó un brazo por los hombros, pero la joven no le prestó atención.

Narsés suspiró sin hacer comentario alguno. Eufemia levantó la vista de pronto y, con una expresión de total desamparo, tímida, temerosa y esperanzada a un tiempo, dijo—: Lo siento. Soy tu invitada y no debería decir cosas así. A Juan no le pasará nada en la ciudad, ¿verdad?

—¿Juan va a regresar a la ciudad? —preguntó Narsés, sorprendido.

Anastasio sonrió.

—El emperador le ha dado el mando de la guardia personal para que sofoque los disturbios; a Apolinar le ha ordenado que se quede. Sí, a Juan no le pasará nada, por cierto. Creo que, después de todo, será ascendido.

—Eso sería muy oportuno —dijo Narsés reflexivo—. Anastasio, tú querrás quedarte también, ya que con los disturbios de las facciones y la guardia en las calles, éstas estarán intransitables. ¿Has comido? Haré que los esclavos te traigan algo y quizá puedas echarle una ojeada a un escrito que quería enseñarte. Está sin firma y no sé dónde archivarlo. Estoy seguro de que las señoras desean estar tranquilas para reponerse. Estimadas señoras, buenas noches. Mis esclavos estarán a vuestra disposición para cuanto deseéis.

Habían trasladado al pasillo fuera de la habitación recién dispuesta el escritorio de Narsés y un cofre cerrado con documentos. El chambelán abrió el cofre, sacó una hoja de pergamino sin doblar y volvió a cerrarlo cuidadosamente antes de hacer pasar a Anastasio al comedor.

Anastasio miraba el departamento con curiosidad. Una o dos veces había visitado la mansión de Narsés en el Cuerno de Oro, que el eunuco tenía para sus ratos de ocio, pero nunca había estado en aquellos aposentos tan privados. Las habitaciones estaban escrupulosamente limpias y decoradas con sencillez; como parte del palacio, poseían grandes ventanales y suelos decorados con magníficos mosaicos de figuración geométrica, a las que el dueño no había agregado ningún elemento de lujo. El comedor era pequeño, con una biblioteca que cubría completamente una de las paredes; las puertas de la otra pared se abrían a una terraza que daba al mar. Anastasio se sentó a la mesa de palisandro; uno de los esclavos trajo la cena, consistente en huevos, queso de cabra, pan de comino y tortas de miel, regado todo con un exquisito vino blanco.

Narsés mezcló el vino con agua y lo sirvió en dos tazas, entregando una a Anastasio con una sonrisa mientras el trozo de pergamino seguía en la otra mano. Contempló al viejo escriba que masticaba despacio la comida. Anastasio comía lentamente y con manos temblorosas. Narsés pensó: «El anciano está cansado. Demasiada violencia, demasiado peligro para una noche. Es una pena tener que implicarle ahora, una pena tener que implicarle. Pero si el emperador está considerando promover a Juan, querrá un informe mañana, y con mis investigaciones no he logrado nada hasta el momento. Si alguien puede identificar al autor de este anónimo, ése es Anastasio: conoce la escritura de todos en las oficinas sagradas y puede decirme el origen de un trozo de pergamino con echarle un vistazo. Además se puede confiar en él, porque aprecia a Juan. Aun así, ojalá pudiera mantenerle ajeno a todo esto».

Se percató de que las mujeres iban por el pasillo hacia el baño, hablando en voz baja. «Bien. Están lejos», pensó.

—Gracias, ilustre señor —dijo Anastasio, terminando su cena y apartando el plato—. Es muy amable de parte de tu bondad invitarme a quedarme. ¿Es éste el escrito al que querías que echara un vistazo?

Narsés sostuvo la carta aún doblada con ambas manos y asintió.

—Ésta es una carta sin firma que entregaron a su sacra Majestad dos semanas antes de que yo volviera de Tracia. El señor me ha encargado determinar la verdad de las afirmaciones que contiene, y necesito saber quién la envió. ¿Deseas verla o prefieres no hacerlo? Si eliges verla, te advierto que nada de lo que contiene o de lo que yo te pueda decir debe ser mencionado jamás fuera de esta habitación.

Anastasio parpadeó, alarmado, luego se encogió de hombros con disgusto.

—Pienso que prefiero no verla.

—Se trata de nuestro amigo Juan.

Anastasio miró aún más sorprendido y disgustado; el rostro se le ensombreció.

—¿Ésa es la razón de que no lo asciendan? ¿Alguien ha enviado una acusación anónima contra él?

Narsés asintió, todavía con la carta en la mano.

—La miraré —dijo Anastasio.

El chambelán puso la carta en las manos del escriba. Anastasio la leyó en voz baja.

—¡Dios misericordioso! —exclamó, levantando la vista hacia su superior, horrorizado—. Pero... es una mentira, una pura invención. Debe serlo. Apostaría mi vida a que lo es. Seguramente, todo lo que tienes que hacer es verificar las afirmaciones y probar que son falsas.

Narsés movió la cabeza.

—He enviado hombres para investigar tales afirmaciones. Terminaré informando al emperador que la mayoría de la gente que conocía al criador de osos llamado Akakios ha muerto...; después de todo, era un hombre pobre que vivió en circunstancias oscuras y murió hace cuarenta años. Diré que aquellos que lo conocieron mejor (o sea, los miembros que quedan de su familia y sus amigos cercanos) afirman que tenía un hermanastro llamado Diodoro. Eso es cierto seguramente, ya que Su Serenidad les ha ordenado que digan eso. Con respecto a los hombres que envié a Beirut, dirán indudablemente que han oído hablar de cierto escriba llamado Juan que trabajaba en la administración local, que puede ser o no ser nuestro amigo; afortunadamente, el nombre es muy común. La evidencia será profundamente poco convincente, no obstante, y el emperador lo notará al momento. La dificultad estriba en que todas las afirmaciones de la carta son ciertas.

Anastasio lo observó por un momento y volvió a mirar el pergamino.

—Entonces... no lo entiendo —parpadeó rápidamente y torció la boca con un gesto de dolor. Tras una breve pausa dijo con los puños apretados—: ¿Juan ha estado mintiendo acerca de quién es? No, no...; él no haría...

—¿No haría el qué? —preguntó Narsés suavemente—. ¿Qué has deducido?

A Anastasio se le notó un gesto de dolor y miró enojado a su superior.

—Que la sacra Augusta... —comenzó, y se detuvo, tragó saliva e intentó nuevamente—. Que Juan...; ¡no, no lo creo!

—¿Creer qué? No importa, ya lo sé. El emperador cuando miró la carta sacó la misma conclusión. Y resulta que se trata de una conclusión falsa. Juan no es el amante de la emperatriz, pero por razones que ella prefiere mantener en secreto, no desea que nadie sepa la verdadera historia. Ella no se la contará a su marido y no desea que yo lo haga; su marido no le ha dicho nada de la carta y me ha prohibido a mí hacerlo. Y, a su vez, ambos me han prohibido mencionar el asunto a Juan. Yo intento hallar mi posición —dijo sonriendo—, una posición extremadamente difícil.

—Pero... ¿por qué ella...? —Anastasio se interrumpió, atónito, y volvió a la carta—. Pero ¿Juan es inocente?

«Lo quiere tanto como yo. Le aterra pensar que Juan resulte ser un adúltero cazafortunas», pensó Narsés, con vivas muestras de afecto.

—A menos que lo consideren responsable de la condición de su nacimiento, que fue similar a la tuya.

—Yo soy un bastardo; mi madre era la concubina de mi padre —reconoció Anastasio, confundido.

—La madre de Juan era algo entre una cortesana y una prostituta común —sentenció Narsés deliberadamente—. Era una actriz cómica del circo.

Anastasio lo miró perplejo por un instante. Luego las mejillas marchitas del escriba se encendieron de color.

—¡Por todos los santos! —susurró por lo bajo—. No querrás decir que...

—¡Chis! —ordenó Narsés—. ¿Puedes decir quién puede haber mandado la carta?

Anastasio examinó la letra, volvió la carta y la sostuvo a contraluz.

—La ha hecho con la mano izquierda alguien que no es zurdo —dijo al cabo de un momento.

—Ya lo he notado.

—Y es un pergamino de baja calidad; no es de los que se usan en las oficinas, y no es de Asia ni de Tracia... Ya sé, ¡es italiano! Sí, definitivamente de Italia: tiene esa pátina grasienta que tienen todos los documentos de las regiones reconquistadas y manchas de desgaste donde el curtidor ha usado mucha lejía. El color marrón de la tinta también es típico de las letras italianas.

Narsés sonrió. Era su habitual sonrisa enigmática, pero sus ojos brillaban de contento.

—Eso debería estrechar el cerco. El que la escribió, entonces, está en Italia o ha estado recientemente allí; también sabe que su letra puede ser reconocida, por lo que trata de disfrazarla —golpeó de repente la mesa—. ¡Ya lo sé! Espera un momento —salió del cuarto y volvió un minuto después con un archivo sellado en rojo en un extremo. Sacó un montón de documentos, los miró atentamente y extrajo una carta. Se la pasó a Anastasio, poniéndola junto a la otra.

Estaba escrita normalmente en una finísima piel de Pérgamo y aparecía firmada.

> Antonina, esposa del siempre victorioso comandante conde Belisario, saluda al ilustrísimo Narsés. La probidad y lealtad de tu honor jamás han sido cuestionadas por nadie, por lo tanto creemos adecuado informar a tu discreción acerca de un complot que se va a llevar a cabo por el muy perverso y traidor prefecto pretorio Juan de Capadocia para usurpar el lugar de nuestro querido y amado señor Justiniano Augusto...

—Es la misma mano —exclamó Anastasio, interrumpiéndose en la lectura.

—¿Estás seguro?

—Sí. Observa esta ligadura de aquí: épsilon-ípsilon en un solo trazo, con la ípsilon hecha como un cuerno para atrás. Hace lo mismo con la mano izquierda. Y la sigma en «Augusto» está escrita separadamente del resto de la palabra. ¡Oh, no hay dudas! Pero ¿por qué lo hace esto ella? Creía que era muy amiga de la emperatriz.

Narsés se volvió a sentar en su asiento y se acercó ambas cartas sobre la mesa.

—Creo que desea casar a su hija con un marido más ilustre que el nieto de la emperatriz —sugirió tras un silencio prolongado—. En efecto, ha hecho todo lo posible por posponer el casamiento —suspiró, puso la carta anónima nuevamente en su bolsa y enrolló la vieja carta con los otros papeles del archivo—. Por supuesto, su marido odia a la emperatriz, pero el conde es demasiado honesto para urdir algo al respecto; ha podido sospechar y pagar a algunos hombres para que investiguen a Juan, pero no mandar una carta anónima. Así que se trata otra vez de los hijos. Un hombre, o una mujer, puede ser indiferente al dinero y honrado con la autoridad, pero si quiere dar a sus hijos riqueza y poder, puede llegar a comprar a la justicia y caer en la corrupción, mentiras, engaños, intrigas, hasta en el asesinato, sin creer que está haciendo nada malo, porque lo hace por sus hijos. Ambición dinástica —golpeó suavemente la mesa con las cartas enrolladas para igualar los bordes—. A veces desearía que el Todopoderoso hubiera pensado en un modo mejor de producir seres humanos. Pero por supuesto yo debo mi carrera a eso. Para protegerse contra las ambiciones dinásticas es por lo que castran a hombres como yo y los ponen a trabajar en las oficinas.

Metió las cartas en el cofre.

—¿Lo lamentas? —preguntó Anastasio rápidamente, haciéndole una pregunta que con frecuencia él mismo se había planteado.

Narsés levantó rápidamente la vista, mirándolo con ojos apagados pero con expresión serena.

—¿Lamentas tú no haber nacido mujer? Quizá las mujeres lamenten no ser hombres al ver cuántas ventajas el mundo otorga a los hombres. Pero ¿puedes realmente lamentar ser lo que eres, cuando ser de otra manera significaría ser otra cosa... que es lo mismo que no existir?

Anastasio se encogió de hombros.

—A veces lo he lamentado por ti —dijo en tono de lástima.

Eso le hizo sonreír.

—Ah, pero tú fuiste feliz en tu matrimonio, no eres un juez válido. ¡Y basta por hoy! Preguntaré a Sergio sobre Antonina mañana, con lo que haré un informe preliminar para el señor. Escribiré al conde Belisario una carta que pueda prevenir más problemas por ese lado. Es complicado, no obstante, que la carta sea de Antonina. El señor dirá, como tú, que es amiga de la señora y por lo tanto que no puede actuar con malicia. Con todo, la mujer no le cae bien, por lo que podría convencérsele. Mi informe, por cierto, no perjudicará la posición de Juan, antes bien podría ayudarlo. Gracias por tu ayuda, amigo mío. Deberías tratar de dormir ahora: es tarde.

X

Conde de la caballería

A la mañana siguiente, a la hora del desayuno, Juan llamaba a la puerta de la casa de Narsés, después de haber pasado la noche cabalgando por la ciudad. Olía a humo y a caballos, estaba sucio y tiznado de hollín; el arco pendía de su hombro y llevaba puesto hacia atrás un casco que se había agenciado en el curso de la noche. Los esclavos de Narsés lo introdujeron en el limpio e impecable comedor donde su señor y Anastasio estaban desayunando. Las ventanas abiertas de la terraza dejaban ver las aguas azules del Bósforo que centelleaban con los rayos del sol hasta la masa verde de la costa asiática de enfrente. Desde allí podía verse la ciudad de Calcedonia, un blanco resplandor bajo el sol de la mañana.

—Lamento molestaros —avisó con un golpe de tos; le dolía la garganta de respirar humo y gritar órdenes—. Sólo quería ver que todo estaba en orden. Mi saludo, Anastasio. ¡Así que estás aquí! Mandé un mensaje a tus esclavos diciéndoles que probablemente te quedarías en palacio —volvió a toser.

Narsés levantó las cejas y señaló un lugar en el triclinio de Anastasio. Acababa de regresar, ya que se había levantado temprano como siempre para atender al emperador, pero había ordenado una comida elegante para sus invitados.

—Siéntate y come y bebe algo —insistió amablemente a Juan—. Deduzco que has estado muy ocupado la noche pasada.

Juan se sentó, se quitó el casco, lo puso a un lado y se frotó la cara con una mano mugrienta.

—Gracias, Ilustre señor —uno de los esclavos le trajo una copa de vino aguado, se la bebió de un trago, sediento como estaba, y también la dejó aparte—. Eufemia está aquí, ¿no es cierto? He ido a ver su casa y quería hablarle de ello.

En ese momento se abrió la puerta posterior del comedor y entraron Eufemia y su dueña. La muchacha se detuvo súbitamente cuando vio a Juan. El manto que los esclavos de Narsés habían encontrado para ella era de lino amarillo con bordes de seda verde y dorada, y su espeso cabello castaño estaba dispuesto con sencillez alrededor de la cabeza, en lugar de aparecer enrollado en un moño y ahogado en una redecilla. «Parece una leona recién salida de la jaula», pensó Juan.

Pero estaba muy pálida y con los ojos enrojecidos.

Juan se puso de pie con dificultad.

—Estimada Eufemia —musitó—, quiero informarte del estado de tu casa.

—¡Oh! —dijo con el rostro encendido.

Miró por la habitación; Narsés se levantó y le indicó cortésmente el tercer triclinio junto a la mesa. Tomó asiento rápidamente, seguida por su dueña como una sombra lenta y torpe. Narsés volvió a sentarse y dirigió a Juan, que seguía de pie, una mirada inquisitiva. Juan se sentó.

—Aún tengo casa, ¿es eso lo que me quieres decir? —preguntó Eufemia, sirviéndose pan blanco.

Juan tragó saliva y se encogió de hombros.

—Tienes parte de la casa. La parte delantera ha quedado completamente destruida por el fuego, pero la trasera aún tiene las paredes y los suelos. Al soplar el viento del norte en dirección al mercado, el fuego se propagó hacia el otro lado. Pero entre el fuego y los saqueadores, la casa ha quedado totalmente destruida por dentro. Tres de tus esclavos fueron hallados ilesos, escondidos en una calleja colindante, e hice que los llevaran a la Puerta de Bronce a esperar órdenes tuyas. No sé dónde están los demás. He hecho poner en el mercado los cadáveres de tus porteadores para que los entierren.

—¿El fuego se extendió mucho? —preguntó Anastasio, mirando las manos ennegrecidas de Juan.

Juan volvió a encogerse de hombros.

—Muchas de las casas del mercado han quedado destruidas. El palacio, sin embargo, está intacto. Ha habido otro fuego en el Cuarto Distrito, pues la turba quería quemar la casa del cuestor. Nos las ingeniamos para apagarlo antes de que se propagara y salvamos a la mayoría de sus habitantes. Tu vecino, Alejandro el Notario, en cambio, fue asesinado —agregó dirigiéndose a Eufemia. Juan se bebió el vino que restaba en su taza y tomó un panecillo blanco; al percatarse de la ceniza de su mano, la retiró al instante para limpiársela.

—¿Y los disturbios? —preguntó Narsés, con cierto interés—. El señor dijo que se acabaron en una hora, como había ordenado. ¿Pudiste controlarlos fácilmente?

—Fue más fácil que controlar los incendios —replicó Juan, con una sonrisa—. Muchos huyeron al ver a las tropas; sólo tuvimos problemas en algunos lugares, y no por mucho tiempo. Aun así, desearía que la guardia personal supiera disparar flechas. Es peligroso emplear soldados de infantería y caballería por esas callejuelas: la gente arroja cosas desde los balcones y levanta barricadas. Si hubiera habido más sediciosos y hubieran sido más decididos, nos habrían dado una buena paliza. Con unos cuantos arqueros más habría sido más fácil. Con todo, sólo han matado a tres de mis hombres y hay treinta heridos; podría haber sido mucho peor —extendió la mano, algo menos sucia, y cogió el pan.

—Quizá tú puedas enseñar a disparar con el arco a la guardia personal cuando seas su conde —sugirió Anastasio, sonriendo tímidamente.

Juan lo miró sorprendido.

—¿Yo? ¿Conde de la guardia personal, yo? No hay ninguna posibilidad de que eso ocurra. Tal vez me asciendan, pero no *tan* alto.

—Creí que te habías esmerado para impresionar al emperador —proclamó Eufemia con retintín.

—¡No tanto como para que me nombre conde de la guardia personal! —protestó enérgicamente Juan—. Su sacra Majestad está enojado con Marciano Apolinar y lo trasladará a algún otro lugar, pero no va a convertir a un secretario y tribuno de media jornada en conde. Además, hay rumores de que va a dar el puesto a ese armenio que no aceptó el cargo de comandante en jefe en África, aquel que sofocó el motín y rescató a la sobrina del emperador.

—Artabanes —dijo Narsés.

—Exactamente. Es el tipo de hombre que merece ser conde. Si tengo suerte, el señor reconsiderará darme un comando en el este.

Narsés sonrió enigmáticamente.

—Coincido con tu apreciación y espero que tengas razón.

Eufemia permaneció por un instante con la mirada fija en Juan.

—¿Adónde irías en el este? —le preguntó por fin.

Él se encogió de hombros.

—Eso lo decidirá el señor.

—¡Ah! Bien, espero que consigas tu ascenso. Anoche... anoche no te di las gracias por salvarme la vida. Permíteme hacerlo ahora, en mi nombre y en el de mi padre. Espero que algún día podamos recompensártelo.

—Es suficiente recompensa verte viva —le replicó Juan, sonriendo y mirándola a los ojos. A la luz del sol, tenían nuevamente un color brillante, casi anaranjado.

Ella se sonrojó.

—Y una recompensa más que suficiente si te ascienden —agregó lacónica.

Juan dejó de sonreír y bajó la mirada.

—No pensaba en eso; no me importa si lo logro o no.

Juan se puso de pie y se inclinó cortésmente hacia Narsés y Eufemia.

—Ilustre señor, respetada señora, con vuestro permiso, quiero volver a casa y descansar; ha sido una noche larga.

—Por supuesto —accedió Narsés suavemente, en tanto Eufemia se mordía el labio—. Yo estaba a punto de ir a mi oficina. Anastasio, tómate el tiempo que precises: envía a uno de mis esclavos a tu casa para tranquilizar a tus esclavos, si quieres, y para que te traiga ropa limpia. Juan, si lo prefieres, podemos ir juntos hasta el Magnaura.

Cuando salieron del palacio de los Hormisdas, Narsés se detuvo, se volvió bruscamente hacia Juan y, tomando el manto de éste, le dijo:

—Estás enamorado de esa muchacha.

Juan contuvo el aliento. La larga noche de violencia lo había dejado frágil e indefenso, como si el mundo fuera una fina capa de hielo sobre el que él se deslizara precariamente. Ante las palabras de Narsés, le pareció que esa capa de hielo se resquebrajaba en mil pedazos a su alrededor y se hundía en la profundidad del agua helada. Tomó la mano de Narsés pero no pudo retirarla del manto; bajó la mirada, intentando reponerse.

—¿Tengo razón? —preguntó Narsés tras un instante de vacilación, con la mirada puesta en la cabeza inclinada de Juan.

—No lo sé —respondió Juan en un susurro.

—No es sensato —aconsejó Narsés—. La Augusta se enojará mucho. Odia a esa muchacha por su padre; la odiará mucho más si la ve como una amenaza para los planes que tiene para ti. La muchacha ha sufrido demasiado; no le traigas más problemas.

Juan levantó la cabeza, horrorizado.

—La emperatriz nunca...

—La Augusta es una mujer pasional. A ti te ama y hará lo indecible por tu bienestar. Considera al padre de Eufemia perverso y peligroso y sabe que Eufemia le es absolutamente leal. Sin dudarlo, ante el menor indicio de una relación sentimental entre Eufemia y tú, ideará la trama más siniestra y el castigo más atroz para Eufemia.

—La Augusta está cansada de mí —farfulló Juan irritado—. No me ha visto desde que volvimos de Tracia. Y, de todos modos, esto no tiene sentido. A Eufemia no le gusto y yo... yo no sé lo que siento por ella. Pero yo he estado enamorado, y esto es otra cosa.

Narsés no sonrió.

—Te diré algo. Hace más de veinte años, siendo Justino emperador, yo no era más que un empleado subalterno en la oficina del tesorero de los fondos privados del emperador. Aún era esclavo en ese tiempo, y no me iban a dar la libertad, ya que no le caía bien a mi superior. En esa época Pedro Sabatio Justiniano (a quien entonces llamábamos Sabatio) era patricio y cónsul y el candidato favorito, aunque de ningún modo el único, a la sucesión. Yo y muchos otros del plantel de la corte, el ejército y los ciudadanos preferíamos a Germano. Sabatio había obtenido la púrpura para su primo y todo lo que hacía parecía calculado para obtenerla él mismo: protegía a los Azules en los crímenes más atroces para ganarse su apoyo; sobornaba y adulaba a las tropas del palacio; tenía espías y sirvientes por las oficinas, y hasta su propio primo le temía. Era un hombre calculador y brillante, piadoso a su modo, cultivado, pero frío. Nada le importaban las mujeres, la comida o la bebida; sólo el poder. Germano se hacía querer más fácilmente.

»Un día la gente empezó a comentar, sin poder creerlo, que Sabatio estaba relacionado con una muchacha del circo, la hija de un cuidador de osos, una actriz cómica y prostituta llamada Teodora. Sorprendió a todo el mundo y se fue haciendo más sorprendente día a día. Instaló a su amante y a su hija bastarda en el palacio de los Hormisdas; la colmó de riquezas; le dio el rango patricio y luego quiso casarse con ella. El emperador Justino se sentía ultrajado, aunque su sobrino lo forzó a otorgarle ese rango a la joven; la emperatriz era inflexible: ningún sobrino suyo se casaría con una criatura tan poco adecuada; ambos estaban furiosos ante tal desaire a la dignidad imperial. Germano, por supuesto, se había casado con una mujer del linaje de los Anicios, la familia más ilustre del imperio; Germano caía en gracia a todo el mundo, y comenzaba a ser preferido. Muchos, yo entre ellos, estábamos contentos.

»Un día se me envió al emperador con unas cuentas. Él estaba en una reunión con su sobrino Sabatio, ya que Justino era, como creo haberte dicho, un analfabeto, y Sabatio se lo explicaba todo. Cuando llegué ante la cortina que cubría la puerta del salón donde estaban sentados, los oí hablar, en voz baja pero enojados, y me detuve por temor a interrumpirlos.

»"¿No tienes respeto alguno por nosotros? Ya fue suficientemente malo vestir a esa... esa *criatura* en púrpura y blanco, ¡y ahora quieres coronarla con la diadema! ¡Es ilegal para un hombre de rango senatorial casarse con una actriz!" A lo que respondía Sabatio: "¡Entonces cambia la ley! Puedes hacerlo. Haz un edicto que declare que si la actriz ha dejado la escena y obtenido un rango alto...". Y replicó el emperador: "¡Seríamos el hazmerreír de todos! Tu tía está muy afligida". "Mi tía empezó siendo tu concubina; no tiene derecho a ser tan estricta ahora. Con su coraje e inteligencia, Teodora sería una gran emperatriz. Es una hipocresía absoluta y llena de prejuicios llamarla *esa criatura* y mofarse de ella. Uno de los problemas que han infectado este imperio es que los hombres son ascendidos por sus nobles ancestros más que por su capacidad. ¿Para qué sirven las genealogías cuando uno intenta que algo se haga?" Y le replicó Justino: "¡No toleraré que esa prostituta sea la próxima emperatriz! Tendrás que decidirte: ¿qué prefieres, la púrpura o tu Teodora?". "Teodora y la púrpura", respondió Sabatio con toda su furia. Pero dijo "Teodora" primero. Yo me quedé atónito. Estaba de pie detrás de la cortina, escuchando cuando Justino maldecía, y pensaba. Yo había creído que comprendía cómo eran los hombres cuando estaban enamorados: que era en parte un mero placer y en parte una necesidad. Pero que sólo los débiles se dejarían dominar por el amor. Y ahí estaba Sabatio, el hombre más frío y lúcido de la ciudad, abjurando de todo lo que había sido y de todo lo que se había esforzado por obtener, en nombre de una prostituta. El amor, pensé, debe de ser mucho más fuerte y más terrible de lo que yo pensaba. Agradecí a Dios por haber sido apartado de él, pero sentí lástima por el pobre y trastornado Sabatio.

»Terminaron de discutir, así que entré, me prosterné y entregué las cuentas al emperador; él me las devolvió y me dijo que me retirara. Sabatio las cogió y fuera del salón se detuvo para mirarme. "Yo las haré. Tu nombre es Narsés, ¿verdad? Has hecho un trabajo excelente". Y mencionó un trabajo que había hecho para mi superior. Me ordenó que fuera con él, y me llevó al palacio de los Hormisdas. Pensé que sólo quería que yo verificara las cuentas, pero cuando llegamos fue directamente a los aposentos de su amante y me la presentó. Ella era, por supuesto, una mujer extremadamente hermosa; cuando la encontramos estaba leyendo. Dijo: "Éste es Narsés, el único hombre inteligente en la oficina de los gastos privados del emperador, y además el único honesto. Sé buena con él, queridísima". Y la infame Teodora, la prostituta, el monstruo antinatural, se levantó y tomó mi mano. Cuando dejó el libro, vi que era un volumen de historia, de Maleo de Filadelfia, que ha escrito con seriedad sobre la historia reciente, no crónicas de guerras para entretener. Ella sonrió y dijo: "Bienvenido. Si lo que Pedro dice es cierto, te haremos tesorero cuando él vista la púrpura". "Podemos hacer las cuentas ahora", dijo Sabatio. Y eso fue lo que hicimos. Teodora se quedó con nosotros, apoyada sobre el hombro de su marido y haciendo preguntas..., preguntas muy perspicaces, por cierto. Estaba aprendiendo el funcionamiento de las finanzas del imperio, y aprendía muy rápidamente.

»Después de terminar las cuentas, Sabatio volvió a acompañarme fuera (estábamos más o menos donde estamos en este momento) y me dijo: "Ahora, di que es una prostituta cualquiera y que yo soy un pobre tonto, un hombre maduro obnubilado por la lascivia y que no puede pensar bien". "No está dentro de mis atribuciones decirte nada", repliqué. "¿Pero crees que eso es cierto?", me preguntó. Y tuve que admitir que no, que podía ver que eso no era cierto; que ella era una mujer brillante y capaz, a la cual yo no habría dudado en ascender si hubiera estado a mis órdenes. Él sabía que yo no decía nada más que la verdad, y se quedó satisfecho. "No te estoy ofreciendo un soborno, porque no creo que pueda y además no tendría ningún sentido dado que no eres persona influyente. Pero sabes que tu superior es un inepto y que todo el trabajo que viene de su oficina que vale la pena lo haces tú. Cuando sea emperador, tú harás su trabajo, tendrás tu libertad y el rango de patricio. Y yo seré emperador; mi tío no se las puede arreglar sin mí, y si no lo sabe ya, pronto lo sabrá. Y Teodora será emperatriz, no importa lo que el mundo diga. Hay más para amar de lo que el mundo cree. A veces la pasión pura te deja ver con claridad"».

Juan se quedó en silencio un momento, mirando el rostro del eunuco.

—¿Y tú crees que estoy así de enamorado?

—¿Qué sé yo del amor? —preguntó Narsés—. Pero tú mirabas a Eufemia como Justiniano miraba a Teodora. No sólo con deseo, sino encantado, orgulloso, como descubriendo un alma gemela. Y ella es inteligente, tiene confianza en sí misma y es valiente. Veo que os podríais amar el uno al otro. Si yo pudiera amar a una mujer, sería una mujer como ella. Pero si lo haces, la destruirás.

Juan se quedó en silencio, la mano fría sobre la muñeca de Narsés. En los jardines de palacio los pájaros cantaban y el aire olía a flores y a mar.

—Me alejaré de ella —dijo finalmente Juan, con serenidad. Dejó caer la mano.

Narsés lo soltó.

—Lo siento —susurró al cabo de un instante—. Pero yo te recomendaría exactamente eso —suspiró profundamente y miró hacia el cielo claro—. Sería mejor ahora que fueras a casa a descansar; yo también tengo algunos asuntos importantes en la oficina.

«Asuntos muy importantes para ti», pensó mientras se abría paso por el palacio Magnaura hasta su oficina, que estaba vacía, ya que aún era temprano y los disturbios retrasarían naturalmente a los escribas. El icono de la Virgen estaba nuevamente en su lugar, en la pared sobre el escritorio; Narsés se quedó de pie por un instante, contemplando su rostro sereno. «¡Bendito retoño que brotó y fue parido de una tierra sedienta! Ser humano, que das a luz a la divinidad; Madre de Dios, haznos como eres tú, para vivir donde las contradicciones estén resueltas», pidió desde el fondo de su corazón. Con cuidado, se inclinó ante ella en una profunda reverencia y ocupó su puesto ante el escritorio. Lo primero era redactar el informe.

Anastasio llegó no mucho después, Diomedes aproximadamente una hora más tarde y Sergio una hora después.

—Lamento llegar tarde —dijo, entrando a la oficina interior—. Pero los disturbios han sido graves en mi barrio.

Narsés asintió con indulgencia.

—Tú vives en el Cuarto Distrito, ¿no? Deduzco que han tenido fuego allí. ¿Tu familia está bien?

—Las tropas atajaron el fuego antes de que se propagara —respondió Sergio—. Desviaron agua del acueducto. Actuaron con celeridad anoche, mejor que de costumbre. Juan estaba entre ellos, ¿no?; veo que no está aquí.

—En realidad, Juan estuvo al mando de las tropas sofocando los disturbios; me complace oír que apruebas sus órdenes. Es muy probable que su sacra Majestad recompense a Juan con el ascenso que merece tan justamente..., en cuyo caso yo necesitaré un nuevo secretario —Narsés sonrió con cortesía—. Quizá éste sea un buen momento para considerar de nuevo tu propio puesto, estimadísimo Sergio.

Diomedes levantó la mirada de su trabajo con envidia; Sergio contuvo el aliento. Se frotó las manos contra la túnica, intentando calmarse, y sonrió con ansiedad.

—Si tú lo crees, ilustre señor...

Narsés se levantó e indicó la cortina que cubría la entrada a los aposentos imperiales. Sergio sonrió y se abrió paso hasta la antesala privada, seguido por Narsés.

—Por supuesto —dijo Narsés, cerrando la puerta detrás de ellos—, yo podría echar muchísimo de menos a Juan. Su capacidad ha hecho mi propio trabajo mucho más fácil (solamente la taquigrafía es inestimable) pero además de eso, lo añoraré como persona. Su integridad es una cualidad que será difícil de reemplazar. Con todo, si lo promueven a altos cargos sólo puedo alegrarme. Será un alivio para mí si lo consigue pese a cierta carta maliciosa.

La sonrisa de Sergio se le heló por un momento, y la satisfacción desapareció de sus ojos.

—¿Una carta, ilustre señor?

—Una carta anónima acusatoria que se ha entregado al emperador. No debería haber ocurrido; el mismo emperador hace mucho ordenó que no vería ninguna acusación que no estuviera firmada, y siempre hemos seguido esa política. Cuando Agapio vio la carta que le enseñó el señor, no tenía ningún registro de su paso por esta oficina, aunque debería haberse anotado. Yo me pregunté, Sergio, si tú podrías ayudarme a entender cómo ha podido ocurrir algo así.

—¡Oh, ya sé de qué hablas! Sí, Agapio me preguntó también a mí. Pero nunca he visto la carta, me temo, y no tengo idea de cómo llegó al señor. ¿Tenía relación con Juan?

«Admirable», pensó Narsés.

—Me temo que sí. Pero íbamos a hablar de tu puesto —tomó asiento, y juntó los dedos formando una cúpula—. La dificultad es, Sergio, que no sé si tú eres simplemente deshonesto, o deshonesto a la vez que imprudente —Sergio dejó de sonreír, pero Narsés continuó con suavidad—: En el primer caso, recomendaré que tengas un lugar en la oficina de cartas, donde tu indudable inteligencia será bien aprovechada y la deshonestidad tendrá poca utilidad. En el segundo caso, me temo que no podré recomendarte para otro puesto, y tendrás que volver a la casa de tu padre.

—¿Qué... qué quieres decir? —preguntó Sergio—. ¿Qué hay de tu puesto de secretario?

—Has estado algo impaciente por ese puesto, ¿no crees? —preguntó Narsés lacónicamente—. ¿Qué es eso de investigar los documentos mientras otro aún tiene el puesto? ¿Quién te pidió que espiaras, Sergio?

—No sé de qué me hablas —replicó Sergio, sin expresión en el rostro—. Pero si me acusas de algo, puedo apelar a la justicia.

—¿Acusarte? Estoy intentando resolver qué sería lo mejor que se podría hacer contigo, Sergio. ¿Has leído la carta?

—¡Ya te he dicho que no sé nada de esa carta!

Narsés sacó la carta de su bolsa y se la entregó a Sergio.

—Por favor, léela ahora.

Frunciendo el ceño, enojado y desconfiado, Sergio tomó la carta y la abrió.

—No la he visto jamás —le repitió a Narsés, y se movió para sostenerla bajo la luz. La leyó en voz alta, lentamente; su ceño se hizo más marcado. Narsés lo miraba atentamente. Sergio se trabó en la última frase y se quedó mirando el papel, con la frente llena de arrugas.

«No la había leído —pensó Narsés—. Así lo pensaba. Estaba detrás de Juan, y no osaría ofender a Teodora».

—Pero... —replicó Sergio—, pero esto... esto acusa a la emperatriz. Dice que ella mentía.

—Así es. Y la emperatriz está al tanto de que ha sido acusada, aunque no sabe que hay una carta. En mi presencia ella juró que si encontraba al responsable de tal invención, lo haría azotar y le llenaría la boca de plomo derretido. Y, por cierto, podría perdonar a su amiga Antonina, pero ciertamente no te perdonaría a ti.

Sergio se puso lívido.

—¡Dios mío! —se dejó caer en el asiento, arrojando la carta al suelo.

Narsés se inclinó y la recuperó, la dobló cuidadosamente y la volvió a meter en la bolsa.

—Ella no sabe que hay una carta —repitió—. No debe saberlo nunca. Pero quiero algunas respuestas honestas. ¿Cuándo te contrató Antonina?

Sergio levantó la vista, pálido y descompuesto.

—¿Tú sabes eso?

—Sé algo de eso. Vamos, respóndeme.

—Ella... ella me invitó a su casa la primavera anterior a que os fuerais a Tracia. Fue en los idus de marzo. Dijo que ella y su marido sospechaban de que Juan no era lo que aparentaba ser; parece que su marido pensaba que cabalgaba como un sarraceno y hablaba árabe como un nabateo, y quería que se investigara. Y que temía que la emperatriz estuviera siendo engañada por un impostor inteligente, que esperaba que no lo fuera, pero que quería asegurarse. Pensé que quería desenmascarar a Juan y ganar a cambio algún favor de la emperatriz. Quería que yo averiguara sobre él lo que pudiera, y me prometió un puesto en el tesoro si podía probar algo.

—Entonces lo espiaste.

—Entonces busqué el modo de desenmascararlo. Pero nunca hallé nada. Gasté muchísimo dinero intentando sobornar a sus esclavos y la gente que lo rodea, pero no me llevó a ninguna parte; Beirut no deja entrever muchas cosas. ¡No he contado mentiras sobre él, lo juro! Antonina me pidió hechos, no rumores; los rumores sólo ofenderían a la emperatriz y no probarían nada. Esta primavera, justo antes de que vosotros regresarais, recibí una carta de Antonina que decía que su marido había completado sus investigaciones sobre Juan y que los resultados eran preocupantes, pero poco convincentes. Decía que no quería escribir a la señora, porque se podría ofender por recibir acusaciones no probadas contra un hombre que ella consideraba amigo y primo. Pero, según me dijo, pensaba que el señor debería estar enterado en el caso de que pensara en ascender a Juan. Cerró la carta, la selló con cera sin ponerle su propio sello y me pidió que me asegurara de que el señor la viera. La puse en el montón de cartas que iban a entrar, pero juro por todos los santos que me hubiera cortado la mano antes de ponerla allí si hubiera sabido que acusaba a la emperatriz.

—Te creo —dijo Narsés—. Deshonesto, pero no imprudente. Por supuesto no puedes quedarte en mi oficina después de una falta de confianza tan seria, pero te recomendaré para un puesto en la oficina de cartas. Te advierto muy seriamente que no digas nada sobre esa carta o su contenido a nadie; es muy posible que llegue a oídos de la emperatriz si lo haces. Escribiré una carta al conde Belisario; creo que ya no volverás a sufrir intromisiones por parte de la distinguidísima Antonina. Si te interesa, he investigado las afirmaciones de la carta por mi cuenta, y la evidencia es aún poco convincente, pero tiende más a refutar que a apoyar lo que allí se dice. Creo que la esposa del gloriosísimo conde está preocupada principalmente en evitar un matrimonio entre su hija y el nieto de la emperatriz. Eso es todo; puedes tomarte el resto del día.

Esperó a que Sergio se fuera antes de levantarse y volver a la oficina. «La carta de Belisario será extremadamente difícil de escribir», pensó con preocupación.

Belisario había escrito a Narsés una carta de felicitación por la victoria de Nicópolis, en la que gran parte trataba sobre la necesidad de dedicar más tropas para Italia y, por lo tanto, menos para Tracia, pero tenía dos o tres párrafos muy cálidos al principio que eran sorprendentes, honestos y encantadores.

«Él no tiene idea de cuánto aprecio yo sus elogios —pensó Narsés—. Es el maestro absoluto del arte de la guerra y un hombre que da por sentado el coraje: si está impresionado, es que la victoria ha sido impresionante. ¡Este Anastasio con sus preguntas! Si alguna vez quise ser algo diferente de lo que soy es porque quise ser otro Belisario... por absurdo que sea para un hombre de mi posición. Y ahora tengo que ofenderlo... Podría simplemente escribirle a Antonina, pero indudablemente, ella le enseñaría la carta y eso sería más ofensivo que escribirle a él directamente».

Suspiró y volvió a su oficina. Diomedes permanecía inmóvil ante su escritorio, contemplando atónito la puerta por donde había salido Sergio. Siguió pensando: «Tendré que pedir más personal para las oficinas; difícilmente me las podré arreglar con un copista y un archivero». Sonrió vagamente a Diomedes y verificó lo que ocurría en la oficina exterior. La cola habitual de audiencias se había reducido a dos o tres; el resto estaba esperando para ver si los disturbios realmente habían terminado. Anastasio exhibía una amplia sonrisa mientras trabajaba. Levantó la vista hacia su superior cuando éste apareció por la puerta y se le ensanchó aún más la sonrisa. Dijo:

—Se acabó para Sergio.

Narsés le devolvió la sonrisa.

—Ahora haré el informe para el señor. Reza por mí, te lo ruego.

El emperador Justiniano estaba a solas en el trono de Salomón, leyendo un informe sobre los disturbios. El trono mecánico estaba inmóvil bañado por la luz del sol y las luces de las lámparas de pie doradas estaban apagadas. Alrededor del salón las cortinas corridas de seda púrpura brillaban con un color vivo: el emperador parecía sentado dentro de un cristal de amatista. Volvió una página, levantó la vista y vio a su chambelán esperando al lado de una de las cortinas. Hizo un gesto con la cabeza, y Narsés se acercó y se inclinó.

—Bien, después de todo, hay algo que comentar sobre si dar el mando de tropas a un burócrata o no —arrugó las hojas del informe que, según vio Narsés, tenía la letra clara y precisa de Juan—. Esto ya estaba preparado a primeras horas de la mañana. Es una lista completa de bajas, registro de daños clasificados por distritos y una estimación del costo probable de las reparaciones, relacionadas por orden de urgencia. El conde Apolinar habría tardado tres días, al cabo de los cuales habría entregado un panegírico de su propia actuación, redactado, eso sí, en hermosa prosa ática y absolutamente inútil. Tienes razón en valorar a tu secretario. Es evidente que se trata de un joven muy capaz.

Narsés sonrió.

—Ciertamente siempre me lo ha parecido así, señor. Aquí, si tienes tiempo, está un informe referente a la carta que recibiste sobre él.

Justiniano gruñó, tomó el informe y comenzó a leerlo en voz baja y con rapidez. Cuando terminó, levantó sorprendido la mirada.

—¿Antonina? —preguntó.

—Así parece, señor. Yo supongo que ella desea evitar el matrimonio entre su hija y el nieto de la serenísima Augusta.

El emperador frunció el ceño.

—Siempre he dicho que esa mujer era capaz de cualquier cosa. Como ella ridiculiza a su marido corriendo detrás de hombres la mitad de jóvenes que ella, le parece posible que mi esposa haga lo mismo... ¡y decide contármelo! Creo que tal vez tengas razón: ella y su marido llevan un año retrasando ese casamiento, aunque su hija sería feliz si se celebrara mañana. Bien, la boda se celebrará, y debe ser lo antes posible, puedan o no sus padres volver a Constantinopla para la ceremonia. Estoy perdiendo la paciencia con Belisario. Hace un año que se encuentra en Italia y ¿qué ha pasado? ¡Los godos han tomado Roma, eso es lo que ha pasado! Belisario ni siquiera se ha atrevido a desembarcar en tierra italiana excepto donde hubiera una fortaleza para recibirlo. Y Herodiano me ha escrito quejándose de que el conde sigue exigiendo dinero y amenazándolo si no paga. ¡Se acabó eso de conquistar a los godos de su propio peculio!

Narsés se quedó callado por un momento, para matizar más tarde las palabras:

—El conde necesita desesperadamente hombres y aprovisionamiento, señor. Es demasiado, aun para Belisario, esperar que conquiste un reino solamente con cuatro mil hombres. Ha hecho promesas de modo imprudente y ahora se avergüenza de admitir ante ti que no las puede cumplir. Muchos comandantes de Italia (Bessas y Herodiano en particular) han adquirido sumas considerables de sus territorios, que no han gastado... del modo en que Belisario habría deseado. Considero que su posición es muy fácil de entender.

Justiniano suspiró.

—Fue un craso error ir a Italia —confesó con amargura—. Y mayor error fue volver. Entre nosotros y los godos hemos dejado la ciudad de Roma prácticamente destruida y a sus ciudadanos exterminados.

—Pero habiendo ido, señor, no tenemos otra alternativa que llevar a feliz término la guerra.

Justiniano volvió a suspirar.

—Quizá. Pero si de eso se trata, Belisario podría ver que él no es tan indispensable. Y en cuanto a las sugerencias de su esposa, no les doy ninguna credibilidad. Por la prueba que aquí tienes, no hay ninguna justificación para llegar a la conclusión de que Teodora mienta cuando dice que Juan es su primo. La evidencia no soportaría sacar ningún tipo de conclusiones. Pero ¿por qué no creería yo a mi esposa? Sé que ella me es fiel, más fiel que nadie en todo el imperio. Tendría que tener una prueba fehaciente de que miente, y en cambio sólo tengo una carta malintencionada basada en un *argumentum ex silentio*. No hay pruebas de que Juan no sea lo que dice ser y, si en alguien puedo confiar, es en Teodora. Ella ha deducido que yo sospechaba que mantenía relaciones amorosas con Juan.

«Madre de Dios, ¿es que acaso ella le dijo eso?», pensó Narsés con estupefacción.

—¿Cómo es posible? —preguntó con prudencia.

—Lo dedujo del hecho de que yo no lo había ascendido. Ya lo hemos hablado suficientemente. Fui un tonto en sospechar de ella, Narsés. Un tonto cruel; ella no se encuentra bien; este asunto la ha preocupado —el emperador tomó el informe de Narsés y lo dobló por la mitad—. ¡Mi hermosa Teodora! —susurró suavemente, mirando el pergamino. Estrujó el informe y se lo entregó al chambelán—. Puedes quemarlo, y también la carta. No quiero oír nada más de esto a no ser que haya evidencias importantes. Y consideraré que no las hay —sonrió con amargura, brillantes los ojos, y agregó—: Mi esposa ahora quiere que su primo se case. ¿Sabes con quién quiere casarlo?

—No, señor —confesó Narsés. Recordó cómo Juan contemplaba a Eufemia embelesado. Lamentándolo hasta llegar a sentirse culpable, intentó borrar esa imagen.

—¡Quiere casarlo con mi sobrina Praejecta! Se enojó mucho cuando le dije que eso no era posible. Ésa es la razón por la que quiere tanto a su primo Juan: ha visto que es capaz, y quiere introducirlo en la carrera de la sucesión.

—Pero eso es imposible, ¿verdad?

El emperador se quedó pensando.

—No del todo, creo. Germano es mi heredero ahora, como siempre lo ha sido. Para cuando yo me acerque a la muerte, es muy probable que Germano esté ya muerto, y quizá también lo estén mis otros sobrinos, así que el marido de una de mis sobrinas podría tener una posibilidad. Pero aunque Teodora organice un matrimonio magnífico para su primo, esa posibilidad sería muy remota, y tendría que hacer algo que probara que es muchísimo más capaz que cualquiera de los otros para obtener la púrpura. El hecho de que sea miembro de la familia de mi esposa, por más que se aduzca que desciende de una rama respetable, contaría muy poco en su favor, en particular en el Senado, y no tengo ninguna intención de oponerme a la opinión popular apoyando a la familia de Teodora. Pero dejando de lado las especulaciones, un matrimonio entre Juan y Praejecta *es* absolutamente imposible. Ella quiere casarse con tu compatriota Artabanes, que la rescató en África después de que su marido fuera asesinado, añade a eso que Artabanes está desesperadamente impaciente por casarse con ella... Por eso no aceptó el puesto de comandante en jefe. Quería acompañarla a su casa y pedir su mano. Y es posible que la obtenga también.

—Me complace por mi país —susurró Narsés a media voz.

Justiniano se echó a reír.

—¿Qué edad tenías cuando te fuiste de Armenia?

Narsés sonrió.

—Tu sacra Majestad sabe muy bien que yo no sé qué edad tenía, ya que no sé cuándo nací ni cuánto tiempo me tuvo mi primer dueño. Pero nunca he olvidado mis orígenes.

—Lo cual es algo típicamente armenio. Bien, Artabanes no sería una posibilidad real para la sucesión, lo que sí sería es un distinguido general armenio. Mostró un coraje único y gran iniciativa cuando sofocó la rebelión de Guntarith. Lo haré conde de la guardia personal.

Narsés se inclinó.

—Había oído rumores al respecto. ¿Tengo preparados los codicilos para hoy?

—Hazlo. Y para tu amigo Juan... —el emperador se detuvo a observar a su chambelán. El rostro de Narsés estaba impasible como siempre, pero Justiniano notó cómo los dedos de su mano derecha se curvaban por la tensión. Pensó: «Aprecia en lo que vale al muchacho, lo cual dice mucho por sí solo: desprecia la deslealtad y los placeres de Afrodita, y valora la integridad»—. Para tu amigo Juan puedes diseñar codicilos que le den el rango de conde de la caballería de la corte. Dirigirá la guardia imperial juntamente con Artabanes. Tu compatriota es un poco inexperto en lo que se refiere al papeleo, y necesitará alguien que lo ayude con las cuentas.

Narsés sonrió, los ojos muy brillantes, y se inclinó en una profunda reverencia.

—Sí, señor.

«Eso agradará a Teodora y reparará en parte mi desconfianza hacia ella. Por otra parte, el muchacho es muy capaz», pensó Justiniano cuando el eunuco se fue.

Hojeó nuevamente el informe, apreciando la destreza que demostraba. Luego se detuvo para mirar al vacío. «Y si el muchacho es culpable, si ha estado engañando a mi esposa, o los dos juntos me han engañado, o en Constantinopla o en el fin del mundo yo sabré dónde hallarlo».

A la mañana siguiente, un mensajero de palacio trajo a Juan una invitación para desayunar con la emperatriz.

Juan había dormido mal y la llegada del mensajero lo despertó de una pesadilla confusa de disturbios e incendios. Jacobo entró en su habitación y le entregó la invitación. Juan se quedó en la cama durante unos minutos, con la mirada perdida en la pared.

«Así que Narsés tenía razón: no está cansada de mí», pensó, y tal pensamiento le trajo una oleada de temor familiar, junto con una corriente igualmente fuerte de placer y gratitud.

Se levantó y se vistió apresuradamente, poniéndose a toda prisa la túnica roja que ella le había regalado. Todavía estaban lavando la ceniza del manto de la guardia personal, por lo que tuvo que contentarse con el manto civil encarnado. Al cabo de cinco minutos, lavado y peinado, iba camino del palacio Dafne en compañía del mensajero; una vez allí, tuvo que esperar media hora en el salón mientras Teodora terminaba de bañarse.

Cuando apareció, le bailaba la sonrisa en los labios.

—¡Juan, querido! —exclamó al verlo y, sin darle tiempo a inclinarse, corrió hacia él y lo abrazó—. ¡Tanto tiempo! Déjame verte; ¡caramba, no has cambiado nada! Esperaba que fueras un perfecto soldado a estas alturas. Siéntate, no, ven aquí, cerca de mí. Tengo un regalo para ti.

Los ojos le brillaban de placer.

Cuando se sentó junto a la emperatriz en el diván, advirtió lo mucho que había envejecido. Las manos parecían las garras de un ave rapaz, sólo huesos bajo los anillos enjoyados, y el rostro se le veía demacrado.

—No has estado bien —le dijo Juan, alarmado—. Lo siento...

Ella hizo un gesto con la mano.

—Estaré mejor dentro de poco... y no significa nada, sólo un malestar estomacal. ¡Dios, qué alegría me da verte! Supongo que Narsés no te ha contado nada de todas nuestras preocupaciones, ¿verdad?

—¿Cómo? —dijo, preguntándose confundido si se refería a algo relacionado con su enfermedad.

—A Pedro se le ha metido en la cabeza que tú y yo lo estamos engañando. He logrado parar de momento esa idea, pero tendremos que ser prudentes en el futuro. ¡Así y todo, yo tenía que verte hoy! —chasqueó los dedos y apareció su chambelán—. Eusebio, ve a buscar el regalo de Juan.

Juan la miraba atónito.

—El señor sospechaba que...

—Alguien fue a contarle alguna historia. Si averiguo quiénes han sido, lo pagarán caro. No importa, ya se acabó, excepto que hay que ser prudentes —se recostó y empezó a soltar el broche del manto de Juan—. Tengo un manto nuevo para ti —le dijo, con los ojos bailándole—. Aquí, ponte de pie, déjame sacarte ésta..., ¡ya está! ¡Eusebio!

El eunuco volvió, sonriendo; de su brazo pendía una seda radiante, púrpura y blanca. Teodora se echó a reír y con un gesto rápido tomó el manto.

—Aquí tienes —le anunció, sosteniéndola.

—Pero... pero es un manto de patricio —exclamó Juan.

Teodora estalló en carcajadas. Se sentó, con el manto ceñido.

—¡Cielos, qué cara has puesto! —exclamó—. Sí, querido, por supuesto que es un manto de patricio. No hay nada extraño en que el conde de la caballería de la corte reciba este rango y yo te concedo el manto.

—Yo... yo no soy...

—Sí que lo eres. Pedro te nombró ayer y Narsés ya ha diseñado los codicilos. ¡Vamos, póntelo! —se lo echó por los hombros y miró a su alrededor buscando algo con qué sujetarlo; Eusebio ya traía un prendedor de oro y granate—. Aquí —dijo ella, sujetándolo firmemente en la seda—. ¡Dios inmortal, qué apuesto estás! Ese manto tiene el segundo mejor color del mundo.

Juan se contempló y tocó perplejo la ancha banda que dividía el manto: era pura púrpura marina.

—Sí, es la mejor —dijo Teodora y pasó la mano sobre su propio manto, sonriendo.

Él la volvió a mirar, confundido, como siempre en su presencia. Su demacrado rostro estaba encendido y sus pupilas brillaban con un encanto tan grande por el regalo que no pudo menos que sonreír él también.

—Gracias —dijo.

Ella se echó a reír y volvió a sentarse en su diván con los pies encima. Juan se sentó a su lado, acomodando el manto con cuidado.

—Te voy a contar algo muy extraño sobre ese manto —dijo la emperatriz, buscando su copa de leche de cabra—. ¿De dónde crees que viene la seda?

—¿De dónde viene la seda? Del País de la Seda, al este de Persia.

Teodora movió la cabeza y dejó la copa a un lado. Se relamió los labios, cuyo contorno había quedado perfectamente perfilado de blanco.

—Esta seda no. Ésta es seda asiática, hecha aquí en Constantinopla. Tengo el primer manto hecho de seda asiática y tú tienes el tercero. Pedro tiene el segundo, por supuesto.

Juan volvió a examinar el manto: tenía el aspecto de una seda fina normal.

—¿Cómo? ¿De qué está hecho? —preguntó.

Ella soltó una risa cantarina.

—De gusanos.

—¿De gusanos? —se quedó mirando las fibras brillantes como si esperara que salieran arrastrándose.

Ella volvió a reírse.

—Orugas, si quieres. Se convierten en unas mariposas pequeñas y parduscas, pero antes se envuelven en un capullo de seda. Los artesanos de la seda sacan los capullos y los hilan convirtiéndolos en seda bruta. Unos monjes cristianos de las fronteras del País de la Seda que iban recorriendo las tierras romanas para ver los lugares sagrados nos contaron a Pedro y a mí todo el proceso. Les prometimos una recompensa si nos traían algunos gusanos para cultivar; en el interior de un bastón consiguieron pasar de contrabando algunos huevos. Los gobernantes del País de la Seda siempre han guardado muy bien su secreto, porque saben cuánto vale. Pero ahora tenemos los gusanos de seda y podemos despedirnos por mucho tiempo del País de la Seda y de los mercaderes persas. ¡Madre de Dios, cómo le sentará eso al gran rey! Todos los cientos de miles de *solidi* que se han pagado anualmente por la seda... y ahora Pedro y yo la podemos fabricar por nuestra cuenta y toda será para nosotros. Eso nos compensará de algunas guerras.

—Eso destruirá a Bostra —bramó Juan, con horror—. Nosotros vivíamos de las caravanas de la seda.

La emperatriz se encogió de hombros.

—Pero la guerra ya las había interrumpido, ¿no es cierto? Y de todos modos, ¿qué te importa Bostra ahora? Tú eres nativo de Beirut y ciudadano de Constantinopla, recuérdalo.

—Sí..., sí, por supuesto. Anoche soñé con Bostra y con mi padre —pero miraba afligido el manto blanco y púrpura.

Ella lo miró. La sonrisa había desaparecido de su rostro, semejando ahora una calavera.

—¿Qué hacía? —le preguntó al cabo de un instante.

—Se moría —había vuelto al cuarto oscuro, con el calor sofocante del verano, contemplando impotente cómo la peste se llevaba a otra víctima. Se estremeció—. Fui a nuestra casa de Bostra y le vi morir. Y cuando salí de allí, estaba en Constantinopla, en el mercado Tauro durante los disturbios —Eufemia estaba allí. Y no se atrevió a confesar, afligido, que «quemándose en la casa, muriéndose, y yo no podía ayudarla. ¡Madre de Dios, ojalá pudiera volver a verla, sólo para asegurarme!».

—¡Qué sueño más horrible! —exclamó la emperatriz santiguándose—. ¡Aleje Dios el mal presagio! Creo, no obstante, que lo que ocurre es que sencillamente has estado demasiado involucrado en los disturbios. Sin embargo —agregó, empezando a sonreír nuevamente—, no me puedo quejar de lo que hiciste puesto que fue lo que convenció a Pedro para tu ascenso. Ni siquiera me puedo quejar de que hayas arriesgado tu vida para rescatar a esa muchacha; eso impresionó a Pedro más que ninguna otra cosa, ya que sabía que yo jamás lo habría ordenado. ¿Por qué lo hiciste?

—No lo sé —respondió sinceramente, con la advertencia de Narsés repiqueteando en su cabeza—. En realidad iba a verla cuando nos metimos en los disturbios. Mi colega Anastasio había estado facilitando información a cambio de echar un vistazo a esos archivos mientras yo estaba en Tracia, pero ella pensaba que yo sabía más que él e iba a acompañarlo esa noche. Cuando vi la casa en llamas, sólo pensé que tenía que tratar de sacarla. Afortunadamente, ella no estaba dentro; estaba a unas manzanas de allí en su silla de manos, así que no corrí tanto riesgo.

—¡Oí que cargaste contra la multitud! Las cosas se distorsionan cuando las cuentan. ¿Qué ha ocurrido con los archivos?

Juan sonrió.

—No lo sé, pero estoy seguro de que no los volveré a ver ¡afortunadamente! La prefectura se las tendrá que arreglar sin las listas tributarias de Osroene y de Arabia del Sur. Dudo que la administración se paralice por eso.

Ella lanzó una carcajada, se irguió en su asiento y le acarició la cara.

—Te adoro cuando sonríes así —dijo tiernamente, sonriendo ella a su vez—. Mi propio hijo. Estaba tan orgullosa de ti después de Nicópolis... Quería decirle a todo el mundo que eras hijo mío. Pero por supuesto eso lo habría estropeado todo —dejó caer la mano e hizo girar uno de los anillos, observándolo con tristeza—. Pensé también en una muchacha con quien desposarte, pero a Praejecta Pedro la comprometió con otro. Lo siento. Te encontraré otra.

Cuando estés casado podré verte más sin que nadie sospeche nada.

—Ojalá pudiera decirle a todo el mundo quién soy —se sorprendió diciendo Juan—. Preferiría ser libre de verte cuando yo quisiera y de vivir honestamente; que todo el mundo supiera que soy hijo tuyo, antes que recibir cualquier ascenso.

Ella levantó la mirada.

—Oh, todo eso me parece enternecedor, pero no lo dirás en serio, espero. Como hijo reconocido serías motivo de vergüenza, mucho peor ahora que si lo hubiéramos hecho desde el principio. Tu amigo Narsés piensa que debería decírselo a Pedro, pero a Pedro no le gustaría nada. No, querido: sigue siendo un ciudadano de Beirut, y yo cuidaré de ti —Teodora bostezó, se estiró y agregó—: Y ahora mejor que vayas corriendo a buscar los codicilos del rango, antes de que Pedro cambie de idea y empiece a cavilar que por qué estás aquí. Es tradicional darle al chambelán un regalo por haber redactado los codicilos. Claro que Narsés piensa que redactar los tuyos es un regalo por sí solo, pero yo te he conseguido uno, de todos modos; Eusebio te lo dará al salir. Y también te daré algunos esclavos más. Con tu nuevo trabajo, te concederán habitaciones en el palacio; supongo que querrás más personal que se encargue de ellas.

XI

La esposa del protector

El nuevo conde de la guardia personal, conocida por todos como los «protectores», volvía a sus lujosos aposentos cercanos a la Puerta de Bronce con aire sombrío e irritable después de la primera reunión con sus subordinados.

Artabanes era un hombre alto, atlético, profundamente bronceado por el sol africano; llevaba la cota de malla y el casco sin ni siquiera notar su peso. Cuando entró en el comedor, se soltó el cinto de la espada y arrojó el arma con estruendo al suelo; se sentó en el borde de un triclinio y puso la cabeza entre las manos.

—¡Levila! —gritó a su sirviente—. ¡Tráeme algo de beber!

Levila, un rubio sirviente vándalo de expresión amable, apareció al momento con una jarra de vino.

—¿No te ha ido bien? —preguntó, sirviendo a su señor una copa de vino puro.

Artabanes tomó la copa y bebió la mitad de un solo trago. Se quitó el casco y lo dejó caer al suelo junto a la espada.

—Son una pandilla de malditos empleaduchos de oficina, muy listos, eso sí, que piensan que yo soy un bruto que no sabe nada más que combatir. Y el problema es que tienen razón.

Levila sonrió.

—Si piensan que eres estúpido, señor, se llevarán una desagradable sorpresa.

Artabanes suspiró y sorbió otro trago de vino.

—Esto no es Cartago y ellos no son tus amigos hérulos o vándalos, Levila. Quienes se alistan en la guardia personal son en su mayoría naturales de Constantinopla, educados con una copia de la *Ilíada* en una mano y un libro de contabilidad en la otra. Yo no seré estúpido, pero apenas puedo ir más allá del alfa, beta, gamma... Y no se te escapa que no sé hacer una suma ni para salvar mi vida. Juraría que el oficial de intendencia ha hecho alguna componenda en las provisiones y también apostaría a que el contable hace de las suyas, ¡pero *se reirían* de mí! Saben que *yo* no los puedo pillar. No, el hombre que les mete mucho miedo es el conde de la caballería. Sí, él es de los galardonados.

—Es nuevo también, ¿no?

—Nombrado el mismo día que yo y más joven. Juan de Beirut. Asistió a la reunión vestido como un príncipe de blanco y púrpura, sin espada ni arma alguna. Lo que sí llevaba era un juego de tablillas de cera; comenzó a tomar notas mientras los demás explicaban el sistema de contabilidad y, tan pronto como terminamos, empezó con las preguntas: ¿en qué libro se han registrado los pagos de los gastos de viajes? ¿Se lleva algún registro de los miembros asignados a tareas especiales? ¿Y sabes qué hizo? Como lo había escrito todo, citó lo que habían dicho y lo comparó con la manera en que se trabaja en las oficinas sagradas. Hizo sudar a todos en cinco minutos; se pegaban por darle explicaciones. *Ése* es el tipo de soldado que destaca aquí. A mí no se me ocurría nada que decir. Aún no tengo la menor idea de cómo funciona la estructura de los pagos. Voy a quedar en ridículo, y ese sirio listo me hará quedar por los suelos. Deberíamos habernos quedado en África.

—Las tablillas de cera no servirían de mucho en una batalla —confesó Levila.

—No parece que vaya a haber una batalla aquí —replicó Artabanes. Terminó su vino—. A veces a los miembros de la guardia personal se les asigna un puesto en el frente, pero siempre pueden librarse de ir si pagan el sueldo de unos pocos años, lo cual la mayoría de ellos hacen de buen grado. ¿Y por qué no? Sus familias son en su mayoría inmensamente ricas y ellos son soldados sólo por el prestigio y los beneficios que les reporte. La mayor lucha a la que tienen que enfrentarse es ir a la caza de revoltosos. El conde Juan hizo un buen trabajo, según parece. Por tal motivo fue ascendido..., por eso y por ser el primo de la emperatriz —levantó su copa hacia Levila.

El esclavo la llenó, mirando con el ceño fruncido.

—¿Y si te hicieras amigo de él? —le sugirió—. Si él quiere, te servirá de ayuda; tú eres su superior y podrías hacerlo valer. ¿Estuvo respetuoso?

—Estuvo muy correcto —aseguró Artabanes con voz sombría, tomando otro trago—. Se pasó la reunión sonriendo y dando parabienes. No podía imaginarme lo que pasaba por su cabeza —suspiró—. Supongo que podría invitarle a cenar.

Juan llegó a la cena tarde, nervioso y cansado. Había pasado la mayor parte del día revisando los libros de las tropas de la corte y el resto intentando recordar los nombres de sus nuevos esclavos y lo que había dispuesto para su nueva casa; además, gran parte de la noche anterior la pasó entre sueños atormentados de fuego, batallas y Eufemia.

—Lamento mucho llegar tarde —se excusó ante Artabanes mientras el vándalo Levila lo hacía pasar al comedor—. Pero me he mudado hace poco, y estoy seguro de que sabes, Excelencia, lo que es eso —sonrió cortésmente al conde de la guardia personal, que era una cabeza más alto que él.

Artabanes había vivido en cuarteles desde que tenía dieciséis años y nunca se había mudado en su vida, pero intentó devolverle la sonrisa.

—No hay de qué disculparse —le dijo—. Siéntate y toma un trago.

Juan se recostó en el triclinio que le indicaban y tomó la copa de vino que Levila le ofrecía. Estaba mezclado sólo con una cuarta parte de agua, lo que era más fuerte de como él acostumbraba a beberlo, y lo bebió prudentemente a pequeños sorbos, mirando a su alrededor. Había un estante con armas en un rincón; aparte de eso, toda la decoración y los muebles ya estaban incluidos cuando vino a habitarlo. «Bueno, Artabanes es un soldado de verdad, no como yo», pensó. Volvió a sonreír para ocultar sus nervios y levantó la copa a su anfitrión.

—¡Salud!

Artabanes se reclinó frente a él y tragó rápido un poco de vino.

—Has estado revisando los libros hoy, ¿no es cierto? —le preguntó; luego pensó si no había sido demasiado impertinente.

—Sí, Eminencia —Juan hizo a los libros un saludo como de despedida—. Tal como estaban.

—¿Han sido adulterados? —preguntó Levila con interés. Artabanes atravesó a su sirviente con una mirada de reproche.

—No más de lo que cabía esperar —replicó Juan sin pestañear—. No sé cuándo la caballería tuvo un conde que supiera contabilidad y, naturalmente, los empleados se han aprovechado de eso. No están muy bien pagados.

—¿A ti no te importa? —preguntó Artabanes, sorprendidísimo de andar con rodeos.

—Oh, yo acabaré con gran parte de esto —Juan bajó la mirada hacia su copa—. Pero, por supuesto, si uno se deshace de los oficinistas, tiene que conseguir otros, y es difícil que sean más honestos, sin contar con que no estarán familiarizados con el trabajo. Pensé que quizá si Su Excelencia y yo nos pusiéramos de acuerdo en quiénes son los más corruptos, podríamos disponer de otro modo el personal que tenemos. Entonces sólo tendríamos que reemplazar uno o dos como máximo.

Artabanes gruñó y apuró su vino.

—¿Quiénes crees que son los peores? —preguntó con prudencia.

—Bien, el oficial de intendencia, en primer lugar. Ha facturado a las oficinas tres veces las mismas vituallas, cada vez a una dependencia diferente. Y después vende la mitad de los suministros que ha comprado ¡al doble de lo que él pagó!

—¡Oh! —exclamó Artabanes. Intentó imaginarse cuánto podría haber amasado el comisario en un año; las sumas vagaban locamente en su cabeza, y respiró profundamente—. ¿Qué hay del contable?

—¿El contable? No es tan malo. Ha desviado algunos fondos a su propio bolsillo, pero no ha estafado a nadie. Yo me contentaría con no quitarle el ojo de encima.

—¡Oh! Yo nunca aprendí contabilidad.

«Mejor decirlo, que intentar pretender que entiendo y tener a este delicado sirio burlándose a mis espaldas», pensó Artabanes.

Juan se sonrió.

—Yo lo creía así; Su Eminencia parecía estar en las nubes ayer, si no te importa que lo diga. Bien, yo nunca aprendí a ser soldado, lo cual es generalmente considerado de mayor importancia para un comandante —titubeó, preguntándose si Artabanes se ofendería si le ofrecía ayuda en las cuentas. Le pareció que sí, y se preguntaba cómo demostrar su interés en serle útil con tacto—. Las victorias de Vuestra Eminencia, por supuesto, son conocidas en el mundo entero —aventuró por fin—. Es un honor servirte.

Artabanes pestañeó. «¿Realmente cree eso, o sólo desea algo de mí?»

—Me complace que uno de nosotros sepa contabilidad —susurró, decidido a dejar el tema por el momento—. ¿Acaso la aprendiste en las oficinas sagradas?

—No, con mi padre. En realidad no había trabajado en ninguna oficina; únicamente he sido secretario privado del ilustrísimo Narsés, el chambelán principal.

—¡Oh! —exclamó Artabanes con voz diferente, y le dirigió otra mirada a Juan. Pero le vino un pensamiento como una oleada de esperanza: «No parece blando, y dicen que es un buen jinete. Quizá sepa algo de la milicia, después de todo. Narsés puede parecer un comandante aún más extraño, pero si la mitad de lo que se dice es cierto, ese asunto de Nicópolis fue digno del mismo Belisario»—. ¿Tú estuviste con él en Tracia, por casualidad? —preguntó y, ante su gesto afirmativo, pidió—: ¿Podrías contarme precisamente lo que ocurrió en la batalla de Nicópolis?

Juan se lo contó desplegando panecillos y platos sobre la mesa para mostrar la disposición de las fuerzas; Artabanes se inclinó sobre la mesa, impaciente por oír la historia, sin dejar de hacer preguntas.

—¡Señor, qué bonito es todo esto! —exclamó cuando Juan terminó—. Había oído algo sobre la batalla, por supuesto, pero nadie cree realmente que tu general planificara una estrategia para vencer a una fuerza de caballería pesada con piqueros y arqueros. ¡Madre de Dios, cómo me gustaría intentarlo contra los persas! Se puede ver que el ilustre Narsés es armenio; esa idea de los arqueros es algo que sólo un compatriota mío podría haber propuesto. Y aunque sea yo quien lo diga, es cierto que los armenios son los mejores soldados del imperio, los más bravos y disciplinados. Sólo un armenio podría seguir siendo un buen soldado aun después de ser convertido en eunuco.

Juan inclinó la cabeza para ocultar otra sonrisa: Artabanes de repente le hizo recordar a los hérulos y su estribillo de «¡Somos guerreros!».

—El ilustre Narsés es el hombre más valiente, el más inteligente y el mejor hombre que he conocido —masculló despacio—. Y creo que probablemente coincida con tu apreciación sobre sus compatriotas.

Artabanes sonrió.

—Levila —dijo—, sirve al conde Juan un poco más de vino.

—¡Aún no he terminado el que tengo! —protestó Juan.

—Entonces, acompáñame en un brindis. ¡Por Armenia!

Juan brindó por Armenia y Levila volvió a llenar las copas.

—¡Y por la hermosa Praejecta! —agregó Artabanes, apurando su copa de un trago.

Juan tomó un par de tragos más y puso su mano sobre la copa.

—He oído que ibas a ser felicitado por eso, Honorable —confesó.

Artabanes suspiró.

—Desafortunadamente, no, aún no. Ella sigue oficialmente de luto por su marido asesinado. Aunque se me ha dado permiso para abrigar algunas esperanzas. Es como la princesa de los cuentos, recluida en un inaccesible palacio de oro y yo soy el séptimo hijo, que debe ganar su mano matando monstruos. Maté uno en África, pero no parece haber muchos sueltos en Constantinopla y los que hay parecen ser más vulnerables al punzón de los escribas que a la espada.

Juan sonrió.

—Mi punzón está a tu servicio, pues, conde.

«¿Quién hubiera pensado que sería tan fácil?», se preguntaba Artabanes.

—Conde —replicó, sonriendo complacido—, ¡mi espada está a tu servicio! —y levantó la copa pidiendo más vino.

Resolver la contabilidad de la guardia personal y de la caballería le llevó mucho tiempo y aún más atención, lo cual satisfacía a Juan sobremanera. Desde los disturbios había sentido una tensión casi insoportable entre su pasado y su presente, entre lo que aparentaba ser y una inmensa revelación interior que él trataba desesperadamente de alejar. Se sepultó en el trabajo, tras una barricada de libros de contabilidad y tablillas; pero por la noche su mente giraba alrededor de las cifras que lo habían ocupado durante todo el día y descendía por oscuros caminos hacia las pesadillas. Soñó una y otra vez que era perseguido por un enemigo invisible en un laberinto que era a veces el Gran Palacio, a veces las oscuras calles de la ciudad y a veces las acequias de Bostra. Los caminos desembocaban siempre en una puerta cerrada, a la que él golpeaba frenéticamente mientras la oscuridad se cernía detrás de él. A veces veía a Eufemia detrás de la puerta, clavada al suelo con lanzas eslovenas, abrasándose en su casa, y otras veces sacando los brazos de arenas movedizas; siempre a punto de morir. Se despertaba de las pesadillas atormentado y sudando y salía temblando de la cama. Generalmente era más o menos una hora antes del amanecer; iba al lujoso baño que había junto a sus aposentos y trataba de sacarse la tensión con el vapor, tras lo cual o bien sacaba su caballo a galopar o se sentaba inmediatamente a trabajar. Anhelaba ver a Eufemia. El solo hecho de que tuviera que dar explicaciones a Narsés le impedía ir a verla para asegurarse de que estaba viva e ilesa.

Una mañana, tres semanas después de su ascenso, levantó la mirada de un libro de contabilidad y se la encontró de pie a la puerta de la oficina.

Contuvo el aliento y se quedó mirándola. Llevaba otra vez el manto amarillo y un sombrero bordado en oro; la luz del sol que caía a sus espaldas formaba un halo a su alrededor mientras las motas de polvo subían en torbellinos desde el suelo de baldosas.

—¡Eufemia! —susurró.

Ella dibujó su familiar sonrisa llena de amargura.

—Tengo trabajo para ti —dijo. Luego, mirando el montón de documentos sobre su escritorio, agregó—: Aunque no parece que te falte. ¿Puedo pasar?

Juan se puso de pie de un salto.

—Por supuesto. Siéntate.

Ella volvió a sonreír y se sentó en una silla al lado de la pared. Cuando ella entró, Juan se percató de que iba acompañada de uno de sus esclavos (su antiguo portero), pero no por su dueña.

—¿No está bien tu tía? —preguntó nervioso, de pie junto al escritorio.

Eufemia se encogió de hombros, enderezándose el manto.

—Está bien, gracias; se quedó descansando en casa. Ha necesitado mucho reposo desde que se quemó la casa. Y realmente no es mi tía, es la hija de la hermana de mi abuela. Yo la llamo tía.

—¡Ah! —dijo, y se volvió a sentar—. Ya... ya están reconstruyendo la casa, ¿verdad? ¿Tus esclavos resultaron ilesos?

Ella asintió.

—Mis porteadores fueron los únicos asesinados. Los maestros artesanos dicen que pasará otro mes antes de que podamos mudarnos —y titubeó para luego añadir—: Lamento haber sido descortés contigo el día después de los disturbios. Yo... yo estaba muy dolida por lo de mis porteadores. Formaban parte de la servidumbre desde antes de que yo naciera. Solían llevarme a pasear en sus hombros cuando yo era pequeña y ellos unos niños. Fue muy... muy doloroso que los mataran; toda esa noche fue tan espantosa, que no sabía lo que decía. Debí haberme mordido la lengua. Pero te estoy muy agradecida.

—No tienes de qué disculparte —dijo Juan sin apartar su mirada de ella, en un intento por grabarse en la mente su imagen, el marrón de sus ojos, el movimiento de su cabeza, para que al evocarla, consiguiera vencer los malos sueños—. Lo entiendo perfectamente.

Eufemia le devolvió otra sonrisa cargada de amargura.

—Como prueba de mi gratitud te he traído esto.

Con un gesto de cabeza invitó al viejo portero a acercarse al escritorio, donde dejó cinco densos volúmenes de cuero. Juan pensó, mirando estupefacto los archivos: «Dios del cielo, ¡otra vez estos horribles archivos!».

—Pensé que habían sido destruidos —dijo sin saber qué decir.

Ella movió la cabeza, sonriendo no tan amargamente esta vez.

—No. Yo los guardé en un compartimiento secreto en la caseta del guarda. Onésimo volvió ayer para dirigir la reconstrucción y los encontró aún en su lugar. Puedes llevarlos a la prefectura cuando quieras —con un gesto de cabeza indicó al viejo que se retirara y éste, con una sonrisa, se inclinó y se fue a esperarla del otro lado de la puerta.

—¡Oh! ¿Por qué no los llevas tú? Podrías fortalecer tu posición si los devuelves como Narsés sugirió, en gratitud por un favor ya otorgado por su sacra Majestad.

Ella lo miró disgustada.

—¿No los quieres? Quizá no sean gran cosa, pero te valdrán amigos en la prefectura. Puedes sacar provecho por restituirlos. Es el único regalo que te puedo hacer que tenga algún valor.

—Tu agradecimiento tiene valor para mí.

Ella sonrió.

—No te burles de mí. No me gustan las palabras bonitas.

—No son palabras bonitas, ésa es la verdad —concretó él, herido—. Yo me sentía feliz por haberte salvado porque te prefiero viva que muerta y nunca di ni un dracma de cobre por esos malditos archivos: estaba pero que muy contento sólo de pensar que se habían quemado con todo —los apartó de sí con rabia.

Ella se mordió el labio y se puso colorada.

—Lo siento —le dijo—. Siempre me equivoco contigo —tiró de su manto—. Yo... yo quería darte algo de valor. No tengo dinero para comprarte nada: mi padre lo tiene casi todo en Egipto. Yo pensé que esos... —se interrumpió llevándose el borde del manto a la cara. Juan se dio cuenta de que estaba llorando.

—¡Santo Dios! —dijo dando la vuelta al escritorio. Se detuvo, indeciso, junto a la silla de Eufemia—. Lo siento..., por supuesto que el contacto con la prefectura será de gran valor. Sólo he querido decir...

Ella se enjugó la cara con el borde de seda del manto, moviendo la cabeza.

—Lo sé: tú nunca quisiste tener nada que ver conmigo o con mis archivos. ¿Y por qué lo ibas a hacer? No los necesitas, ni a ellos ni a nadie. Tienes el favor de la Augusta y capacidad suficiente para llegar a la posición que quieras. Yo no te puedo dar nada. Nadie puede..., nadie puede tocarte. Muy bien, haz lo que quieras, sé lo que quieres, ¡pero no me tengas lástima! —ella levantó la vista hacia él con los ojos enrojecidos.

—Yo... —tragó saliva. Le dolía la garganta; le era difícil mantenerse firme, inclinado, con el corazón latiéndole en los oídos. Se acuclilló al lado de la silla, agarrándose a un brazo de ésta para guardar el equilibrio—. Yo... yo soñé contigo anoche —le dijo en voz baja, sin saber lo que decía ni lo que quería decir—. Soñé que estabas en tu casa atrapada por el fuego y que yo no podía alcanzarte. Nunca te tendría lástima, por favor, créeme. Además, creo que hay una cosa que tú podrías darme, que es lo que más quiero en el mundo. Pero no la puedo recibir.

—¿Qué quieres decir? —preguntó, pálida de asombro.

Él desvió la mirada.

—Honestidad. Creo que tú eres la persona más honesta que conozco; la más sincera, la más intrépida. Cuando vi que tu casa se incendiaba, me di cuenta de que tu muerte dejaría más pobre al mundo. Eso es lo que he querido decir con que es suficiente recompensa verte viva.

—¡Te he tratado como una basura! —dijo, conmovida—. ¿Cómo puedes decir eso?

Él tragó saliva. Le dolían las piernas, se apoyó bien sobre los talones y miró los ojos conmovidos y confusos de la muchacha. Volvió a bajar la mirada y empezó a incorporarse, sin decir palabra. Eufemia se inclinó hacia adelante y lo cogió del brazo.

—¡No, tienes que explicarme lo que has querido decir! —le dijo—. ¡No puedes decir una cosa así y luego esconderte otra vez dentro de tu caparazón!

—Excelentísima Eufemia..., te lo ruego..., créeme que te tengo en la más elevada estima y que estoy absolutamente satisfecho de haber estado al servicio de tu discreción. No obstante, tú te debes a tu padre y yo a mi sagrada protectora la Augusta; cualquier... acercamiento... entre nosotros debe necesariamente terminar. Has devuelto los archivos; yo tengo otro trabajo. Sería mejor si aceptaras mi aprecio y no pidieras más explicaciones.

—Hablas igual que Narsés —repuso con furia—. Recitáis la jerga de las cartas oficiales, cerráis vuestros pensamientos en un cofre y enterráis la llave.

—Yo admiro a Narsés más de lo que he admirado a nadie —replicó con frialdad.

—Oh, sois de la misma raza, tú y él —le dijo con amargura, mientras se alejaba de él—. Infinitamente admirable: valiente, brillante, inalcanzable. Deberías hacerte castrar como él. Entonces realmente serías inalcanzable. Te amo. Me di cuenta de que te amaba cuando te fuiste a Tracia, pero ya estaba enamorada mucho antes. Ahí lo tienes: te lo he dicho. Te horroriza, ¿verdad?

Él cerró los ojos; sentía cómo se iba encogiendo, con los hombros encorvados y la cabeza gacha. Sin levantar la mirada, percibía la postura de Eufemia en la silla, reclinada hacia adelante, asiendo el brazo de la silla: se daba cuenta de la figura y el calor de su cuerpo; percibía su aliento entrecortado y sus piernas cruzadas debajo, tensa después de la confesión. Sus palabras parecían haberse transformado en algo material, en algo hiriente, dentro de su pecho, que le impedía sacar el aire de los pulmones.

Ella se reclinó en el respaldo de la silla.

—Te horroriza —repitió, con una mezcla de angustia y de ternura.

Él movió la cabeza y la miró.

—No del modo que tú crees —susurró—. Narsés me aconsejó apartarme de ti. Mi madre te podría castigar, me dijo, si sólo pensara que te amo.

No había querido decirlo; por un instante no estuvo muy seguro de no haber dicho «prima». Pero ella abrió los ojos como platos, las pupilas contraídas por la sorpresa, tratando de asimilarlo.

—Tu madre... —exclamó después de un largo silencio, con la voz disonante y nasal que le oyó la primera vez que habló con ella.

—Mi prima, quiero decir —se corrigió rápidamente—. La Augusta.

—No es eso lo que has querido decir, en absoluto. Tu madre. Ahora lo veo claro. De ahí todos los favores. ¡Madre de Dios, hasta te pareces a ella! Narsés está absolutamente en lo cierto, como siempre, y a mí me castigarían sólo por mirarte de reojo —con un amargo sarcasmo, agregó—: A una chica como yo no se le permite enamorarse del precioso bastardo de la emperatriz Teodora. ¡Y tú, por supuesto, harás exactamente lo que tu querida madre te dice que hagas!

—Tú haces lo que tu padre te aconseja —señaló, confundido por el cambio brusco.

—¡Ella *destruyó* a mi padre, esa prostituta, cruel como un tirano! ¡Lo hizo azotar como a un esclavo y encadenar y morir de hambre como un perro, por nada, por una de sus mentiras! ¡Y me utilizó para ayudarla! —apretó los dientes y se irguió cuan alta era—. Tienes toda la razón. Cualquier acercamiento entre nosotros ha llegado a su fin.

Él se puso de pie lentamente.

—Entonces estamos de acuerdo —dijo lentamente empezando a sentir pánico. Pensó: «¡Dios mío! El secreto de mi madre lo he puesto en las manos de su enemigo»—. Dices que me estabas agradecida —le rogó suplicante—. Déjame pedirte que no incluyas esta conversación en tu carta semanal a Egipto.

Ella se ruborizó.

—¿Qué te crees que soy, una prostituta como tu... protectora? —se levantó de un salto sin apartar la mirada de él y retomó el aliento con un sollozo—. Lo siento. He dicho algo imperdonable, como siempre, y, a cambio, tú has sido más que generoso, como siempre. Lo siento, lo siento, lo siento. Y... y por supuesto, no has dicho nada que no debieras haber dicho; yo no he oído nada. Separémonos con... con aprecio, como amigos —aún ruborizada, con los ojos brillantes por las lágrimas, extendió la mano hacia Juan.

Él se la estrechó con delicadeza; la sentía temblorosa en su mano.

—Lo siento. Ojalá... —Juan se detuvo y se quedó un instante sosteniéndola la mano y mirándole a la cara, sintiendo que estaban por un momento en medio de un mar tormentoso y oscuro. Inclinó la cabeza y le besó la mano—. Estimada Eufemia, ¡salud! —susurró.

—Salud —respondió ella, retirando la mano. Suspiró hondamente; cogió el manto y se marchó.

Se sentó en su escritorio, con la mente en un caos tal, que pasaron varios minutos antes de que pudiera elaborar un pensamiento coherente. «¿Qué hago yo aquí, en esta ciudad que odio, viviendo una mentira, rechazando el amor? ¿A cambio de qué? De nada que yo apetezca. Yo sería feliz...»

Se dio cuenta de que nunca se había detenido a pensar con qué sería feliz. Pensó desesperanzado:

«Aquí no tengo personalidad ni independencia. Hago, "por supuesto", lo que mi madre me dice. Pero ¿qué alternativa tengo? Podría buscar un trabajo, aunque simplemente fuera desapareciendo de esta ciudad y volviendo a Bostra: el bastardo de Diodoro vuelve a casa, de ningún modo más sabio. Sería duro volver a ser escriba municipal, pero me podría acostumbrar. Siendo más realista, sin embargo, podría apelar a Narsés, o a otros de las oficinas, ser degradado y escapar de esta ciudad llena de mentiras, donde pueda elegir mi propia vida. Pero ¿qué familia tengo, aparte de Teodora? He querido complacerla, para tener una familia. Me debo a ella, porque no tengo a nadie más.

»¿Y Eufemia? Es imposible: ella misma ha visto que es imposible. Demasiado ha ocurrido entre nuestros padres; nuestras lealtades van en direcciones opuestas.

»Pero quiero irme de aquí, de esta ciudad terrible que me oprime... Sí, eso es lo que quiero. Tener un cargo en el este, quizá, y hacer algo útil con mi propia gente. Si Teodora me lo permitiera».

La puerta de la oficina se abrió y Artabanes entró, trayendo otro montón de libros de contabilidad. Se quedó mirando a Juan, sorprendido.

—¿Qué pasa? —preguntó Artabanes.

Juan suspiró y dejó un lugar libre en su escritorio.

—Sólo estaba pensando en cuánto odio Constantinopla.

—¿Tú también? —Artabanes sonrió y dejó los documentos—. Tan pronto como haya transcurrido un año desde mi casamiento, me iré al este, aunque sólo sea para reorganizar las defensas fronterizas y fastidiar a los persas si quiebran la tregua. Tú serías el hombre perfecto para acompañarme.

—¿Mejor que un armenio? —preguntó Juan, intentando sonreír.

Artabanes se sonrojó.

—La mayoría de los armenios no hablan árabe. No, tú podrías explicarme cómo se hace el trabajo de oficina. A propósito, quería que me explicaras esto. ¡Podríamos compartir el mando del este!

—Es sugerente —dijo Juan, sonriendo con mayor naturalidad—. Acepto el trabajo.

Artabanes volvió a sonreír y se desperezó.

—¡Dios quiera que sea pronto! Dios mío, ojalá hubiera prostitutas en esta ciudad. Tu sagrada protectora indudablemente está complaciendo a Dios al extirpar ese comercio de aquí, pero es difícil para un hombre que quiere casarse y tiene que esperar.

El matrimonio de Artabanes con Praejecta no se realizó nunca. Una noche de finales de agosto, el conde de la guardia personal golpeó la puerta de Juan y pidió ser recibido de inmediato.

Juan estaba en los sudatorios de la casa de baños cuando Jacobo anunció la llegada de Artabanes. Estaba a punto de indicar que se ocuparan de Artabanes hasta que él llegara, cuando el conde en persona entró en las termas con la armadura puesta.

—Necesito hablar contigo —le dijo a Juan—. ¿Puedo acompañarte?

Juan se puso deprisa una toalla alrededor de la cintura.

—Por supuesto... aunque ya iba a salir.

—¡Oh, me podría dar un baño! - exclamó Artabanes y empezó a quitarse la armadura.

—Jacobo, tráele todo al conde Artabanes. Pon la cota de malla en algún lugar seco —ordenó Juan, sintiéndose impotente. Artabanes se desvistió con el descuido de un hombre acostumbrado a vivir en cuarteles atestados de gente. Su cuerpo era mucho más pálido que su cara, velludo y marcado de cicatrices. Hizo sentirse a Juan como una babosa de escritorio.

Artabanes se dejó caer en el banco enfrente de Juan, agarrándose de las rodillas con sus enormes manos cuadradas.

—Necesito pedirte un favor. Tú tienes cierta influencia sobre la Augusta, ¿verdad?

Juan sintió que su corazón se ahogaba.

—Su sacra Majestad ha sido lo suficientemente generosa como para favorecerme —dijo con prudencia—. Yo no diría que puedo influir en lo que ella hace.

Artabanes hizo un gesto de impaciencia, como pasando por alto la evasiva.

—Sus sirvientes te dejarán entrar para verla, no obstante; eso es más de lo que la mayoría podría pretender. ¿Podrías hablarle en mi nombre? Ha ocurrido algo espantoso. Mi esposa se ha presentado y dice que va a apelar a la Augusta.

—¿Tu esposa? —preguntó Juan, mirándolo atónito—. Creía que te ibas a casar con...

—¡Claro que pretendo casarme con Praejecta! Pero me casaron con Shirin en Armenia cuando tenía quince años.

—No entiendo nada —exclamó Juan—. ¿Cómo puedes querer casarte con la sobrina del emperador cuando ya estás casado?

Artabanes golpeó el banco.

—No estoy casado con Shirin, al menos no lo estoy según una interpretación razonable de lo que es un matrimonio. ¡Eso lo decidieron nuestras familias! Yo era sólo un niño y lo consentí, pero nunca funcionó. Es una idiota. Odiaba dormir conmigo..., se limitaba a yacer como una oveja presta para el sacrificio. Se creía que yo debía trabajar toda mi vida en el campo como un esclavo, con ella a mi lado, sin decir más que tres palabras al día; que ése era nuestro destino y que debíamos soportarlo. Es sucia y haragana. Me enrolé en el ejército después de nueve meses de estar con ella, contento de salir de allí. No la he visto desde entonces; en algún momento acaricié la idea de que hubiera muerto. Bueno, pues no, no ha muerto. Se ha enterado de que soy conde y ha venido a ocupar su lugar como gran dama y esposa. Ha llegado esta mañana a la Puerta de Bronce, descalza y apestando, y ha preguntado por mí... Apenas habla griego, pero se ha presentado diciendo directamente «el conde de la guardia personal, mi esposo». Le he dicho que le concedería el divorcio y una pensión generosa, pero no lo acepta. Es mi esposa, dice, y eso es todo. Apelará a la Augusta, que protege a las «pobres mujeres» (ésa es otra de sus frases en griego, las «pobres mujeres»). Y tú y yo sabemos que es cierto, que la Augusta siempre escucha a cualquier mujerzuela que vaya a quejarse de que un marido o un chulo la ha maltratado. ¡Y no estoy diciendo nada en contra de la Augusta! Estoy seguro de que es muy caritativo defender a las mujeres pobres que han sido maltratadas. Pero Shirin no tiene nada que reclamarme y la Augusta no siempre escucha las dos versiones de la misma historia. Si pudieras plantearle mi caso, Juan, lo recordaría con gratitud el resto de mi vida.

—¿No sería mejor que le plantearas tú mismo el caso? —sugirió Juan—. Después de todo, yo no sé mucho de esto.

—Te he contado todo lo que hay que saber. Fui casado con una mujer por mi padre; no congeniamos; no hubo hijos; me fui; no la he visto personalmente desde hace veinte años. Si esto no es motivo de divorcio, ¿qué, entonces? Pero es probable que su sacra Majestad no me reciba a mí para decir esto y aunque me recibiera, nadie me escucharía. A ti, en cambio, podría escucharte si fueras en nombre de un amigo.

—Iré, por supuesto —replicó Juan, incómodo—. Pero...

—¡Gracias! ¡Sabía que podrías ayudarme! —Artabanes se reclinó contra la pared del baño y se pasó una mano por el pelo, con una ancha sonrisa de alivio.

—Pues... sí que es mala suerte —continuó Juan.

—¡La peor posible! —coincidió Artabanes—. Si ella hubiera esperado unos pocos meses, yo estaría casado con Praejecta y ahora me reiría en su cara.

—No es eso lo que he querido decir —le atajó secamente Juan—. La familia de Praejecta es muy conservadora. No les gustará que tú hayas estado casado antes, ni que no se lo hayas contado.

—Praejecta no es virgen —señaló Artabanes.

—Ella enviudó, y eso es sabido de todos —admitió Juan con acritud—. Tú tienes una esposa abandonada que acaba de aparecer a tu puerta. Puedes decirle a todo el mundo que no es culpa tuya, pero no queda muy bien y no es una muy buena recomendación para la posición de un sobrino del emperador. Aun si tu esposa no tiene éxito en su apelación ante la serena Augusta, te puedes encontrar con que tu matrimonio se suspenda. Yo te sugeriría que fueras a explicar la situación a Praejecta y a su familia inmediatamente.

—Iré ahora mismo —dijo Artabanes muy serio—. Sólo permíteme lavarme —avanzó directamente al baño, se sumergió y salió, sacudiéndose el agua como un perro—. Con todo, Praejecta entenderá; ella sabe que la amo. Se lo he jurado muchas veces, y nadie podrá creer que yo haya amado alguna vez a una criatura como Shirin —buscó a su alrededor una toalla; Juan le alcanzó la suya, la única que tenía a mano, y llamó a Jacobo.

A la mañana siguiente Juan fue al palacio Dafne y pidió una audiencia con Teodora.

Había visto a la emperatriz varias veces durante el verano: había dispuesto escoltas para que ella fuera y volviera de sus palacios de verano; había ido a sus cenas, a las de su hermana, a las de sus amigos; la había acompañado a las carreras y se había sentado cerca de ella en el palco imperial. Había sido invitado de honor en el casamiento de su nieto, su sobrino, con la hija de Belisario (que fue un acontecimiento más tranquilo de lo que la emperatriz hubiera deseado, al estar los padres de la novia aún en Italia). Pero no la había visto en privado desde que ella le otorgara el rango que ostentaba.

El eunuco que llevaba el registro de audiencias lo reconoció inmediatamente y lo acompañó con sonrisas a una antesala privada antes de ir a informar a la emperatriz de su llegada. Juan recordó por un instante y como en un sueño la primera vez que pidió audiencia: la extrañeza ante todas las cosas que ahora le resultaban tan familiares. Caminaba con impaciencia por la sala de espera. Tenía a su cargo mandar una escolta para más tarde esa misma mañana y llevaba sobre los hombros su cota de malla y la espada que le incomodaban con su peso.

Pensó por centésima vez desde que el armenio le había explicado la situación que Artabanes debería haberle dicho a alguien que estaba casado. No podía culparlo de querer el divorcio, pero debería haber hecho algo para formalizarlo hace años y no sólo haber abandonado y olvidado a su mujer como un zapato usado. Con todo, siendo su amigo, como lo era, y habiéndole pedido que hablara con la emperatriz en su nombre, lo menos que podía hacer era plantearle su caso.

El chambelán Eusebio apareció en la puerta.

—Está a punto de terminar su desayuno. Te recibirá enseguida —dijo a Juan con una sonrisa.

Teodora estaba reclinada en su triclinio a la luz del sol en el salón del desayuno, escuchando a uno de los eunucos que le leía una carta. Aunque su salud no había mejorado desde el verano pasado, tampoco había empeorado. Estaba delgada y demacrada y con algunas canas de más, pero dirigió a Juan una sonrisa radiante al verlo y le tendió los brazos.

—No te inclines —le ordenó mientras se le acercaba; le cogió las manos y se las besó.

Sorprendido por tal expresión de ternura, se quedó un momento sosteniéndoselas mientras contemplaba aquel rostro demacrado y ensombrecido que le sonreía.

—¡Vaya, qué aspecto tan militar! —ella se acomodó en el triclinio, haciéndole a Juan un lugar para que se sentara a su lado; él tomó asiento frente a ella, reclinándose sobre el apoyabrazos—. Veamos si puedo adivinar a qué has venido —le musitó, con un brillo especial en los ojos—. ¿La hermosísima Praejecta?

Él sonrió.

—No exactamente. Estoy aquí en nombre de mi amigo el conde Artabanes.

La emperatriz se echó a reír.

—¡En nombre de Artabanes! Eso está muy bien. Vi a su esposa ayer mismo.

Él la miró atónito.

—¿Cómo, ya la has visto?

—Así es —Teodora sonrió—. Apareció ayer por la tarde, pidiendo verme. Al principio no lo podía creer; parecía demasiado bonito para ser cierto. Pero la hice pasar e interrogar, y no hay duda. Es su esposa, y tiene cartas para probarlo. ¡Eso pone un límite a las ambiciones de Artabanes!

Juan titubeó.

—Yo... yo no apruebo la manera en que Artabanes trató a su esposa, pero era un muchacho cuando lo casaron con ella; ese matrimonio nunca funcionó; no la ha visto desde hace aproximadamente veinte años. Está muy enamorado de Praejecta, por lo que esto supone un verdadero golpe para él.

Teodora suspiró.

—¡Claro que lo es! —volvió a sonreír a Juan—. Y estoy segura de que está muy enamorado de la idea de ser el sobrino de Pedro. ¿Qué opinas de Praejecta, entonces?

—Sólo la he visto una vez. Artabanes nos presentó. ¿Está muy afligida?

—¡Está furiosa! —dijo Teodora con gusto—. De todos modos, sorprendentemente, aún quiere casarse con ese sucio intrigante. Pero yo creo que se la podría persuadir de que cambiara de idea —dirigió a Juan una mirada escrutadora.

«¿En qué diablos estará pensando?», se preguntaba Juan. Se pasó la lengua por los labios y volvió a intentarlo.

—Artabanes quería que yo intercediera por él ante ti y que te contara su versión de los hechos.

—¿Ah, sí? No estoy muy segura de querer oír esa historia. ¿Te das cuenta de que la pobre mujer ha andado gran parte del camino desde Armenia? Su familia no la iba a apoyar en su reclamación ante su marido, así que ensilló su mula y se puso en marcha. Tuvo que venderla en el camino para poder comer; ha dormido en pajares y se ha alimentado de pan. Cuando su marido la vio, intentó fingir que no sabía quién era. ¡Ahora deseará no haberla conocido!

Juan se quedó de piedra por un momento, luego dijo titubeando:

—Él me ha dicho que le ha ofrecido el divorcio y una generosa pensión.

—Eso es lo que le ha ofrecido para hacer que se vaya. Si se la hubiera ofrecido hace unos años, le podría tener alguna simpatía. La pobre muchacha fue devuelta a la casa de su padre como mercadería en mal estado cuando él huyó para enrolarse en el ejército. Ha vivido durante los últimos veinte años como una sirvienta en desgracia para su padre. Peor que una sirvienta: está casada y no puede volver a casarse. Es pobre y la han maltratado y despreciado. Todos la culpan de lo que Artabanes le hizo. Él tuvo grandes oportunidades, luchó, fue tras prostitutas en Cartago, se ganó un ascenso y se hizo rico y poderoso. Bien, no se divorció de ella cuando se enroló en el ejército y ni siquiera fue a verificar si ella aún vivía cuando le propuso matrimonio a Praejecta. Ahora le toca a ella. Él puede recuperarla y tratarla con el honor que ella se merece y si no lo hace, tendrá que vérselas conmigo. Querría ver que la tratan bien, aun cuando no estuviera contenta de saber que Praejecta queda libre para ti.

—¿Para mí? ¿Qué quieres decir?

Ella se echó a reír.

—¡Oh, mi casto Hipólito! ¿Por qué no para ti? Tiene más o menos tu edad, es una rica viuda joven, aceptablemente bonita, no estúpida... y sobrina de Pedro.. Yo la quería para ti desde antes, pero Pedro insistió que Artabanes la salvó cuando su esposo fue asesinado; que ella amaba a Artabanes y que Artabanes debía ser su marido. Bien, Artabanes no está en condiciones de casarse con nadie, pero tú sí, sin duda. Deberías ir a hablar con ella. Está profundamente decepcionada con Artabanes y se siente insultada porque él la iba a convertir en poco más que una amante. Podrías aparecer como un amigo que quiere consolarla (debes ser cariñoso con ella, escucharla) y dejar que se fije en ti. Puedo hacer que Pedro apruebe el matrimonio si ella lo desea. La verdad es que nunca estuvo realmente enamorada de Artabanes: ocurría que era un hombre apuesto y que ella le estaba muy agradecida por haberla rescatado. La muchacha realmente quiere volver a casarse y sabe que le será difícil. Sabe que en el pasado me he opuesto a algunos de sus pretendientes; sabe que no le he querido dar a nadie más ese poder. Bien, ahora hago una excepción y aquí estás tú, un conde, patricio, apuesto, un joven muy capaz, cuyas perspectivas son evidentes para cualquiera que se tome el tiempo de sopesarlas. Ella aceptará. Sé cortés y respetuoso, dale una dosis de halagos, y ella aceptará.

—Pero yo no quiero casarme con ella —replicó Juan estúpidamente.

—¿Estás enamorado de otra? —le preguntó, alarmada.

Él pensó dolorosamente en Eufemia y apartó el pensamiento.

—No, pero...

—¡Entonces no seas ridículo! ¡Es la sobrina de Pedro!

—Pero... pero se iba a casar con mi amigo —dijo Juan, intentando desesperadamente vencer el sentimiento de pánico que le invadía—. Sería vergonzoso que yo abusara de mi posición de amigo para ocupar su lugar.

—¡Mi muy querido niño inocente y con escrúpulos! —Teodora le tomó la mano y levantó la mirada sonriéndole a dos palmos de la cara—. No hay tal lugar. Está casado, y no sería el prometido de Praejecta aunque tú nunca hubieras nacido. Si realmente es amigo tuyo, debería estar encantado de que seas tú y no otro el preferido.

Juan, que no se daba cuenta de lo que hacía, retiró su mano. «Praejecta —pensó—, la sobrina del emperador. Una heredera de Justiniano».

«Teodora quiere que yo herede el imperio», pensó.

Tan pronto como ese pensamiento tomó forma, se dio cuenta de que lo sabía desde hacía mucho tiempo. Éste era el destino al cual ella lo había estado conduciendo; ésta era la revelación que lo había perseguido en sus sueños. Ahora todo había cambiado para él; lo veía claramente y el pánico desapareció en una fría claridad.

—No —dijo, desesperado—. No estoy dispuesto. No puedo.

La sonrisa de Teodora se había transformado en una mirada de impaciencia.

—¿Qué es lo que no puedes? ¿Amar a una mujer? Deberías probar; estoy segura de que te darás cuenta de que eres tan capaz como cualquier otro.

—No es eso. No puedo ser emperador. No soy el prometido de Praejecta. Búscame a alguien que esté más cerca de mi rango.

La mirada de impaciencia se transformó en disgusto.

—No seas ridículo. Tu rango es lo que tú quieras y lo que quiera yo. El abuelo de Praejecta era un campesino. Tú eres patricio y conde; eso es lo más alto a lo que puede llegar el rango.

—No estoy dispuesto —repitió, silabeando dolorosamente y con precisión las palabras—. Hay otros que han crecido esperando el peso de la púrpura: Germano y sus hijos, los hermanos de Praejecta, todos ellos la desean, y el Senado preferiría a cualquiera de ellos antes que a mí. Aun en el caso de que yo fuera legítimo, sería un advenedizo. Tendría que abrirme camino hacia la dignidad imperial por encima de sus cabezas, y no tengo la intención de luchar de ese modo. Y no podría hacerlo ni aunque los demás estuvieran muertos. ¡Santo Dios! ¡El imperio de los romanos, todo el Oriente, Asia, Egipto, África, Italia, Tracia! ¡Dios mío, ten piedad! ¿Y todo eso, gobernado por alguien como yo, por el bastardo de Diodoro?

—¡*Mi* bastardo! —sentenció la emperatriz con rabia mal disimulada—. ¡No su bastardo, el mío! Yo lo gobierno todo; ¿por qué no tú? Eres más capaz que cualquiera de los otros: más inteligente que los hijos de Germano, más valiente y más paciente que los de Vigilancia. ¡Mírame! Te lo diré a la cara: tú puedes tenerlo todo, la púrpura, la diadema y el título de Augusto. Puedes hacerlo, es posible y está a tu alcance.

—¡No lo quiero! No sabría qué hacer con ello. No. No es para mí; me destruiría si lo intentara. No.

Le soltó una bofetada en plena cara.

—¿Qué clase de palabras son ésas?

Uno de sus anillos le desgarró la mejilla; maquinalmente se llevó la mano a la herida sangrante.

—No lo quiero. El poder supremo pesa demasiado. Yo no sabría desempeñarlo bien. Y hay demasiadas personas que lo desean, y que lo desean muchísimo. Yo no podría pelear por él. No. No me casaré con Praejecta; no quiero intentar nada por obtener la púrpura imperial.

Ella exhaló un profundo suspiro.

—¡Esto es lo que ha hecho tu padre de ti! Sé que tienes valor; eso quedó confirmado suficientemente en Nicópolis y en los disturbios pasados. ¡No dejes que tu padre y su maldita respetabilidad te conviertan ahora en un cobarde!

—Tú fuiste quien me abandonó y me dejó con él —le dijo Juan sin alterarse.

Ella lo volvió a golpear, luego se alejó al otro rincón del triclinio, jadeando y llevándose una mano al costado.

—¡Lo siento! —susurró, abatido—. Pero yo soy lo que soy: probablemente un cobarde, temeroso, por cierto, de tocar la mitad de lo que el mundo me ofrece, malditamente respetable... como mi padre. Pero yo soy también su bastardo, tanto como el tuyo. No lo puedo evitar, y es muy tarde para cambiar. No quiero la púrpura y no daré ningún paso para competir por ella.

La emperatriz se inclinó hacia delante y le agarró el manto.

—Yo te he dado esto —le dijo, amenazándolo con el puño cerrado—. Te he conseguido la posición que ahora ostentas. ¿Quieres devolvérmela, ya que no te gusta el poder?

—Puedes hacer lo que quieras —replicó él—. Nunca te pedí el manto ni esta posición. Envíame lejos si quieres. Mándame de vuelta a Bostra. No le diré a nadie dónde he estado. Podría vivir más tranquilo que con la púrpura.

—¡Oh, Dios! —le golpeó el hombro con el puño. El golpe, sin hacerle daño, resonó en la cota de malla. Ella retiró la mano y se la acarició, con mirada sorprendida—. ¡Eres intratable! ¡Fuera de aquí! ¡A cualquiera que me insultara así lo haría matar! ¡Fuera!

Se levantó, pálido pero firme, e hizo la reverencia completa antes de pasar al lado de los eunucos horrorizados y de volver a sus habitaciones dando tumbos.

Dijo a las tropas que estaba enfermo y buscó un pretexto para no ir con la escolta; en cambio, volvió a sus lujosos aposentos y se tumbó en la cama, sin quitarse la armadura. Podía oír a los esclavos que trajinaban por la casa; de la parte de atrás, en el campo de instrucciones, llegaban los gritos de algunos de sus hombres que se batían en un duelo. Sin prestar atención a todo eso, se preguntaba:

«¿Realmente soportaría volver a Bostra? ¿Volver a ser un escriba, después de tener tanta autoridad? ¿Volver a una habitación y al desprecio de la gente, después del lujo y del poder?

»Sí, sería más fácil que asumir la púrpura. Supongo que soy un cobarde. Quizá Eufemia tenía razón; debería haber sido eunuco. Es cierto que no sirvo para el amor y me estoy descalificando también para el poder; ni el ilustrísimo

Narsés llegó tan lejos. "Hay eunucos que nacieron así del seno materno, y hay eunucos hechos por los hombres, y hay eunucos que se hicieron tales a sí mismos por el reino de los cielos". Sólo que no es por el reino de los cielos, es por miedo. No estoy dispuesto a llevar ese color, y lo temo. No hay nada en eso que yo pueda reconocer en mí. Ella espera demasiado de mí.

»No, la he defraudado».

Se echó de espaldas, con la mirada perdida en el techo, agotado y descompuesto. Después de un rato Jacobo golpeó la puerta y le anunció que Artabanes quería verle.

—Dale mis saludos —respondió Juan sin levantarse—. Dile que mi encuentro con la Augusta no ha tenido éxito, que he discutido con ella y que tendrá que aceptar nuevamente a su esposa. Y dile que no me siento bien y que lo veré mañana.

Jacobo salió. Aproximadamente media hora después volvió a llamar a la puerta.

—No lo recibiré —se adelantó Juan con impaciencia—. Dile que mañana sí.

—Es el ilustrísimo Narsés esta vez, señor —le anunció Jacobo.

Juan se incorporó.

—Dile que pase.

Narsés entró al instante; debía de estar al lado de Jacobo. Sonrió y echó un vistazo a la habitación, y parecía pequeño e imperturbable envuelto en su manto blanco y púrpura. Luego hizo un gesto con la cabeza a Jacobo, que esperaba al lado de la puerta.

—Procura que no nos molesten, por favor —le ordenó, y se sentó sobre el baúl. Jacobo se inclinó y cerró la puerta.

—Eres la única persona a quien quiero ver en este preciso instante —dijo Juan.

Narsés dibujó su enigmática sonrisa.

—¿Aunque me haya enviado la Augusta?

—Pensé que lo haría. ¿Qué te ha mandado que me digas?

El eunuco suspiró, clavando la mirada en Juan por un instante.

—He de explicarte sus intenciones.

—Creo que las entiendo bien. ¿Te contó cuáles eran?

—Claro que sí. Hace tiempo, en realidad. Le dije entonces cuáles serían las probables consecuencias, pero rehusó escucharme; ella tiene grandes ambiciones para ti, pero no estoy seguro de que las entiendas. Sabes cuáles son, pero ésa es otra cuestión.

Juan permaneció inmóvil un momento con los brazos en las rodillas, retorciéndose los dedos con nerviosismo.

—Muy bien, explícalas —dijo finalmente.

Narsés titubeó, luego juntó las manos formando con ellas una cúpula.

—¿Cuánto te contó ella de su pasado?

—No mucho. Un poco acerca de la muerte de su padre. Y que el padre de... mi hermana era un auriga llamado Constantino y que fue abandonada por uno de sus amantes en Cirene. Poco más o menos, eso es todo.

—Más de lo que suele decir. Su madre murió cuando ella tenía diez años. Teodora ya estaba en el escenario, actuando con su hermana Komito en unas pantomimas. Cierto caballero rico de la ciudad se interesó por ella y le ofreció a su padrastro algo de dinero a cambio de sus servicios; su padrastro aceptó y la obligó a golpes a que aceptara. Al caballero en realidad le gustaban los niños y abusaba de ella como de los demás. La mantuvo por un par de años y luego la devolvió a la escena, cuando su cuerpo empezaba a cambiar. Siempre ha insistido en que él fue bueno con ella y probablemente lo fuera. Pero desde entonces, cuando ha encontrado a un hombre rico acusado de abusar de niños, lo ha hecho castigar con la máxima severidad.

»En general se espera que una actriz cómica quiera prostituirse ocasionalmente, y eso es lo que hizo Teodora. Sin embargo, algunas de las historias que se cuentan sobre ella son bastante absurdas: nunca se acostó con la décima parte de los hombres con los que se dice que se acostó y obviamente prefería ser mantenida por un hombre. Lo cual no la salvó del desprecio, los abusos y eventuales malos tratos atroces.

»Imagínatela, si quieres, como una muchacha de diecisiete años que ha aprendido a reír cuando su amante la golpea, porque debe hacerlo, si quiere alimentar al niño que tiene en la casa. Si ahora disfruta del poder y lo usa con demasiada libertad, es porque para ella el poder es la única alternativa a ser débil y a que la maltraten; es la posibilidad de vengar las heridas que recibió y de proteger al débil y de humillar al fuerte. ¿Puedes entender esto?

Juan guardó silencio largo rato.

—Lo entiendo —dijo finalmente—. Pero no es la única alternativa.

—Entonces me crees. Tú, más que la mayoría de los hombres, quieres lograr el dominio sobre tus propias acciones. Que te den responsabilidad sobre los demás simplemente constituye una amenaza a eso.

—¡Jamás he tenido control sobre mis propias acciones! ¡Siempre, toda mi vida, he hecho lo que otros me decían!

—Sabes perfectamente qué quiero decir —continuó Narsés con impaciencia—. Un hombre puede ser un esclavo a las órdenes de otro y reservar para sí un absoluto dominio sobre su propia alma. Eso es lo que yo he querido siempre, y eso es lo que tú quieres. Cada responsabilidad que has aceptado desde que llegaste a esta ciudad la has tomado con la confianza de que la podías abandonar si te veías obligado a hacerlo, que no estabas atado a nada. El matrimonio o la púrpura te atarían, por eso no los aceptas.

—Porque le temo al poder. Soy un cobarde.

—¡Mi querido amigo! Pensé que habíamos probado algo en Nicópolis.

—Yo estaba muerto de miedo en Nicópolis y ahora también. Narsés, no la quiero. Pienso que probablemente me destruiría en una lucha por la púrpura y, aunque la pudiera tener sin esfuerzo, no la querría.

—¿Por qué deberías quererla? —preguntó Narsés—. No es cierto que todo el mundo quiera el poder; hay al menos tanta gente ansiosa por evitar la autoridad como por conseguirla. La postura ante el poder supremo es peligrosa, y puede consumir todo lo que ama quien lo posea y probablemente se ejerza con frivolidad, con vanidad y con pesadumbre. Desearlo seriamente requiere un grado de confianza que pocos hombres poseen, aunque siempre haya más hombres deseándolo que los que pueden obtenerlo. Tú no eres ni implacable ni tienes tanta confianza en ti mismo. No lo quieres, y sientes que en una lucha con hombres que lo desean ardientemente, con toda probabilidad morirías. Eso no significa que seas débil ni tonto ni cobarde.

Juan miró al eunuco con alivio.

—Gracias.

—No he terminado. La Augusta me ha ordenado que te explicara su posición, no mis propias opiniones. Podrás no querer el poder, pero eso ella no lo puede entender. Le resulta difícil de creer que alguien rechace el poder, si no es por cobardía o por corrupción, lo cual evidentemente no es tu caso. Culpa a tu padre por haberte puesto demasiados frenos y espera que cambies de opinión. Sabes, supongo, que ella lamenta amargamente no haber tenido hijos de su marido.

—Yo..., es decir, nunca lo mencionó.

Narsés sonrió brevemente.

—No. Aunque no te lo haya dicho, se ha afligido mucho por eso. Y está enojada de que la sucesión sea para Germano y sus hijos. Ha hecho todo lo que ha podido para estorbar las ambiciones de Germano y su familia y para darle herederos al emperador, vinieran de donde vinieran. Favoreció al hijo de Vigilancia, la hermana del emperador, y lo casó con su sobrina, la hija de Komito; intentó asegurarse con el matrimonio entre la hija de Belisario y su propio nieto. Pero sabe que lamentablemente sus candidatos no tienen más mérito que los de Germano. Entonces apareciste tú. Al principio ella no estaba segura; aunque quería favorecerte, dudaba de tu capacidad. Te puso en mis manos; yo estaba contento de tu eficiencia y ella empezó a abrigar alguna esperanza. Te destacaste en la batalla; ella se alegró muchísimo. Por fin, pensó que tenía un caballo para superar a sus rivales, un potrillo árabe que podría correr la carrera. Ahora ha descubierto que éste perversamente no quiere correr.

—No soy ningún caballo —dijo Juan.

Narsés sonrió.

—No. Y la competencia por el imperio no es una carrera. Ésas fueron las palabras que empleó hace unos instantes. Permíteme repetir su posición de un modo en que ambos nos entendamos mejor. El imperio es el más grande del mundo, pero su gobierno es delicado, caótico y corrupto. Es como un carro con los caballos desbocados y la mitad de las riendas rotas. El hombre que lo conduzca debe saber algo más que arrear a las bestias: tiene que saber conducir suavemente, porque si no lo hace, se encontrará con que las riendas del poder se le quebrarán en las manos y el Estado chocará contra la meta o contra las tribunas. Yo preferiría verte a ti con los honores imperiales que a cualquiera de los demás candidatos.

—¿Qué quieres decir? No puede ser que creas que yo podría...

—El imperio se las ha visto con gobernantes incompetentes o aun locos. Los emperadores no son dioses. Cuando pienso en los demás jóvenes que aspiran al trono, coincido con la Augusta en que tú serías el mejor de todos. El hijo de Germano, Justino, es un joven amable pero no muy inteligente, que carece de paciencia para los detalles y para las cuestiones administrativas; su reinado engendraría corrupción. Y el otro Justino, el hijo de Vigilancia, que era el favorito de la Augusta hasta que tú apareciste, es inteligente pero jactancioso, impetuoso e inestable; ése pondría en peligro a todo el Estado con guerras inútiles. Tú serías cuidadoso, prudente y moderado, las cualidades que nuestro maltratado imperio más necesita. Que no anheles el poder significa algo bueno.

—No sigas —replicó Juan con un hilo de voz—. Narsés, yo no podría. Y el Estado no me quiere: el Senado me detestaría por ser un advenedizo y la gente y el ejército preferirían a un miembro de la casa de Justino. El mismo emperador desconfía de mí y no me quiere de heredero. Como te he dicho, no sobreviviría a una lucha encarnizada por el rango imperial.

—No sobrevivirías —confirmó Narsés con voz pausada—, si no te sientes determinado a ganarla.

Hubo un largo silencio. Juan miraba al chambelán con estupefacción, sin poderlo creer. Narsés lo miraba a su vez sin expresión alguna.

—Si entraras en la disputa por el trono —continuó por fin Narsés, pausadamente—, tendrías muchas ventajas sobre tus rivales. La primera es tu madre, cuya influencia es muy grande. La segunda es tu conocimiento de la administración y tu comprensión de lo que allí sucede que podrías usar para ganar apoyos. La tercera ventaja consiste en tus propias habilidades, que son, creo, mayores que las de tus rivales. La cuarta, si me permites, es mi propio apoyo, que no es, por lo demás, de poca consideración. Si te decidieras y estuvieras dispuesto a trabajar duro para conseguir el apoyo del pueblo y del ejército y de acercarte al Senado, tendrías una excelente oportunidad de ganar.

—¿Eso es lo que crees que debo hacer? —preguntó Juan.

Narsés abrió las manos.

—Te he explicado lo que la Augusta quiere. Mis propias opiniones no cuentan ni tienen importancia.

—¡Para mí, sí! Cuando das un consejo, casi siempre tienes razón. ¿Qué me aconsejas?

—No es mi función aconsejarte en esto. He dicho que si pretendieras la púrpura, te preferiría a ti antes que a los otros candidatos.

—¡Oh, maldito seas! Eso no es lo mismo que decir que piensas que debería pretenderla, y tú lo sabes.

—No —replicó Narsés, sonriendo—. Pero sería suficiente para hacerme perder mi rango si el emperador se enterara.

Juan se quedó en silencio de nuevo durante unos instantes.

—¿Qué significa trabajar duro para conseguir apoyos? —preguntó finalmente—. ¿Intrigar buscando lugares, conseguir dinero, sobornar, hacer favores? ¿Vender influencias, hacer amigos por el provecho que pudiera sacar de ellos?

—Todo eso y mucho más. Espero que fuera posible arreglárselas sin calumniar, injuriar u oponerse de algún otro modo, pero no te lo puedo prometer. También significaría casarte con Praejecta.

Juan se desplomó hacia atrás contra la pared, moviendo la cabeza.

—He supuesto que no es principalmente Praejecta el motivo de tu negativa —susurró Narsés en voz baja—. Confiaba en que a Eufemia...

—No hay nada entre Eufemia y yo, aunque admito que desearía que lo hubiera. Narsés, no estoy dispuesto a hacerlo. No podría. No quiero la púrpura, y no puedo pagar el precio que tendría que pagar por conseguirla. Puedes decirle eso a mi madre.

Narsés inclinó la cabeza y la volvió a levantar.

—Se lo diré.

—¿Qué... qué crees que hará? —preguntó Juan mientras el eunuco se levantaba para irse.

Narsés hizo una pausa, con aspecto apaciblemente sorprendido.

—¿Qué hará? ¿Qué crees que es lo más probable que haga?

—Despojarme de mi rango. Enviarme de vuelta a Bostra. Incluso meterme en prisión. No lo sé..., está muy enojada.

Narsés movió la cabeza.

—Desea que alcances el rango más alto; difícilmente te quitará el que ya tienes. Aún acaricia sus ambiciones, pero más allá de ellas te tiene cariño. Creo que simplemente tratará de convencerse a sí misma de que cambiarás de idea. Estás en lo cierto cuando dices que está muy enojada y seguramente rehusará verte a menos que le pidas una audiencia y te disculpes de rodillas. Pero más que eso... no. Cualquier cosa que haga la heriría a ella más que a ti, y lo sabe.

—¡Oh!, Narsés, dile que lo siento. Y lo siento de verdad, pero no puedo.

Narsés sonrió, luego se inclinó para darle la mano.

—Lo sé. Yo esperaba que tu respuesta fuera ésta. No te disculpes por ser tú y no otro: no tiene ningún sentido, ni hay ninguna virtud en ello. Mi querido amigo, ¡salud!

XII

El príncipe de este mundo

En la primavera siguiente, cuando el escriba Diomedes enseñaba el hipódromo a un forastero, Juan pasaba con un grupo de sirvientes para entrenar su caballo.

Era una tarde clara y cálida de principios de mayo y la pista estaba llena de gente. La multitud se abrió y dejó pasar al joven que llevaba la túnica patricia e iba rodeado de sus servidores armados, que trotaban resplandecientes por la apisonada tierra bajo el ardiente sol de la atardecida.

—Yo lo conozco —dijo Diomedes, frenando su caballo bayo junto a la Gran Puerta y señalando hacia la pista donde estaba Juan—. Fue secretario del ilustrísimo Narsés durante un tiempo. Tras el ascenso, está totalmente irreconocible.

El forastero, que acababa de llegar a la ciudad la semana anterior y esperaba encontrar trabajo, miraba con interés a aquel secretario que había llegado tan alto.

—¿Qué rango tiene ahora?

—Conde de la caballería de la corte y en consecuencia patricio. Por supuesto, es un primo lejano de la sagrada Augusta; inteligente, no cabe duda, pero los contactos lo pueden todo. Es de Beirut. Ésa es también tu ciudad natal, ¿no es cierto, Elthemo?

—No, he vivido allí los últimos dos años, estudiando derecho. Mi ciudad natal es Bostra.

—¿Por dónde está eso?

—Es la capital de Arabia —dijo secamente Elthemo—. Una ciudad muy bonita.

—¡Ah! Bueno, nunca fue mi fuerte la geografía. El conde Juan es de Beirut. ¿Sabes qué hacía su padre? Escriba municipal. Eso era Juan, hasta que apeló a la Augusta. No hay nada como tener buenos agarraderos.

Elthemo suspiró y bajó los ojos. Él no tenía ninguno y lo sabía. «Pero tengo algo de dinero y me podría comprar algún local donde habitar. Quizá este tipo, Diomedes, me pueda ayudar si le hago un buen regalo», se dijo.

—Tiene un caballo como el tuyo —Diomedes observaba cómo Juan y sus servidores rodeaban la meta en el lejano extremo de la pista—. Una yegua árabe; es veloz como el viento. Por eso te pregunté si vendías el tuyo cuando vi que lo desembarcabas en los muelles.

Elthemo palmeó el cuello de su caballo castrado.

—No te puedo vender a *Afortunado*. Es una joya. Pero si quieres, escribiré a mi hermano preguntándole si te puede buscar un caballo en Bostra y enviártelo aquí. Nosotros compramos cantidades de caballos de los sarracenos en Bostra; es lo que más corre sobre cuatro patas —miró de nuevo hacia la pista, percibiendo el hermoso paso suelto de la yegua torda—. Aunque no sé si podría conseguirte algo así —concedió con tristeza.

—Ése fue un regalo de la misma Augusta. No espero que los mortales comunes puedan comprar uno. ¿Crees que tu hermano realmente podría mandarme algún veloz caballo sarraceno? ¿Una yegua, quizá, con la que pueda cruzar a mi *Conquistador*? Yo le enviaría el dinero, por supuesto. Porque lo que ocurre es que no se pueden conseguir muchos de pura raza árabe aquí. Hace un año que busco uno.

—Bien, son caballos sarracenos. No se encuentran muchos fuera de Arabia. Probablemente, la Augusta haya recibido algunos del rey Harith. Esa yegua es purasangre, por supuesto —la yegua volvía al trote hacia la puerta; Elthemo sujetó firme las riendas para observar al animal. El manto del jinete, de seda blanca y púrpura, se agitaba airoso con el movimiento del caballo, bajo la mirada de envidia de Elthemo; de repente pegó un brinco y, aguzando la vista, se quedó mirando al caballo que pasaba por delante y remontaba la pista, y exclamó—: ¡Dios mío!

—¿Qué pasa? —preguntó Diomedes con aire ausente, absorto en la imagen de un potro veloz, hijo de su *Conquistador* y una yegua árabe.

—Tu conde Juan se parece muchísimo a mi hermanastro bastardo.

—¿Ah, sí?

—Sí, muchísimo. Es un parecido extraordinario: tu conde lleva barba, por supuesto, y Juan no, pero podrían ser gemelos. Y mi hermano se llama Juan también. ¡Santo Dios! ¡Qué extraño! —se sentó a mirar, esperando con fascinación que la yegua torda pasara a la pista, se echara a volar a medio galope y girara en la meta para volver hacia él. El jinete llevaba la cabeza inclinada pero se irguió ligeramente al pasar por la Gran Puerta, mirando a la multitud de hombres y caballos que se apiñaba, para asegurarse de que el camino estaba libre—. ¡Es clavado! —repitió Elthemo, moviendo la cabeza, atónito.

Diomedes suspiró sin entender nada.

—Una vez vi a una mujer que era exactamente igual que mi tía; corrí hacia ella toda la calle para saludarla y hasta que no me dio una bofetada, no me di cuenta de que era una absoluta desconocida.

—¡Pero es sorprendente! He estado buscando a mi hermanastro durante años, de la Ceca a la Meca, y ver a un hombre, a un conde, con su rostro, es realmente extraordinario.

—¿Buscándolo? ¿Por qué, lo perdiste acaso?

Elthemo lanzó una carcajada.

—Desapareció hace dos años y medio. Era el secretario de nuestro padre y cuando éste murió de peste, Juan se fue a Beirut; dijo que iba a buscar trabajo. Intenté encontrarlo de paso por la ciudad, pero no lo conseguí. Mi hermano y yo lamentamos mucho haberlo dejado marchar: nadie se había percatado del trabajo que hacía ni de lo bueno que era. Si lo hubiéramos sabido, lo habríamos nombrado administrador y le hubiéramos asignado un buen salario. Tuvimos que contratar dos escribas para reemplazarlo y comprar un esclavo, además. Era un bastardo muy inteligente; sabía taquigrafía, persa, y arameo al igual que árabe y griego. Llevaba toda la contabilidad y tenía su propio sistema de archivo; nunca hubo nada que reprocharle.

Diomedes, que había estado escuchando distraídamente, de repente se sobresaltó y se quedó mirando a Elthemo.

—¿Taquigrafía, contabilidad y sistema de archivo? —dijo con sorpresa—. Eso es exactamente lo que el conde Juan hacía en nuestra oficina, además de saber persa, arameo y árabe. Todo el mundo comentaba lo poco frecuente que era que un sirio supiera mejor arameo que sirio y que además hablara árabe.

—Yo nunca conocí en Beirut a nadie que lo hiciera —replicó Elthemo, que miraba incrédulo—. No pensarás...

La yegua torda galopaba hacia la puerta otra vez; su jinete tiraba de las riendas, sonriente, esperando que sus servidores lo alcanzaran. No se percató de los dos hombres que lo miraban entre la multitud a escasa distancia.

Elthemo tragó saliva mientras se iba acercando y agarró la muñeca de Diomedes.

—*Es* él —le susurró.

—Tiene que ser una mera coincidencia —repuso Diomedes.

—No. Tiene una cicatriz en el extremo del ojo izquierdo. Se la hizo en una pelea conmigo y con mi hermano, cuando tenía diez años; Diodoro y yo contábamos nueve y siete. Es él.

Diomedes permaneció quieto un instante.

—¿Cuándo has dicho que desapareció? —preguntó por fin.

—Hace dos años y medio. Salió para Beirut a fines de julio.

—Eso encajaría perfectamente. ¿Y cuál era el nombre de tu padre?

—Diodoro de Bostra.

—Él dice que su abuelo era un tal Diodoro, hermanastro del padre de la serenísima Augusta. Está todo embarullado, pero encaja —apartó la vista de Juan y la volvió, con expresión solemne y preocupada, hacia Elthemo—. ¿Dices que ni siquiera es legítimo?

—Es hijo de una prostituta de Beirut que mi padre mantuvo por un tiempo cuando era estudiante de derecho.

—Y él pretende ser... No, no está claro. No es correcto que un impostor como ése use un manto blanco y púrpura y tenga la confianza de la emperatriz. Deberíamos decírselo.

Elthemo tragó saliva.

—Espera un momento. Yo no puedo...

—Bien, ¿crees que es correcto?

—No, pero... ¿y si me equivoco?

—¿Acaso estás equivocado?

—No creo, pero...

—Entonces deberíamos contárselo a la señora. O al señor. Dicen que ella no está bien y que recibe a menos gente de lo que es habitual. Se lo podríamos decir al señor, el cual podría deshacerse de Juan y contárselo a ella con el debido tacto.

—Sí, pero... no puedo..., quiero decir, ¿qué le ocurriría a Juan? Estoy seguro de que merece ser azotado, pero es mi hermanastro y no puedo exponerle a que lo maten. Sería preferible hablar en privado con él y decirle que se acabó el teatro, que debe volver inmediatamente a casa.

—Asegúrate de que nadie más te oye. Estarías desacreditado antes de decir una palabra. Hasta te podría mandar matar; la gente que está cerca de la Augusta puede hacer cualquier cosa. De todos modos, jamás lo harían matar a él; probablemente se contentarían con azotarlo, desfilar en público y enviarlo de vuelta a su casa. Así se hacen las cosas aquí. No está bien que un impostor bastardo engañe a sus sagradas Majestades. Tiene que ser castigado. Vamos, conseguiré que el señor nos reciba mañana por la mañana, y tú podrás contárselo.

—¿Yo, decirle al emperador que el conde de la caballería es un impostor? —chilló Elthemo—. Yo... yo no puedo...

—¡Vamos! Conseguirás su benevolencia y quizá puedas pedirle un favor después. Tendremos que hacerlo con suma cautela. Juan es amigo del ilustrísimo Narsés y él se asegurará de que nunca llegues hasta el señor con semejante noticia. Ya sé, puedes decir que acudes a él por ciertos asuntos relacionados con una propiedad. Te aseguro que tu nombre estará al principio de la lista de audiencias, de este modo yo iré contigo y así podrás contárselo a su sagrada Majestad. Si lo haces con tacto, no te podrán hacer daño aunque te equivoques.

Al día siguiente, poco antes del mediodía, dos guardias de los centinelas fueron a buscar a Juan con una orden del emperador.

Juan estaba enfrascado en una larga discusión con el conde de los establos sobre el suministro de forraje para los caballos de sus hombres, pero cuando los centinelas llegaron, su colega se inclinó, fijó otra entrevista y Juan fue con ellos al Augusteo. No estaba preocupado; las demandas del emperador para una urgente entrevista personal con él no escaseaban y generalmente significaban una imperiosa necesidad de que le proporcionara una guardia de honor. Se limitó a pasarse los dedos por el pelo y a colocarse la espada detrás de la cadera, pensando para qué embajador sería esta vez.

Era una resplandeciente mañana de sol brillante, la brisa del Bósforo rizaba las nuevas hojas en los jardines de palacio, agitando los últimos pétalos de los manzanos. Juan se sorprendió sonriendo, casi feliz. El otoño y el invierno habían sido épocas muy tristes para él; se hundió en una depresión tan profunda que a veces sentía como si lo enterraran vivo bajo la oscura tierra. Teodora no le había llamado desde que él rechazara el matrimonio con Praejecta; sentía su desprecio y su odio a través de la inmensidad de palacio. La ciudad le oprimía; el palacio se le caía encima y se sentía agobiado. Alternaba entre el desprecio por sí mismo y el odio hacia Teodora y su padre. Todo lo que hacía le parecía sin sentido, impelido por su propia debilidad. A veces pensaba en Eufemia, y el recuerdo le abrasaba la mente. El único placer lo encontraba en el trabajo, el duro trabajo que mantenía sus pensamientos firmes y lo dejaba exhausto y aturdido al final del día, con ganas únicamente de dormir.

Aparentemente, su situación era mejor que la de un año antes. Ahora estaba acostumbrado a las magníficas habitaciones y a que veinte esclavos se ocuparan de él. Había contratado a algunos sirvientes más y se había habituado a cabalgar por la ciudad, ya con su media docena de hombres, ya con un grupo de guardias imperiales tras él. Mantenía los amigos que se había hecho y veía ocasionalmente a Narsés, cuando el chambelán tenía tiempo, y a Anastasio con bastante frecuencia. La hija del viejo escriba había estado de visita con su marido durante el verano; uno de los pocos momentos alegres de esa época fue cuando Anastasio llegó a la Puerta de Bronce con un nieto de diecisiete años, al cual Juan, encantado, llevó a que conociera los cuarteles.

Artabanes creía que la pelea de Juan con Teodora había sido por él, por lo que le juró agradecimiento eterno, pese a haber fracasado en la misión. El armenio ahora estaba doblemente deseoso por dejar la ciudad. La emperatriz había instalado a su esposa en su casa, y le había dado esclavos propios.

—Me espían —se quejaba Artabanes—, me observan para ver si trato bien a esa mujerzuela. Tan pronto como le levanto la voz, van con el cuento a la Augusta. Ojalá el Augusto me envíe al este, o incluso a Italia. Belisario sigue pidiendo refuerzos —el Augusto, no obstante, estaba muy ocupado haciendo tratos con Persia y no levantaba los campamentos por si acaso.

Juan, mientras seguía a los centinelas a los aposentos privados del Augusteo, iba pensando: «Pero nos podría mandar a alguna parte este verano. Probablemente a Italia, hasta eso sería preferible a quedarse en Constantinopla. Bueno, sólo me queda no perder las esperanzas».

El emperador aguardaba en el Triklinos, una de las salas de audiencias más pequeñas de palacio, menos imponente que el Augusteo o que el trono de Salomón, pero aún magnífico. Sus paredes eran de jaspe y cornalina; las columnas que aguantaban las pechinas de la bóveda eran de pórfido; el suelo estaba revestido de mosaicos con representaciones de frutos de la tierra; y el techo, recubierto de estrellas doradas. Justiniano se hallaba en su diván tapizado de púrpura, sentado con aire mayestático y coronado con la diadema; parecía impaciente y enojado. Juan presintió que había más gente, guardias y civiles, apostada en las paredes de la sala, pero no se fijó mucho en ellos. Caminó la distancia reglamentaria hacia el emperador y se prosternó. El emperador no extendió el pie para que se lo besara; Juan permaneció echado sobre los mosaicos, pensando en qué habría disgustado tanto a Justiniano para hacerle olvidar aquel gesto.

—Levántate —dijo fríamente el emperador. Juan se incorporó y se encontró con unos ojos que lo atravesaban con una mezcla de amargura e ira contenida. Juan sostuvo la mirada, entre atónito y desconcertado—. ¿Conoces a este hombre? —preguntó el emperador, señalando a una persona que había a su diestra.

Juan vaciló y observó con ojos confusos al emperador antes de volver la cabeza y ver a Elthemo de pie junto a Diomedes.

El tiempo parecía haberse detenido. Reconoció a su hermanastro y tuvo tiempo para darse cuenta de que había engordado desde la última vez que lo vio y de que acababa de comprarse el manto rojo y blanco de seda que lucía, porque la lanilla del cuello estaba dura y Elthemo la manoseaba, nervioso e incómodo, fuera de lugar. Juan no sintió miedo y aun apenas se sorprendió; sólo tuvo una sensación de profundo vacío y por encima de eso, un inmenso alivio de que todo se hubiera acabado, o de que pronto se iba a acabar.

—Sí, señor —respondió con serenidad.

—¿Quién es? —preguntó Justiniano.

—Es mi hermanastro Elthemo, hijo de Diodoro, de la ciudad de Bostra en Arabia.

—¿Es cierto eso? —dijo Justiniano, con una furia que se insinuaba en su tono frío—. ¿Y quién eres tú?

—¿Quién dijo Elthemo a tu sagrada Majestad que era yo?

—No quien tú dijiste que eres, un ciudadano de Beirut, el legítimo descendiente de un pariente de mi estimadísima consorte.

—No, señor.

—¿Qué mentiras le contaste a mi mujer?

—Ninguna, señor.

El emperador se levantó y dio un paso adelante. Desde arriba, desde el estrado del trono, miraba a Juan.

—No digas mentiras ahora —bramó con lentitud—. Tus engaños han sido descubiertos aquí, y serás castigado por ellos. Di la verdad, y el castigo será menos severo. ¿Qué mentiras le contaste a mi mujer?

—Señor —suplicó Juan, cuando ya la distancia producida por la sorpresa comenzaba a ser insignificante ante la rabia de Justiniano—. Señor, yo no conté ninguna mentira a la serenísima Augusta.

Justiniano le asestó un puñetazo en el costado. Juan se tambaleó contra el borde del estrado y cayó. Hubo un silencio denso en la sala; Juan podía oír a los centinelas adelantarse para proteger al emperador en caso de que Juan sacara la espada.

Juan se incorporó agarrándose al borde del estrado y permaneció de pie, como tambaleándose. Tenía la boca llena de sangre; la tragó varias veces, mientras con la lengua dolorida se cercioraba de que no le faltaba ningún diente.

—Supe que mentías desde el principio —le increpó el emperador, aún en tono contenido y furioso—. Intenté no creerlo, por mi esposa. Te di la posición y el rango que gozas, procuré no prestar atención a nada sino a la calidad de tu trabajo, pero lo sabía. Ahora quiero la historia completa. Cuéntamela.

—Señor, no me corresponde a mí contar los secretos de la señora. Precisamente fue ella, y no tú, quien me concedió el rango que ostento. Pregúntale a ella.

—Le preguntaré, después de escucharte a ti.

Juan permaneció callado. «La mentira fue de ella. Ella me ordenó mantenerla y me advirtió que no la metiera en líos. No, por todos los santos. Lo dejaré en sus manos; le demostraré que le soy leal. Pondré nuevamente a prueba mi supuesta cobardía. Y si quiere desmentir lo dicho por mí, puede hacerlo. Será su elección, y quizá sea lo mejor».

—Señor —suplicó, encontrándose con los ojos de Justiniano—, no me corresponde a mí revelar algo que la Augusta me ha ordenado mantener en secreto. Pregúntale a ella —Justiniano volvió a golpearlo; Juan se tambaleó y se enderezó, guardando a duras penas el equilibrio.

—Tu sagrada Majestad —dijo Elthemo, moviendo la mano hacia adelante— me disculpe por... hablar, pero creo que ha debido mentir y ahora el miedo le impide admitirlo. Seguramente tu sacra Majestad podría...

Elthemo se interrumpió ante la mirada fulminante de Justiniano. Diomedes lo agarró del brazo para apartarlo a un lado. «Pobre Elthemo, intenta protegerme, sin darse cuenta de que el emperador sabe que su mujer también mentía», pensó Juan.

El emperador hizo un gesto hacia los guardias, y dos de ellos se adelantaron y tomaron a Juan de los brazos.

—Llevaos a este hombre y dadle veinte latigazos —ordenó Justiniano—. Luego traedlo de nuevo.

—Señor —suplicó Juan mientras los guardias empezaban a obedecer—, deberías preguntar a la Augusta.

Justiniano volvió a hacer un gesto a sus hombres, que se llevaron a Juan medio a rastras.

La sala quedó muda y como paralizada. El emperador volvió a sentarse en su trono con la mirada perdida.

Por respeto a su rango, los centinelas no azotaron a Juan en el patio de los cuarteles, a la vista de la soldadesca, sino en la prisión que había detrás; era demasiado vergonzoso quitar a un hombre el manto de patricio y el uniforme de la guardia personal antes de atarlo a un poste para azotarlo. El dolor le sorprendió, pues le atravesaba las carnes a pesar de la concentración con la que se había preparado para mitigarlo. Hacia el quinto golpe empezó a desear haber hablado. Hacia el decimoquinto, no le importaba ya nada y se aferró al poste, dejando la mente en blanco. Los centinelas lo desataron y se apoyó contra el suelo manchado. Con extraordinaria claridad recordó la batalla de Nicópolis, cuando parecía que tenía la muerte encima. «Debería haber sido entonces. Habría sido mejor entonces, sin tener que soportar este último año».

—¿Puedes caminar? —le preguntó uno de los centinelas con un gesto incoherente de amable interés.

—No sé —susurró mientras se alejaba del poste. Al tambalearse, los guardias volvieron a sujetarlo de los brazos. Le pusieron la túnica encima y lo acompañaron al vestíbulo del Triklinos. Uno de sus compañeros se unió a ellos a mitad de camino, corriendo desde la prisión con el manto de Juan, por si acaso.

Parecía que nadie se hubiera movido en la sala de recepción. Juan caminó entre sus guardias hasta el estrado, viéndose a través de los rostros estupefactos de los demás. Llevaba la túnica pegada a la espalda, empapada en sangre. Perdió un instante el equilibrio; después se postró deliberadamente. Se dio cuenta de que no podía levantarse, de modo que permaneció agachado sobre manos y rodillas. Cada músculo de su cuerpo parecía estar temblando.

—¿Qué mentiras contaste a mi mujer? —volvió a preguntar Justiniano.

—No le he contado ninguna mentira —contestó Juan con tranquilidad—. Pregúntale a ella.

Alguien a su izquierda sofocó un grito de terror. Se dio cuenta de que era Elthemo.

—Escucharé la verdad de ti antes de molestarla a ella con algo tan importante como un rumor —se impacientó Justiniano—. Sabes probablemente que los azotes son suaves comparados con otras cosas que se pueden hacer.

Juan se arrodilló e inclinó la cabeza. «No tendré la fuerza suficiente para resistir, así que hablaré, y probablemente no me creerán», pensó resistiéndose a la desesperación.

—Señor —dijo, levantando la mirada—, te lo ruego, pregúntale a ella.

De repente, se conmocionó toda la sala, en la entrada se oyó un golpe. Justiniano desvió de Juan la mirada y se le abrieron los ojos como platos por la sorpresa. Juan se irguió sobre sus rodillas para ver qué ocurría a su alrededor y sintió como si se le desgarrara la espalda magullada.

—¿Qué ocurre aquí? —preguntó Teodora.

Juan cerró los ojos con alivio. La emperatriz se detuvo a su lado, mirándole desde arriba; pudo levantar la mirada y percibir que Narsés estaba detrás de ella. En alguna ocasión la había visto de lejos durante el otoño y sabía que aún no se había recuperado de su enfermedad, pero su rostro le impresionó. No tenía color, parecía más una calavera puesta entre las joyas de la diadema. Sólo los ojos brillaban con el mismo ardor de siempre.

—¿Qué ha hecho? —preguntó Teodora, refiriéndose a Juan. Se dejó caer de rodillas junto a él, con el rostro desencajado por el dolor y la exasperación—. ¡Dios mío! —lo cogió de los brazos y lo abrazó, manchándose de sangre el manto de púrpura. La presión del brazo de Teodora contra el suyo era insoportable, pero hasta el dolor era delicioso.

—¡Teodora! —dijo su marido con voz angustiada.

Ella no se movió, simplemente miró al emperador desde el suelo.

—¿Sí, Pedro? ¿Quieres acusarme de algo?

Él se quedó sin palabras. Teodora miró con furia a toda la sala y después se volvió a Justiniano.

—¿Tenías algo que preguntarme? —preguntó ella.

El emperador tenía el rostro como la cera.

—¿Quién te dijo este joven que era? —preguntó, lenta y claramente.

—Me dijo que era el hijo de Diodoro de Bostra. Y Narsés ha venido corriendo a decirme que un tal Elthemo, hijo de Diodoro. ha sido el que ha armado todo este revuelo. ¿Quién es ese hombre?

Alguien señaló a Elthemo. Teodora se alejó muy despacio de Juan y avanzó hacia su hermanastro, deteniéndose unos pasos antes.

—Yo soy la emperatriz —le increpó mientras él patéticamente la miraba boquiabierto—. ¡Salúdame como a tal!

Elthemo se tambaleó para luego reaccionar. No estaba acostumbrado a la postración, de ahí que la realizara con torpeza. Cuando se incorporó, Teodora lo abofeteó.

—¡Maldito entrometido! Elthemo, llamado así por tu abuelo, ¿verdad? Recuerdo a tu padre diciéndome ese nombre, el nombre del padre de la mujer que él prefirió, despreciándome a mí. Pagarás por esto.

Se giró bruscamente y dio un paso hacia el estrado, vigilando a su esposo, con la respiración agitada, con una mano apretada a su costado.

—Y tú, tonto —le dijo a Justiniano—, ¿realmente creías que te traicionaría? Juan es el hijo que tuve con Diodoro de Bostra, que fue mi último amante antes de conocerte. A él lo conocí cuando volvía a Constantinopla desde Egipto y viví con él un año; luego los abandoné, a él y al niño, en Beirut. Dije que Juan era primo mío para promoverlo en su carrera a mi antojo. Te lo oculté por miedo a que ordenaras su expulsión y porque ambicionaba que te sucediera en el trono. Pero no es nada ambicioso. Sabes que rehusó casarse según mis indicaciones; tampoco aceptó dar un solo paso para ser más que conde. ¿Por qué diablos lo has hecho azotar?

Justiniano recuperó el color, tal era la vergüenza que se le subía al rostro. Observó primero a Juan y luego a Elthemo.

—Vamos —dijo Teodora, sentándose pesadamente en el trono, aún con la mano en el costado—. Pregúntale quién era la madre de Juan.

—¿Qué... qué sabes tú de esto? —preguntó Justiniano. Elthemo parecía descompuesto.

—Era una mujerzuela —susurró—. Una mujerzuela que mi padre conoció en Beirut... ¡Oh, Dios mío! Su nombre... era Teodora.

—¿Ves? —dijo Teodora. Se inclinó, asiéndose con todo el brazo—. ¿Por qué, por qué hiciste azotar a mi hijo? —volvió a preguntar—. Podrías haberle preguntado antes.

—Lo hice, ciertamente —contestó Justiniano, casi con dolor—. No quiso hablar; dijo que era tu secreto y me pidió que te lo preguntara a ti.

Teodora miró a Juan. Su rostro triste estaba bañado en sudor. Sólo entonces advirtió que ella sufría. Hizo un ruido en señal de protesta y se valió del borde del estrado para levantarse y acercarse a ella.

—Muy bien —dijo la emperatriz, extendiendo una mano a Juan—. Lo hiciste para darme una lección, ¿verdad? ¿Para castigarme? Bien, lo he comprendido. Querido, haz lo que quieras. Tú eres mi hijo, de todos modos —cerró la mano y se dobló en un largo espasmo de dolor.

Justiniano se agachó súbitamente junto a ella, rodeándola con el brazo.

—¡Vida mía! ¡Lo siento! ¡No te deberían haber molestado con esto, estás enferma! Haré lo que quieras con Juan. Nadie fuera de esta sala sabrá jamás lo que ha ocurrido hoy; me aseguraré de que ninguno de ellos diga nada. ¡Vuelve a la cama y descansa!

Teodora se estremeció, se repuso un poco y escupió sangre en las baldosas del suelo. Se quedó un momento mirando el suelo con desolación: estaba brillante y rojo sobre las hojas verdes del dibujo. Volvió la cabeza para encontrarse con los ojos de su marido.

—También podrías saberlo ya, Pedro —dijo pausadamente—: No me recuperaré.

—No digas eso. No es cierto. No morirás, ¡no debes morir!

—Todos debemos morir, Pedro. Todo lo que nace algún día se convierte en cadáver. Manda a los guardias a buscar una litera; no creo que pueda volver caminando. ¡Y por piedad, consigue un doctor para mi hijo!

Juan supo posteriormente que Narsés se había enterado por uno de los guardias de lo que estaba ocurriendo cuando le llevaban para azotarlo. El chambelán había intentado dirigirse inmediatamente al emperador, pero se le negó la entrada y se le dio, en cambio, la orden de volver a su oficina y esperar. Desobedeció la orden y corrió como un gamo al palacio Dafne a buscar a Teodora.

—Y ella vino inmediatamente —explicó Narsés cuando fue a visitar a Juan a sus aposentos por la noche—. Los guardias no querían dejarla pasar a ella tampoco, pero Teodora los abofeteó como a niños desobedientes y entró. Yo no me había dado cuenta de cuán enferma estaba: lo ocultaba a todo el mundo y jamás lo habría imaginado al verla.

Juan calló durante un instante. Estaba recostado boca abajo en su cama, con la espalda cubierta de lociones y vendajes ligeros.

—Está francamente enferma, ¿no? —preguntó finalmente.

—Tan enferma como ha dicho. Muriéndose. Su doctor dice que tiene un bulto, un tumor en un costado. Al parecer le sobrevinieron unos vómitos de sangre el mes pasado, pero ordenó a su doctor y a sus servidores que no dijeran nada a nadie. No quiere morir y guardaba la esperanza de que quizá manteniéndolo en secreto lo evitaría.

Juan cerró la mano en un puño y se golpeó los nudillos.

—Cuando cogí la peste —dijo lentamente—, me di cuenta por primera vez de que mi padre me amaba; él se contagió por mí y murió. Y he aquí que tres años después lo mismo ocurre con mi madre.

—Ha estado enferma desde hace un año —señaló Narsés—. Eso no tiene nada que ver contigo. No te preocupes por eso, mi querido amigo. Difícilmente podrías haberte comportado mejor durante todo el proceso de su enfermedad.

Juan movió la cabeza, exasperado por las lágrimas que le brotaban.

—Yo la decepcioné.

—Te comportaste con gran integridad. Ha sido ella la que te ha decepcionado a ti. Te diré algo: cuando mi familia me vendió, mi madre me lloró como si yo hubiera muerto, pero cuando intenté aferrarme a ella, me entregó al mercader de esclavos. Ha pasado una vida desde que eso ocurrió. Tengo rango, poder, riquezas y hasta soy respetado; cuando la gente maldice a los eunucos, conmigo hace una excepción, pero no puedo recordar esa traición sin amargura, ni siquiera ahora. Tu madre te ofreció poder cuando tú querías amor. Estuviste acertado en rechazar el don menor a favor del mayor.

—Quizá. Pero todo aquel al cual yo llego a amar muere.

Narsés suspiró.

—Ésa es la condición de toda la humanidad, amar lo que muere. La muerte es la reina de este mundo y el amor es lo único que tiene valor duradero en todo el caos y la frivolidad. Sólo podemos tener fe en la palabra de Dios de que el amor será más duradero al final. Descansa, por favor. Tu madre no morirá esta noche; tendrás tiempo de despedirte de ella.

Morirse le llevó dos meses a Teodora, que luchó con fuerza para sobreponerse hasta el final. Justiniano abandonó la teología, Persia y todo, excepto los asuntos más perentorios para regir el imperio, y permanecía horas enteras junto al lecho de su esposa. Juan también pasó mucho tiempo con ella, a veces al lado del emperador. Hablaban para entretener a la emperatriz sobre el estado de las provincias, los chismes de la corte y de la Iglesia. Teodora no habló nunca acerca del futuro de Juan, ni de cualquier otro asunto importante. Estaba satisfecha con tenerlo a su lado, y el emperador quería hacer cualquier cosa que la hiciera reír. Durante el primer mes lo conseguía. Se fijaba con interés en las cosas más pequeñas de los esclavos de palacio y se reía de viejos chistes. Gradualmente, no obstante, a medida que el dolor iba en aumento, se fue interesando cada vez menos por los chismes y empezó a pedir sacerdotes y a arreglar sus asuntos con sus servidores. Luego tomó el opio que su médico le ofrecía y empezó a dormir cada vez más.

A las tropas de Juan se les dijo que éste se había tropezado camino de palacio y que se había herido la espalda y se le había apartado de sus obligaciones por unos meses hasta recuperarse. Nadie cuestionó la piadosa invención abiertamente, aunque era de conocimiento público que había caído en desgracia de algún modo y que la emperatriz había intercedido por él. De sus esclavos, sólo Jacobo supo que había sido azotado.

—Nunca podrás volver a los baños públicos en tu vida —le dijo Jacobo disgustado cuando le cambiaba las vendas una mañana. Examinó las costras y movió la cabeza—. No está bien visto que un conde tenga cicatrices de latigazos. ¿Puedo hacerte una pregunta, señor?

—Pregunta.

—¿Te hicieron esto por ser el amante de la señora o por ser su hijo?

Juan se volvió y se quedó mirando al muchacho.

—¿Cómo sabes tú eso?

—Bien, yo pensé que tenía que ser por una cosa o por la otra. Sé cuánto te favorecía y yo he crecido en su corte. Sé que no es lo corriente.

Juan volvió a tenderse boca abajo.

—El señor pensó lo primero; lo segundo es lo cierto y el asunto ha quedado zanjado. Pero es un secreto y no has de contárselo a nadie.

—Sí, señor —exclamó Jacobo satisfecho mientras le aplicaba el ungüento—. Sólo quería saberlo.

Los centinelas que habían presenciado la escena fueron sobornados con fuertes cantidades y amenazados de muerte si revelaban una sola palabra de lo ocurrido. Diomedes fue transferido a otro puesto y también sobornado y amenazado para que mantuviera la boca cerrada. Juan intercedió secretamente por Elthemo, por lo que las amenazas contra él no tuvieron efecto. Se acercó a la casa de Juan para darle las gracias.

—No lo sabía —explicó—. Pensé que te habías valido de embustes para medrar.

—Deberías habértelo imaginado —le dijo Juan con amargura—. Sabías lo suficiente para adivinarlo. Siempre fuiste un mequetrefe. ¿Te di alguna vez motivos para que creyeras que era deshonesto?

Elthemo bajó la mirada y arrastró un pie.

—Todos siempre decían que había que vigilarte. Eras demasiado inteligente, decían, y un bastardo inteligente es un peligro para la gente honesta.

—No necesitas decirme lo que todos decían siempre; lo he oído por mí mismo —Juan miró a su hermanastro con un súbito sentimiento de sorpresa. En el pasado había aprendido a dejar paso a los hijos legítimos de la casa; sólo a veces había explotado en arranques de rabia contra la superioridad de sus hermanos y se había peleado con ellos. Ahora hablaba con la cansada impaciencia de un superior, y Elthemo le dejaba paso—. ¿Por qué has venido a esta ciudad?

—Quería encontrar trabajo —contestó Elthemo sin tapujos—. Diodoro posee las fincas y está atado a la ciudad. Yo pensé en probar suerte en la corte y ver si podía ganar algo de dinero. Pero parece que tendré suerte si salvo el pellejo.

—Intentaré conseguirte un cargo —dijo Juan—. Pero te advierto, no soy ningún contacto tuyo. No les traigas problemas a sus sacras Majestades, o te despacho al instante.

—Sí, Juan —dijo Elthemo con humildad.

Juan le encontró un puesto en la prefectura pretoria gracias a la buena voluntad ganada con los archivos del Capadocio y Elthemo no abrió la boca de puro agradecimiento.

Teodora perdió la conciencia por última vez el veintiséis de junio y murió por la noche dos días después. El emperador se quedó a su lado desde el momento en que se quedó inconsciente y cuando murió, sus sirvientes tuvieron que llevárselo de la habitación, enfermo de pena. Dejaron a Juan solo con el cadáver; lo habían dejado pasar hasta el final, en un silencioso reconocimiento de su posición. Intentó rezar durante las horas que permaneció junto al cadáver. En la habitación reinaba un silencio absoluto, si bien de todas partes de palacio se oía el lamento de las plañideras. Las lámparas de pie dorado emitían una luz suave que brillaba en la seda púrpura del cubrecama y el olor a enfermedad y a muerte desaparecía con el aroma del incienso. Habían dispuesto el cuerpo para la muerte incluso antes de que exhalara el último aliento; las manos, que habían adquirido el aspecto de garras, se plegaban sobre el pecho y los pesados párpados cubrían los ojos ahora vidriosos. El envejecimiento producido por la enfermedad había desaparecido; parecía frágil, hermosa y joven. Juan sabía que por la mañana los esclavos la vestirían con el manto púrpura, le ceñirían la diadema y la llevarían a la basílica de Santa Sofía para que el pueblo la contemplara. Arrodillándose a la cabecera de la cama, pensó: «Se acabó. Se acabó, aunque nunca empezó realmente. He sido demasiado cauteloso. Yo creía que no podría amarla por su tiranía. Pero podría haber sido mucho peor, con todo y con eso pude amarla. Y sigo amándola». Le besó la fría mejilla y salió de la alcoba.

La ciudad entera estaba sumida en un luto extravagante, con todas las estatuas cubiertas de crespones negros y todas las iglesias tocando a muerto. Después de yacer de cuerpo presente durante un día entero bajo la cúpula de Santa Sofía, el cuerpo de la emperatriz fue llevado en una larga manifestación de duelo a la iglesia de los Santos Apóstoles, y fue enterrada en el mausoleo donde descansaban los restos de todos los emperadores desde Constantino. El emperador dejó a un lado la púrpura y la diadema y siguió el féretro vestido de negro; tras él marchaban a millares el personal de palacio, desde los ministros de Estado hasta los empleados subalternos y guardias, de riguroso luto y sintiendo el dolor como si fuera un miembro de sus propias familias. Durante una semana no se trató ningún asunto de Estado y sólo se permitió a los puestos de los mercados abrir unas horas al día.

—Es como si hubiera vuelto la peste —decía Artabanes disgustado.

Cuando volvieron a permitirse la apertura de las tiendas y a reanudarse las tareas de gobierno, una de las primeras cosas que hizo el emperador fue llamar a Juan.

Juan se vio llevado no a uno de los salones de audiencia, sino al estudio privado de Justiniano, un pequeño salón en uno de los pisos superiores del Magnaura. Justiniano estaba sentado en un escritorio, vestido de negro, con el cabello corto en señal de luto. Las paredes del salón estaban repletas de libros de teología. Apenas había espacio para que Juan se prosternara.

—Puedes levantarte —dijo el emperador cuando empezó a prosternarse— y sentarte aquí —le señaló un diván al lado de la ventana.

Juan se sentó, nervioso y consciente de que ni siquiera los más altos ministros se sentaban en presencia del Augusto. El emperador lo observó un instante, desolado.

—Debería haberme dado cuenta antes —exclamó—. Te pareces a ella. Tenía que haber sabido que no debía sospechar de ella, pero no debió mentirme nunca —suspiró y se frotó la nuca—. Sabía que tenía sus secretos, sus monjes y sus sacerdotes y algunos calabozos privados para sus enemigos también. Le di autoridad y ella no siempre la utilizó como yo lo hubiera hecho. Pero eso es lo que se espera de quien es fuerte e inteligente y se le hace partícipe del propio poder y es lo que uno debe aceptar si quiere tener el amor de un igual en vez del de un esclavo. Pero yo no le hacía muchas preguntas, por eso no me mintió ni me contradijo abiertamente (excepto acerca de ti) y fuimos felices. Siempre pensé que ella me sobreviviría —volvió a mirar a Juan—. ¡De modo que quería hacerte sucesor mío!

—Ella quería un hijo tuyo y no pudo tenerlo —replicó Juan.

El emperador asintió.

—¡Oh, no la culpo! Y no le dije nada cuando se estaba muriendo. Pero no puedo disponer la sucesión de ese modo, ni siquiera por ella. No en el hijo del hombre que la rechazó, que no es pariente mío.

—Yo no quiero el poder imperial —insistió Juan—. Ése fue el motivo de una disputa entre ambos, como ella confesó. No tengo la voluntad ni el deseo ni el temple para luchar por conseguirlo y me satisface plenamente no volver a tocar el tema.

Justiniano lo observó un instante y volvió a asentir con la cabeza.

—No, no eres un ambicioso, ¿verdad? A ella le parecía increíble que alguien no tuviera ambiciones, pero yo siempre he tenido la certeza de que la mayoría de los hombres que yo promuevo seguirán siendo leales. Belisario, Narsés, Triboniano, Germano... siempre he estado seguro de que nunca me traicionarían. Tú tampoco, creo. Y, además de ser su hijo, eres un hombre muy capaz. Puedes mantener tu rango y ese manto que ella te dio. Pero creo que prefiero no tenerte aquí en Constantinopla, recordándome al verte que alguna vez durmió con tu padre. Fue mi esposa, no la de él. Nadie más reconoció jamás su valía; nadie la amó nunca como yo.

—Ella me dijo que tú valías muchísimo más que mi padre, aun prescindiendo del rango —dijo Juan lentamente.

El emperador sonrió con amargura.

—Y ella nunca amó a nadie como a mí. Eso lo creo. Gracias. Muy bien, ¿qué es lo que quieres?

—¿Señor?

—Te he dicho que puedes mantener tu rango, pero quiero que abandones la ciudad. Has heredado algunas de las habilidades de tu madre y podrías indudablemente ser útil en algún otro lado. Elige tu puesto.

Juan tragó saliva y se pasó la lengua por los labios.

—Quisiera un puesto en el este, al mando de las tropas. Un ducado en Arabia o en Siria.

Justiniano asintió.

—Muy bien. Eres un árabe nabateo, ¿no? ¿Hablas árabe y persa?

—Sí, señor —Juan no quitaba ojo al emperador, ligeramente confundido por la velocidad de los acontecimientos.

—Y estás indudablemente familiarizado con la situación en Oriente, y, según creo, siendo un hombre prudente, no quieres iniciar una guerra. Muy bien. Difícilmente pueda degradarte de conde de la caballería a simple duque de Arabia. Te haré conde de la *strata Diocletiana*, la frontera desde el Orontes hasta la Arabia feliz. Te daré el comando personal de algunas de las tropas que ya están allí. Puedes intentar mantener a raya a los duques y al filarca, te lo advierto, un grupo de generales levantiscos y de poco fiar. Lo máximo que espero de ti es que logres poner fin a las incursiones que hemos sufrido de los sarracenos lácmidas; lo mínimo, que no empieces una guerra, como hizo tu predecesor —el emperador tomó una pluma de su escritorio y escribió unas líneas sobre un pedazo de pergamino, luego tomó una barra de cera de sellar teñida de púrpura, la encendió y la dejó gotear sobre el documento. Estampó el sello de su mano derecha y se lo entregó a Juan—. Aquí tienes.

Juan se quedó estupefacto mirando el codicilo; después, miró al emperador.

—Gracias, señor. Es más de lo que yo deseaba; intentaré no fallarte.

Justiniano hizo una mueca de dolor.

—No lo hagas. Te pareces a ella. Abandona la ciudad tan pronto como puedas, en el término de un mes. Narsés puede ayudarte a disponer el dinero y las tropas que necesites llevar para el viaje. Ahora déjame solo.

Narsés se alegró por él sin exteriorizarlo, Artabanes estaba celoso pero contento y el personal de Juan agradecido de verse libre de un superior tan exigente. Juan pasaba el día intentando determinar qué le acarrearía su nuevo puesto. Cuando caía la tarde, decaía el entusiasmo; se sentía cansado y deprimido y anhelaba estar solo. Buscaba su caballo en los establos, dejaba ir a sus servidores y salía a cabalgar por la ciudad. Era un día cálido y seco; del norte soplaba uno de esos vientos de Constantinopla que clavan en los ojos la arenisca de las calles. Cabalgó al hipódromo pero no tenía ánimo para correr. Pensó: «Dentro de unos meses, podré llevar a *Maleka* a galopar por los límites del desierto sirio y hacia los jardines de Nabatea. Otra vez en casa».

Dio media vuelta a la yegua y cambió el rumbo hacia el mercado Tauro, pasando por delante de los pórticos de la calle Media. Detuvo el caballo bajo el arco triunfal en el centro del mercado y se quedó allí mirando. La parte delantera de la casa de Eufemia estaba cubierta de andamios; la estaban reconstruyendo como un edificio separado. La parte de atrás no era visible desde el mercado, pero sabía que estaba intacta y que la muchacha se había mudado allí.

«Y por eso he venido aquí», pensó.

Espoleó a *Maleka,* cabalgó hacia la tercera calle lateral y llamó con fuerza a las puertas de hierro, que no habían sido dañadas por el fuego. Al cabo de un momento el portero, Onésimo, asomó la cabeza por la ventana.

—¡Eres tú! —dijo en tono de sorpresa—. Quiero decir, el honorable...

—¿Está tu señora? —preguntó Juan, a lo que el portero asintió, confuso.

—Haré abrir las puertas, señor..., ya está. Llevaré tu caballo. ¿La señora te espera?

—No. No, iba de paseo, cuando se me ha ocurrido pasar... Anúnciame a ella, por favor.

El viejo asintió; aseguró a *Maleka* en el jardín con césped alto y acompañó a Juan por la casa. Podía oír voces desde el fondo; la mayoría de los esclavos debían de estar en el jardín de la cocina, disfrutando del sol de la tarde. Pero Onésimo lo llevó escaleras arriba hacia la habitación acostumbrada y golpeó a la puerta.

—¿Qué ocurre? —respondió la voz de Eufemia.

—Es el conde Juan, señora Eufemia, del palacio, que viene de visita.

Hubo un silencio; por fin, Eufemia abrió la puerta y se le quedó mirando de hito en hito. Llevaba el cabello suelto y el manto amarillo.

—Yo... salí a pasear a caballo, cuando se me ocurrió pasar a verte —dijo Juan—. ¿Puedo pasar?

—Sí. Sí, por supuesto —se hizo a un lado y él entró. No había nadie—. Mi tía está en el jardín —explicó Eufemia—. Yo... yo estaba justamente escribiendo una carta.

—¿A tu padre?

—Sí. No tengo mucho que contarle estos días, pero él tampoco necesita tanto la información. Ha logrado un puesto en Egipto; tiene la esperanza de que le retiren los cargos pronto por falta de pruebas.

—¿Especialmente a partir de la muerte de la Augusta?

Ella se ruborizó.

—Aún no lo sabe. Aunque eso ayudará.

Ella se quedó mirándole por un momento; luego tocó el borde de su manto negro.

—Lo lamento por ti, ya que no por mí.

—Sí —Juan echó un vistazo por el salón vacío, luego se sentó en el diván—. Sí, lo entiendo. Yo la quería de verdad.

—Uno tiene que querer a sus padres —asintió ella, ruborizándose nuevamente, sentándose al otro extremo del diván—. Yo... yo quiero a mi padre. Quizá no debiera. Sé que él hizo cosas por las que la gente lo odia, y que lo odia con justicia. Pero él me quería y era todo lo que yo tenía.

Juan bajó la vista y se miró las manos.

—Me voy a Oriente —dijo tras un largo silencio—. He sido promovido: estoy a cargo de Arabia y la frontera siria. Me iré dentro de un mes.

—¡Oh! —dijo ella, mirándolo. Después de un instante agregó—: Enhorabuena.

Él movió la cabeza y levantó la mirada hacia ella. La luz de la tarde se filtraba por la ventana, bañando su cabello, tornando anaranjados sus ojos. Mantenía las manos unidas en el regazo. «He sido demasiado cauto toda mi vida y he dejado las cosas para demasiado tarde. Hoy podría ser temerario», pensó.

—¿Vendrás conmigo? —le preguntó, en un susurro.

—¿Ir...? ¿Qué quieres decir? ¿Adónde?

—Ven conmigo al este. Como mi esposa.

Ella se puso pálida.

—No hablas en serio.

—Claro que sí.

—Tú... dices esto para burlarte de mí.

Movió lentamente la cabeza.

—Te amo —susurró, dándose cuenta de que esas palabras que nunca había dicho le salían sin dificultad, sorprendentemente tiernas.

Ella lo miraba angustiada.

—No has pensado en esto.

—No, en verdad que no. No sabía que iba a venir aquí esta tarde a decirte esto. Pero lo he pensado, y he pensado en ti, de todos modos.

Ella miró hacia otro lado, retorciéndose las manos en su regazo.

—¿Qué pensaba tu madre de esto? —preguntó finalmente, considerando que era un sarcasmo hacer esta pregunta.

—Nunca se lo comenté. Ella tenía para mí ambiciones que yo no podía cumplir. Pero ahora está muerta. No tengo padres y no necesito consultarle a nadie más que a mí mismo.

—¿Quién era tu padre? ¿Un cuidador de osos, un auriga? —preguntó ella, intentando desesperadamente defenderse con furia—. ¿No le importaría?

—Era un caballero, un magistrado de la ciudad de Bostra, de nombre Diodoro. Murió de peste el verano anterior a mi llegada aquí. Era un hombre sumamente respetable, si te sirve de algo.

Ella se mordió el labio.

—Yo tengo un padre —replicó—. Tengo que consultarle... y él no lo aprobaría. Aunque yo no dijera nada sobre tus ancestros, y no debería decir nada, él no lo aprobaría.

—Sin embargo lo aceptará, ¿verdad? Mi rango es lo suficientemente respetable —se guardó de decir que la hija de un ministro tan ampliamente odiado no tendría muchas ofertas de matrimonio por parte de los patricios; no había necesidad.

—Seguirías siendo el primo de la emperatriz. Él tenía motivos para odiarla y te odiaría por ella. Mala sangre, diría él.

—Bien, tú eres la hija del Capadocio, lo cual generalmente es considerado como sangre peor, y a mí no me importa. Si deseas casarte conmigo, apelaré al emperador y se lo diré. Tengo cierta influencia en este momento y no creo que su sacra Majestad ponga ninguna objeción. Podría dar el consentimiento en lugar de tu padre. No me interesa la dote; tu padre puede conservar todo su dinero. Tendré lo suficiente para ambos.

Eufemia había estado retorciendo el manto con las manos; ahora retorcía también la boca con un gesto.

—No puedo —insistió ella—, no puedo romper con él. No después de haber sido responsable de lo que le ocurrió.

—No fuiste responsable. Fuiste engañada, como lo fue él mismo.

—Me utilizaron; ¡no debí haberlo permitido! Tengo que obedecerle ahora.

Extendió la mano y tomó la de ella; Eufemia levantó la mirada, enojada y abatida.

—El mundo está gobernado por la muerte y la frivolidad —dijo él—. La peste y las guerras han destruido todo lo que la gente ha intentado construir en los pasados treinta años. La gente se muere: mi padre y ahora mi madre han muerto. Tú y yo moriremos algún día. Tú dijiste una vez que me amabas. ¿No vale la pena asirse a ese intervalo en que aún estamos vivos y tener el tiempo de amarnos?

—También amo a mi padre —replicó ella—. Tengo que serle fiel.

—Has dicho que ha logrado un puesto en Egipto ahora y es probable que le retiren los cargos. Le has sido leal durante cuatro años. ¿No es suficiente?

Ella retiró la mano y fue hacia la ventana.

—Se es leal o no se es. De cualquier modo, no me necesitas.

«Te necesito; te he necesitado toda mi vida», pensó, pero no pudo decirlo.

—¿Quieres que me vaya, pues? —le preguntó en cambio, con la mirada fija en su espalda.

Al cabo de un rato, su cabeza inclinada se movió en señal de asentimiento.

Maleka estaba en el patio, paciendo la yerba. Juan la desató, mientras Onésimo abría la puerta. Juan acababa de poner el pie en el estribo cuando oyó su nombre; se volvió para hallar a Eufemia corriendo tras él.

—¡No! —exclamó ella, alcanzándolo, echándole los brazos al cuello—. ¡No, no te vayas! Iré contigo, quiero irme contigo. ¡Dejaré esta ciudad aunque tenga que ir como tu amante!

Después Juan no estaba seguro de si lloraba por ella o por Teodora, pero la besó y volvió a la casa con ella deshecha en lágrimas. Onésimo se quedó mirando la escena, sorprendido; luego se encogió de hombros, volvió a atar el caballo y cerró las puertas de hierro. El sol de la tarde caía sobre el hierro, indiferente a la cruz dorada de la alta cúpula de la basílica de Santa Sofía, sobre las encrespadas aguas del Bósforo, sobre las tierras desiertas de Tracia y sobre cada palmo de la larga frontera que aún pertenecía al imperio de los romanos.

Epílogo

Procopio de Cesarea, el gran cronista del reinado de Justiniano, cuenta la historia de la emperatriz Teodora y de su hijo ilegítimo, al que, según él, habría asesinado. Es lo que dice Procopio en su *Historia secreta* o *Inédita*, pero como todo el resto de esta pintoresca compilación, la historia está rodeada de detalles absurdos, imposibles y simples mentiras. No se puede saber la verdad de cuanto dice, si es que hay algo de verdad en ello, por eso un historiador responsable se ve obligado a valerse de la *Historia Secreta* sólo con extrema cautela.

Afortunadamente para mí, un autor de novelas históricas no se siente empujado a semejante obligación. Como observó sir Philip Sidney, historiador, «al afirmar muchas cosas, difícilmente puede, en el turbio conocimiento de la naturaleza humana, escapar de muchas mentiras. Pero el poeta... nunca limita la imaginación del lector, para que bajo su hechizo tome por verdadero lo que escribe». Si hice alguna investigación para escribir este libro, fue por el placer de hacerla; cuando escribía, me movía por el embrujo de contar una buena historia. Cuando el terreno sólido del conocimiento histórico se resquebrajaba o temblaba bajo mis pies, yo «llamaba a las dulces musas para que me inspiraran una buena invención», me tejía un puente de telarañas y seguía adelante, sin dejar de silbar. Mi novela es pura ficción.

El grueso de la historia, no obstante, es cierto. La peste bubónica que asoló el mundo durante el reinado de Justiniano, azotó Constantinopla en 543; un grupo de tropas hérulas aliadas, al mando del chambelán Narsés, venció a una fuerza «mucho mayor» (no se dan cifras) de eslovenos hacia el 545; y la emperatriz Teodora murió el 28 de junio del 548.

Belisario regresó finalmente de su inútil misión en Italia el año en que murió Teodora; se le otorgó el rango de comandante en jefe en Oriente y un importante cargo en palacio, y no volvió a luchar hasta el final de sus días. A Germano, el primo del emperador, se le encargó reconquistar las tierras perdidas; sin embargo, murió antes de que el ejército que reunió pudiera zarpar. Narsés fue designado en su lugar, condujo las tropas a Italia, venció a los ostrogodos, venció a los francos, se deshizo de los longobardos y gobernó la provincia con gran eficiencia durante los siguientes quince años. Los Balcanes, no obstante, fueron prácticamente abandonados y sufrieron devastaciones casi anuales a manos de los eslovenos y los búlgaros hasta que estos pueblos fundaron sus propios reinos en esa región agotada.

El armenio Artabanes logró divorciarse de su esposa después de la muerte de Teodora, pero no tuvo éxito al proponerle matrimonio a Praejecta, por lo que el amor frustrado (o la ambición) lo impulsaron finalmente a participar en un complot para asesinar al emperador. El complot falló, pero Artabanes fue perdonado y finalmente se le devolvieron sus perdidas atribuciones. Justiniano siempre perdonaba cuando no se sentía amenazado.

Belisario y Antonina también lograron que su hija Joannina se divorciara del nieto de Teodora (al que, como era público y notorio, la muchacha adoraba). Pero también sus esperanzas se vieron frustradas y ni siquiera quedó registrado qué fue de la infortunada Joannina. Cuando Justiniano murió, el año 564, su sucesor fue Justino II, hijo de su hermana Vigilancia y marido de Sofía, la sobrina de Teodora. Justino fue un desastre; bajo su égida de megalómano la mayor parte de los territorios que Justiniano había reconquistado volvieron a caer en manos bárbaras, dejando el imperio, tras incontables vidas perdidas y tierras y fortunas arruinadas, con menos territorios, y casi más débil que en el momento de la subida de Justiniano al poder.

[illegible] ono se term[illegible]
[illegible] n los talle[illegible]
[illegible] nos S. A. [illegible]
[illegible] de ocupa[illegible]

Este libro se terminó de
imprimir en los talleres gráficos
de Mateu Cromo, S. A. Pinto (Madrid)
en el mes de octubre de 2005